"三个转型"发展战略

超大城市轨道交通高质量发展之路

俞光耀 著

上海社会科学院出版社
SHANGHAI ACADEMY OF SOCIAL SCIENCES PRESS

代　　序

　　城市的高质量转型发展，离不开城市基础设施的保驾护航。2014年，国务院发布的《关于调整城市规模划分标准的通知》明确指出，改革开放以来，伴随着工业化进程加速，我国城镇化取得了巨大成就，城市数量和规模都有了明显增长，原有的城市规模划分标准已难以适应城镇化发展等新形势要求。新标准增设了城区常住人口1000万以上的城市为超大城市，并且人口规模的上下限普遍提高。城市规模划分标准的变化，足以说明，农村人口向大城市不断集聚是我国经济社会获得长期发展的重要特征。城市有城市的发展规律，城市越大，具有的社会公共资源越多，提供创业、就业机会也越多，自然对劳动力和人口的吸引力就更大，人口就会越向更大的城市集中，形成一种良性的循环积累机制，最终有竞争优势城市的人口会越来越集聚。因此，超大城市的出现可以说是走城市化发展道路的必然结果。值得注意的是，人口过快的集聚，一方面，会给超大城市带来超强的规模效应、巨大的消费市场和雄厚的创新能力；另一方面，会给超大城市的能源、交通、邮电、通信、给排水和垃圾处理等城市基础设施建设带来巨大的压力。城市基础设施的发展水平在一定程度上反映了城市的发展水平和竞争能力。换而言之，超大城市要想充分享受人口集聚带来的经济发展红利、进一步提升城市发展水平和竞争能力，就必须做好城市基础设施供给能力的可持续发展，否则人口集聚不但不能充分发挥规模效应，还会造成严重的"城市病"。

长期以来，中央和国务院高度重视，着力解决生活居住在超大城市的人们对交通拥堵、生态环境破坏、住房成本偏高、基础设施不足、公共服务紧张等"城市病"的不满。自2015年中央城市工作会议后，明确要求坚持以人为本、转变城市发展方式，完善城市治理体系，提高城市治理能力，着力解决城市病等突出问题。在"十四五"规划和面向2035远景目标纲要中，针对超大城市，再次强调加快转变城市发展方式、转变超大城市开发建设方式，统筹兼顾经济、生活、生态、安全等多元需要，合理降低中心城区开发强度和人口密度，推行功能复合、立体开发、公交导向的集约紧凑型发展模式，统筹地上地下空间利用，实施城市更新行动。

毋庸置疑，超大城市的高质量发展关乎我国"两个一百年"伟大奋斗目标的实现。超大城市必须在新发展理念的指引下，在"十四五"规划要求的转型发展中寻找到克服"城市病"的新路径，打造出高质量可持续发展的新模式。作为改革开放的排头兵、创新发展的先行者、超大城市的老大哥，上海坚持充分发挥深厚的城市文化底蕴、发达的融资金融市场和丰富的人才储备等社会经济资源优势，长期引领长三角城市群的发展，通过与周边城市的产业分工和互补带动周边经济效率的整体提升和经济的快速增长。与此同时，上海的基础设施建设，特别是城市轨道交通建设突飞猛进，取得了举世瞩目的发展成果。

作为上海城市轨道交通运营主体——上海申通地铁集团有限公司，不仅实践推动了超大城市轨道交通超大网络的快速发展，而且较早总结出"从重建设向重运营管理转变、从单线运营向网络化运营管理转变"的企业转型发展理念。"十三五"期间，上海城市轨道交通再次聚焦国家战略任务抓改革攻坚，更加积极探索实践符合上海城市转型发展要求的城轨交通高质量发展的新路子，逐步梳理出"三个转型"为核心的高质量发展思路：聚焦运营服务品质，从建设运营的高速增长向高质量转型发展；聚焦价值链创新，从单一的交通运输功能向城市综合服务网络转型发展；聚焦财务可持续发展，从运营城轨向经营城轨转型发展。至"十三五"期末，上海建成线路增至19条共772千米（含磁浮线），较"十二五"期末的617千米增长25%，地铁网络规模稳居世界第一。轨道交通站点的可达性进一步提升，中心城内49%的常住人口步行10分钟可达轨道交通站点，其中浦西内环内区域可达率高达82%上，中心城区车站600米范围内医院、学校、文体场所覆盖率超过35%。列车保有量达到7054辆，比2015年的3786辆增加近一倍，跃居世界第一。车站内文化环境、列车准点率和换乘便利性等地铁服务品质获得显著提升，"三个转型"发展初见成效。

为更好地总结符合超大城市转型发展规律的城轨交通网络建设和运营管理经验，本书通过对国内外超大城市轨道交通运营主体的发展现状、建设运营特点、服务高质量发展的内容和方向，以及可持续发展的经营模式等多个维度展开比较分析，聚焦当前上海城市轨道交通发展上存在的主要瓶颈和问题，针对符合超大城市转型发展要求的城轨交通高质量发展目标和主要任务，完善了以"三个转型"为核心内容的高质量发展战略思想，并提出了相应的策略措施。本书凝聚了国内外城轨交通从业者的集体智慧，内含了上海城轨交通发展的宝贵经验，也是上海申通地铁集团有限公司对解决超大城市转型发展和城市轨道交通行业高质量可持续发展问题的战略思想与管理哲学的总结和梳理，是不负时代、不负人民的杰出贡献。

我相信，这本书不仅对城市轨道交通运营主体助力超大城市转型发展具有重要的指导作用，也必将对整个城市轨道交通行业的高质量可持续发展产生深远的影响。

张道根

长三角与长江经济带研究中心主任

上海社会科学院港澳研究中心主任

前　言

自古以来，城市既是人类经济繁荣的集聚区，又是人类文明的核心区，也是文化进步的示范区。从古往今来世界各大城市的发展规律来看，随着城市人口密度增加、功能空间布局重构和交通运输技术发展，城市交通组织形态也发生着与时俱进的变化。特别是地铁的问世，掀起了城市轨道交通发展的新篇章，为人民提供了安全、可靠、快速、便捷的现代化城市生活方式。

作为城市化高速发展的产物，人口超过千万的超大城市不断出现。20世纪70年代，全球仅有纽约、东京和墨西哥城3个城区人口超过千万的超大都市，而如今已有33个，其中我国就有7个超大城市。虽然，不少人对超大城市环境污染、交通拥挤和高房价等所谓的"大城市病"心存不满，但每天仍有成千上万的人流融入这里，不断催生超大城市的功能和能级。为了解决超大城市交通拥堵的问题，无论是传统的超大城市，还是新兴的超大城市，都试图通过优化综合交通规划设计，配合相应的交通运输技术手段，进而平衡移动效率与人口增长的发展关系。

城市规划设计思想的影响深远，超大城市交通组织形态的变革十分不易。纽约基于早期的实用主义思想，以机动车为核心移动手段，从城市中心区着手，打造格网化交通组织，形成沿主干道路蔓延的城市格网化扩张路径。莫斯科基于"二战"后工业赶超的思想，沿袭了原有城市空间形态，同样以机动车为核心移动手段，围绕城市中心区，构建城市圈层化放射状交通组织，形成通过同心圆放射状快速干道蔓延的城市扩张路径。早在20世纪20年代，纽约开通双系统地铁运输，大大缓解了中心城区曼哈顿的交通问题，证明了立体交通在既有空间形态下解决交通拥堵和推动城市发展上的有效性。从60年代开始，纽约调整偏向路面道路的建设重心，强调用轨道交通连接新的发展区域，设置纽约大都会运输署，统一管理纽约的地铁、通勤铁路和公交等综合交通。与纽约相比，由于莫斯科沿袭了同心圆放射状道路蔓延的城市扩张路径，在人口不断集聚的过程中，更加注重运用地铁来缓解城市出勤交通拥堵的问题。时至今日，莫斯科城市轨道交通出行占比毫不逊色于纽约。

习近平主席曾明确指出："发展轨道交通是解决大城市病的有效途径，也是建设绿色城市、智能城市的有效途径。"当前，我国超大城市发展已然全面进入中国式社会主义现代化强国建设的伟大新征程，在新发展理念的指导下，我国超大城市的未来规划已全面向高质量发展方向转型。坚定不移地推动超大城市轨道交通发展，不仅已被过去的事实证明，是一条支撑城市高速发展的正确道路；未来的成功也必然会证明，是一个保障城市高质量转型的正确方向。

至2022年底，我国共有53个城市开通城市轨道交通，其中7个超大城市轨道交通建成线路达113条，运营里程4174.3千米，车站总数2180座，三个指标的全国占比分别为40%，43.6%和47%，超大城市轨道交通发展已经率先进入探索超大规模地铁网络高效运营的新阶段。针对超大城市功能空间向高质量转型的规划要求，超大城市面临城市轨道交通高质量转型发展的问题更为集中，在推动城市轨道交通转型发展方面，更具有代表性。

根据上述思路，本书设计了一条研究主线，就是结合国内外超大城市轨道交通的实际发展经验，借助深入研究上海轨道交通行业所面临的市场需求变化和相应的转型发展问题，并通过对标全球最高的行业标准，厘定未来超大城市轨道交通高质量发展的主要方向，达到解决我国超大城市轨道交通未来发展痛点、堵点问题的研究目的。如此，既能进一步推动超大城市建设具有世界影响力的社会主义现代化国际大都市，也能为国内其他城市轨道交通的可持续发展建设提供可鉴经验。

在上篇"求实"篇的第一章中，首先分别从超大城市、城市轨道交通企业和城市轨道交通行业三个维度，说明了在遵循新理念、新技术、新业态和新模式的新时代发展形势下，需要面对的新目标、新要求和新挑战，从而阐明本书研究的时代背景和意义。其次，通过简要整理我国各超大城市轨道交通行业的发展现状，总结分析我国超大城市轨道交通行业的发展特征和发展水平，尽可能地让读者了解到作为企业主体推动超大城市轨道交通行业发展的相关工作内容。最后，为进一步展开以问题为导向的相关学术文献梳理和案例分析，重点研究了当前上海城市轨道交通发展上存在的主要瓶颈和问题。

第二章在对我国城市轨道交通学术动态展开梳理的基础上，归纳了我国城市轨道交通主题热点分析的三个阶段。第三和第四章，从发展现状、建设运营特点、高质量发展的内容和方向，以及可持续发展的经营模式等多个维度，对东京、伦敦、香港、北京、广州和深圳6个超大城市的城市轨道交通高质量发展进行了研究。根据上篇的案例分析和超大城市转型的新时代要求，在下篇"求变"篇的导言中，首先介绍了在"十三五"期间已在上海城市轨道交通行业开展试行并行之有效的"三个转型"的实践总结。其次，对超大城市轨道交通高质量转型发展的基本原则、三个转型发展方向互为关联的内在逻辑、转型发展的总体思路、战略目标和核心任务等内容做出了全面翔实的阐述。

第五章至第八章，进一步深入细化高速向高质量转型发展、单一向综合服务网络转型发展和运营城轨向经营城轨转型发展等三大转型各自的发展目标和重点任务。第九章从"强党建、求精细、刷标准、抓质量、融数字、谋共治"方面入手，详细阐述了面向"三个转型"的相关机制改革内容，力求从企业内部的体制机制上说清，为了确保超大城市轨道交通行业"三个转型"顺利实现，当前城市轨道交通企业可以构建的中国式现代化企业管理体系，以及下一阶段所需要进一步建立健全的各项管理措施。在此基础上，第十章从超大城市轨道交通行业相关外部政策层面，梳理了当前行业发展的政策环境，旨在为在新时代下推进以"三个转型"为核心的超大城市轨道交通高质量发展，找到政策上的突出性、难点性和焦点性的问题。

为了客观评价超大城市轨道交通高质量发展的成效，在第十一章中以"三个转型"的发展任务为核心,构建了一套超大城市轨道交通高质量发展核心指标体系,希望通过对核心指标体系的不断完善,把"三个转型"发展战略的思路创新具体化为可操作的定量发展目标,从而可以进一步突显"三个转型"发展的战略引领性,也可以为将来发挥管理机制作用提供有益的参考。

"十四五"经济社会发展事业开局良好,超大城市轨道交通高质量发展势在必行。本书根据"十三五"时期上海城市轨道交通在转型发展上的实践经验,总结了超大城市"三个转型"发展方向、目标和内涵,深入研究了转型发展的重要任务,尽全力为人民满意的城市轨道交通提供高质量服务,贡献一份绵力。

通过大量的日常实践和理论研究,我们深知迈向人民城市轨道交通转型发展的伟大事业绝非一日之功,但只要秉承道路自信、理论自信、制度自信、文化自信的坚定信念,我们的目标一定会达成,我们的事业一定会更加辉煌!

时代不容负,人民不容负,道之所在,虽千万人吾往矣。

目 录

代序 ·· 1
前言 ·· 5

上篇 求实

第一章 研究背景、现状和主要问题 ·· 4
    第一节 研究背景 ·· 5
    第二节 超大城市轨道交通建设运营 ··· 9
    第三节 聚焦上海轨道交通高质量发展面临的主要问题 ··· 22

第二章 城市轨道交通学术热点追踪 ·· 38
    第一节 城市轨道交通学术动态述评 ··· 39
    第二节 城市轨道交通与城市协同发展研究 ·································· 45
    第三节 城市轨道交通运营风控管理研究 ···································· 47
    第四节 城市轨道交通服务评价研究 ··· 51
    第五节 城市轨道交通融资模式研究 ··· 54

第三章 东京、伦敦和香港城市轨道交通发展研究 ………… 56
第一节 东京城市轨道交通发展研究 ………………… 56
第二节 伦敦城市轨道交通发展研究 ………………… 74
第三节 香港城市轨道交通发展研究 ………………… 89

第四章 北京、广州和深圳城市轨道交通发展研究 …………… 100
第一节 北京城市轨道交通发展研究 ………………… 100
第二节 广州城市轨道交通发展研究 ………………… 107
第三节 深圳城市轨道交通发展研究 ………………… 115

下篇 求变

第五章 超大城市轨道交通"三个转型"发展的内涵 ……… 129

第六章 高速向高质量转型发展 ……………………………… 148
第一节 力促安全建设、安全运营服务的高质量发展 …… 148
第二节 建设运营标准与精细化管理高质量发展 ……… 156
第三节 技术创新与智慧地铁高质量发展 ……………… 165

第七章 单一向综合服务网络转型发展 ……………………… 176
第一节 面向轨道上的都市圈的发展目标 ……………… 177
第二节 优化网络站点高质量便民服务能力 …………… 181
第三节 聚焦城市功能综合区站城一体化发展 ………… 187
第四节 提升大数据运营软服务效率 …………………… 196

第五节　塑造海派时尚的地铁文化 …………………… 200

第八章　运营城轨向经营城轨转型发展 …………………… 205
第一节　构建运营提质增效新模式 …………………… 205
第二节　加大扶植战略性新兴业务 …………………… 212
第三节　拓展市场发展潜在空间 …………………… 219
第四节　创新资本运作可持续发展模式 …………………… 225

第九章　面向"三个转型"的支撑 …………………… 232
第一节　坚持和加强党对企业的全面领导 …………………… 232
第二节　健全精细化管理体系 …………………… 236
第三节　全方位推进标准化建设 …………………… 241
第四节　优化全面质量管理体系 …………………… 247
第五节　全力提升数字赋能 …………………… 251
第六节　完善社会与企业协同共治机制 …………………… 256

第十章　超大城市轨道交通高质量发展的政策环境和需求 …… 261
第一节　超大城市轨道交通高质量发展的政策环境 …… 261
第二节　超大城市轨道交通高质量发展的政策需求 …… 268

第十一章　超大城市轨道交通高质量发展核心指标体系 …… 280
第一节　核心指标体系的特征和意义 …………………… 282
第二节　核心指标体系的构建思路 …………………… 283
第三节　"三个转型"发展核心指标体系构建 ……… 291

上篇　求实

超大城市①是我国城镇体系的重要组成部分，是引领经济高质量发展、落实新发展理念、推动社会治理的策源地和前沿阵地，对大中小城市发展具有示范引领效应。超大城市发展既具有城市发展的普遍性，又有其规模特征所决定的特殊性。在某种程度上可以说，超大城市发展包含了各类城市发展的所有特征。因此，目前虽然超大城市数量有限，但是鉴于超大城市在国家社会经济体系中的重要地位，对超大城市发展问题的研究具有高度的重要性和必要性。

习近平总书记曾指出："城市轨道交通是现代大城市交通的发展方向。发展轨道交通是解决大城市病的有效途径，也是建设绿色城市、智能城市的有效途径。"目前，我国超大城市轨道交通发展还存在着发展理念传统、管理方式单一、标准制定滞后等问题。在我国超大城市中，上海经济体量最大，常住人口最多，面临城市轨道交通问题更为集中，同时在城市轨道交通领域的探索实践更多，也比较具有代表性。结合国内外超大城市轨道交通

---

① 超大城市是中华人民共和国划分的城市规模划分标准的分类之一。根据国务院于2014年下发的《关于调整城市规模划分标准的通知》，城区常住人口1000万以上的城市为超大城市，根据第七次全国人口普查数据，符合中国"超大城市"标准的有上海、北京、重庆、广州、深圳、天津和成都。

的发展经验，深入研究未来上海超大城市轨道交通发展的转型问题，既能进一步推动上海建设具有世界影响力的社会主义现代化国际大都市，也能为国内城市轨道交通高质量发展提供可鉴经验。

第一章　研究背景、现状和主要问题

党的十九大提出，在全面建成小康社会的基础上，分两步走，在 21 世纪中叶建成富强民主文明和谐美丽的社会主义现代化强国。党的二十大进一步提出，高质量发展是全面建设社会主义现代化国家的首要任务，对新时代新征程推动高质量发展作出一系列战略部署，坚持把发展经济的着力点放在实体经济上，加快建设质量强国、交通强国，为实现第二个百年奋斗目标，以中国式现代化全面推进中华民族伟大复兴而团结奋斗。按照新发展理念的指导要求，我国超大城市发展已然全面进入新时代中国特色社会主义现代化强国建设的伟大发展进程。以超大城市——上海的城市建设为例，面向 2035 年，建设创新之城、人文之城、生态之城，卓越的全球城市和社会主义现代化国际大都市是新时代上海高质量发展战略的新目标。按照绿色循环低碳的理念规划建设城市基础设施是实现上海城市功能高质量发展、保障城市安全运行的战略核心。作为上海基础设施建设高质量发展的战略高地，上海轨道交通的高质量发展必须领会深化交通强国、交通兴市的战略内涵，建成人民满意的轨道交通。为此，我们必须从以民为本、高质量可持续发展的角度，通过聚焦当前上海轨道交通发展的主要问题，对标国际最高标准，厘定未来上海轨道交通高质量发展的主要方向，达到研究如何解决我国超大城市轨道交通发展痛点、堵点问题的战略目的。

第一节 研究背景

一、超大城市高质量发展的需求

当前，我国社会主义现代化国家建设发展进入新时代，超大城市发展已经从高速增长阶段转向高质量发展阶段，在新发展理念的指导下，人民群众对人民城市建设有了新期盼。城市化生活早已成为大多数中国人追求的生活样态，到2019年末，中国城镇常住人口8.48亿人，城镇化率达到60.6%。然而，相较于综合交通运输领域的跨越式发展，城市交通已经成为城市发展中的薄弱环节，道路堵、地铁挤、公交慢、停车难和污染高等问题严重制约我国各大城市的运行效率，特别是影响了社会主义国际化大都市人居环境和生活质量的提升。

2019年9月25日，习近平总书记乘坐北京大兴国际机场线时提出："城市轨道交通是现代大城市交通的发展方向。发展轨道交通是解决大城市病的有效途径，也是建设绿色城市、智能城市的有效途径。"这一论述简明扼要地指出了超大城市轨道交通的发展方向和途径。习近平总书记还指出，"北京要继续大力发展轨道交通，构建综合、绿色、安全、智能的立体化现代化城市交通系统",进一步明确了城市轨道交通在超特大城市和城市群都市圈构建交通体系中的应有地位和重要作用,同时也提出了对我国超大城市轨道交通高质量发展的具体要求。

加快推动超大城市交通高质量发展,不仅是改善人民对出行品质的紧迫需要,更关乎我国建设交通强国、实现国家现代化的高质量发展目标。2019年9月,中共中央、国务院印发了《交通强国建设纲要》,指出建设交通强国是全面建成社会主义现代化强国的重要支撑,要坚持以供给侧结构性改革为主线,推动交通发展由追求速度规模向更加注重质量效益转变。党的十九届五中全会通过了"十四五"规划和"2035年远景目标",并提出以推动高质量发展为主题的工作总要求;十九大做出建设交通强国、新型城镇化发展的重大战略决策,统筹推进区域一体化和新国土空间规划,要求构建多层次的城市轨道交通,实现国土空间、产业、轨道交通三者协同发展。超大城市轨道交通要认真贯彻落实相关精神,推进高质量发展,提供高质量服务,以提升人民群众的获得感、幸福感。上海作为我国超大城市的代表城市之一、社会主义国际化大都市之一,全力打造"交通强国"的全国样板可谓责无旁贷、众望所归。

二、超大城市轨道交通企业可持续发展的需求

随着城市轨道交通持续高速发展,截至2020年底,全球共有80个城市的轨道交通运营里程超过100千米,我国占有18个城市;城市轨道交通线网规模前20个城市中,我国占有11个;作为超大城市的上海、北京、广州的城市轨道交通运营里程均超

过 500 千米，位居世界前列。显然，伴随着超大城市的产业结构、布局和人民生活方式的改变，超大城市交通的需求发生了巨变。特别是不断迭代的信息技术及其衍生的新业态正在重塑未来的城市交通，交通系统的服务模式、基础设施利用方式和交通治理体系，在未来都将发生颠覆性改变，这些新时代的新要求对超大城市轨道交通企业可持续发展提出了新挑战。

以上海为例，上海申通地铁集团有限公司作为上海城市轨道交通建设、运营的唯一主体，企业必须长期经受住各种显性和隐性的挑战。特别是，进入超大规模网络运营阶段后，上海轨道交通网络不仅在规模体量方面有了"量级上"的提升，而且在网络结构功能与装备系统能力方面也有了"品质上"的变化，表现出不同于一般网络的运营特征，将从网络化运营管理初级阶段向更深层次迈进，从而对网络的运输服务、管理控制、人才队伍与财务保障等方面提出更高的要求和挑战。

当今上海，正在全面深化"五个中心"建设、强化"四大功能"、推动城市数字化转型、优化空间格局建设"五大新城"，加快构建具有世界影响力的社会主义现代化国际大都市，上海申通地铁集团有限公司必须要在城市发展中找准企业发展的自身定位，提供高质量的运营服务和高品质的生活服务，在新时代"城市，让生活更美好"的新图景中展示更大作为。现代信息技术发展迅猛，将革命性重塑企业生产要素，极大地释放生产力，推动企业高效运行和高质量发展，必然给城市轨道交通企业的管理模式和发展方式整体性转变带来重大良机。

三、超大城市轨道交通行业改革转型的需求

近年来,我国超大城市轨道交通在由线向网的发展过程中,网络化特征愈发凸显,乘客出行需求多样化、运营管控复杂化等运营需求对运营服务和管控水平的精准化提出了新的挑战。目前我国城市轨道交通运营相关的理论、经验和软件工具等仍积累不足,进入网络化运营阶段,需要改变长期以来"重建设、轻运营"的观念,着重提升运营服务品质,需要科学地看待和分析城市轨道交通运营的供需关系,从用户端以更精细化的数据维度,通过多指标体系对城市轨道交通线路和网络运营服务情况进行评价,引导城市轨道交通运营主体"有的放矢",持续改善运营治理水平,提升线路和网络的运营管理效率、客流效益与服务水平。

以上海为例,在面向 2035 年建设创新之城、人文之城、生态之城,卓越的全球城市和社会主义现代化国际大都市过程中,上海轨道交通行业发展目前已经显现以下主要问题,秉承问题导向的战略要求,与未来上海轨道交通行业高质量发展相适应的改革转型势在必行。

市域交通需求巨变和轨道交通规划调整滞后引发的问题。一是上海市人口增长速度快于规划预期,新增外来人口郊区化集聚特征明显,造成当前上海轨道交通从郊区通向中心城区的延长线路普遍拥挤。二是交通规划配套城市空间规划的属性明显,轨道交通规划在交通规划中没有占据绝对主导地位。三是放射性快速轨道交通的运营现状无法支撑中心城区和郊区城镇体系的紧密联

络，轨道交通支撑城乡发展的协同效应难以发挥。

轨道交通功能设计单一限制综合服务供给效能提升的问题。一是站点密度不够，换乘站点相对较少。二是站点功能设计单一，开发强度相对较低。三是中心城周边站点周边接驳配套尚不完善，TOD①综合交通系统协调性有待提高。四是站点综合化开发程度相对较低，前期轨道交通上盖经营效率不高。五是枢纽车站开发品质相对落后，现行轨道交通站点建设标准与高质量服务需求发展趋势不匹配。

轨道交通运营主体财务收支可持续能力下降问题。一是票制体系未能与轨道交通超大规模网络扩容同步更新，票务收入的增幅逐年趋缓，运营板块财务收支可持续能力明显下降。二是进入高质量发展阶段，功能要求相应提升，建设成本控制难度逐渐加大。三是上盖开发项目受限，市场化红利无法显效。

第二节　超大城市轨道交通建设运营

一、超大城市轨道交通建设运营发展现状

与发达国家城市轨道交通已发展百余年、网络建设基本趋于稳定期的情况不同，我国城市轨道交通建设在短短几十年内经历了若干阶段。在1965—2000年共35年的起步阶段，我国仅有4个城市建成7条共计146千米地铁线路。进入新世纪后开始提

---

① 以公共交通为导向的开发，即"Transit-Oriented Development"。

速，连续二十年快速发展，每年新建里程从几十千米增加到一千多千米，建设城轨交通的城市从 10 个增加到 40 多个。在刚刚结束的"十三五"阶段，我国新建线路里程约 4352 千米，超过前 50 年建成线路之和的 3618 千米。我国从 21 世纪起进入城市轨道交通快速发展新阶段，以五年为周期，线路规模连续翻番增长，2016 年起我国城市轨道交通运营里程已跃居全球第一，已建成轨道交通的城市之多、线路之长位居世界前列。

（一）超大城市轨道交通线网规模持续增长

至 2020 年底，北京城市轨道交通建成线路有 24 条，总线路长度 726.9 千米，车站总数 428 座。广州城市轨道交通建成线路有 14 条，总线路长度 531.1 千米，车站总数 282 座。深圳城市轨道交通建成线路有 19 条，总线路长度 380.4 千米，车站总数 262 座。天津城市轨道交通建成线路有 7 条，总线路长度 238.8 千米，车站总数 157 座。重庆城市轨道交通建成线路有 10 条，总线路长度 343.3 千米，车站总数 177 座。成都城市轨道交通建成线路有 13 条，总线路长度 557.8 千米，车站总数 373 座。

（二）超大城市轨道交通网络化进程不断推进、服务水平全面提升

截至 2020 年底，全球共有 80 个城市的轨道交通运营里程超过 100 千米，我国占有 18 个城市；城市轨道交通线网规模前 20 个城市中，我国占 11 个；上海、北京、广州的城市轨道交通运营里程均超过 500 千米，位居世界前列。据统计，运营线路 4 条及以上且换乘站 3 座以上的城市有 22 个，越来越多的国内城市迈入网络化运营阶段。其中，至 2018 年底，北京城市轨道交通全网运营线路 22 条，总运营长度 636 千米，运营车站 391 座，网络换乘站 59 座；广州城市轨道交通全网运营线路 14 条，总运营长度 477.68 千米，运营车站 257 座，网络换乘站 31 座；深圳市地铁集团有限公司在深圳城市轨道交通全网运营线路 8 条，总运营长度 27713 千米，运营车站 204 座，网络换乘站 28 座；天津城市轨道交通全网运营线路 7 条，总运营长度 226.85 千米，运营车站 168 座，网络换乘站 15 座；重庆城市轨道交通全网运营线路 9 条，总运营长度 313.37 千米，运营车站 160 座，网络换乘站 18 座；成都城市轨道交通全网运营线路 7 条，总运营长度 235.44 千米，运营车站 183 座，网络换乘站 14 座。

（三）我国超大城市轨道交通客运量与客运强度持续攀升，运输效率达到世界先进水平

全球轨道交通客运量排名前十位的城市中，北京、上海、广州、深圳、香港位列其中。2018 年，北京城市轨道交通年运送乘客 311609.90 万乘次，比上年增长 1.11%，占全市公共交通客运量的比重 51.47%，全年日均客运量 853.72 万乘次，其中进站客流量 450.52 万人次；广州城市轨道交通运送乘客 302595.59 万乘次，比上年增长 7.97%，占全市公共交通客运量的比重 51%，全年日均客运量 829.03 万乘次，其中进站客流量 477.05 万人次；深圳城市轨道交通年运送乘客 164605.69 万乘次，比上年增长 13.83%，占全市公共交通客运量的比重 42.17%，全年日均

客运量451万乘次,其中进站客流量300万人次;天津城市轨道交通运送乘客40852.89万乘次,比上年增长16.21%,占全市公共交通客运量的比重25%,全年日均客运量123万乘次,其中进站客流量79万人次;重庆城市轨道交通运送乘客85787.14万乘次,比上年增长15.45%,占全市公共交通客运量的比重32.52%,全年日均客运量235.03万乘次,其中进站客流量167.55万人次;成都城市轨道交通运送乘客115755.91万乘次,比上年增长48%,占全市公共交通客运量的比重50%,全年日均客运量317.4万乘次,其中进站客流量201.26万人次。

二、上海轨道交通建设运营发展沿革和现状

(一)上海轨道交通建设运营发展沿革

自1958年,上海提出修建城市轨道交通的设想以来,经历60多年的砥砺前行,上海轨道交通实现了国内领先、国际一流的发展水平。回顾历程,大致可以分为三个发展阶段。

一是以"建网扩能、满足出行"为特征的高速建设期。1993年5月,1号线一期南段(锦江乐园—徐家汇)投入试运营,上海城市轨道交通实现零的突破。2005年底,随着1号线南北延伸段、2号线、3号线、4号线、5号线的陆续建成投入运营,运营线路长度约148千米,形成了"申"字形网络基本骨架。随后直至2010年,上海轨道交通以上海世博会为契机,抓住城市交通拥堵的主要矛盾,把加快地铁"从无到有、从少到多"作为质量发展的核心,确定了"建网扩能、满足出行"为特征的质量战略,形成了"贯通重要枢纽、覆盖中心城区、连接市郊新城、国

内规模第一"通共计 11 条线、425 千米的上海地铁基本网络架构，承担了世博会期间约 50% 客流的运输任务，为世博会的顺利举行提供了有力保障。同时，推出 5 项服务承诺、服务承诺信息发布系统等创新服务，公交分担率达到 32%，缓解了城市交通拥堵，基本满足了市民日常出行需求，也促进了城市产业经济发展。

二是以"两个转变、优质服务"为特征的稳健运营期。围绕上海加快"四个中心"建设，抓住运营从单线向网络化转变和服务"从有到优"的主要矛盾，提出"管建并举、管理为重，安全运营为本"发展方针，制定实施"从重工程建设向重运营服务、从单一线路向网络管理"的"两个转变、优质服务"为特征的质量战略，在地铁规划设计、建设施工、网络运营、延伸服务的全价值链推进"人性化服务、精细化管理、标准化建设"，推出有情、有品、有味的运营服务，2015 年网络规模达到 617 千米、跃居世界第 1 位，客流规模达到世界第 5 位，公交分担率攀升至 46%，乘客满意度连年位居公共交通领域第一。

三是以"三个转型、品质生活"为特征的探索改革期。贯彻高质量发展新要求，围绕上海"五个中心"建设任务，抓住顾客需求多元、高质的主要矛盾，对标世界最高标准、最高水平，提出"三个转型、品质生活"为特征的远期战略，推进"从建设运营的高速发展向高质量发展转型、从单一运输功能向综合服务功能转型、从运营地铁向经营地铁转型"，运用数字技术赋能安全地铁、人文地铁、绿色地铁、科技地铁、智慧地铁建设，构建集出行、居住、工作、消费、娱乐为一体的都市地铁生态圈，为城市提供高质量出行服务和高品质生活服务。"十三五"期末,"国内领先、国际一流"的战略目标胜利实现,市民享受到了除基本交通出行服务以外超出期望和品质优秀的新体验、新服务、新生活。地铁不仅仅是一种交通工具、而是一种生活新方式的理念更加具象、更可触摸、更能感知。

进入超大规模网络运营阶段以来,上海轨道交通网络不仅在规模体量方面有了"量级上"的提升,同时也在网络结构功能与装备系统能力方面带来了"品质上"的变化,未来的轨道交通运营将表现出不同于一般网络的运营特征,将从网络化运营管理初级阶段向更深层次迈进,从而对网络的运输服务、管理控制、人才队伍与财务保障等方面提出更高的要求和挑战。

(二)"十三五"期间上海城市轨道交通建设水平持续提高

上海城市轨道交通工程建设节点全面顺利完成、在建工程稳步推进。"十三五"期间,顺利建成17号线、9号线三期、5号线南延伸、浦江线、13号线二期和三期、10号线二期、18号线一期、15号线等9个项目,新增线路长度155.3千米,建成线路增至19条、772千米(含磁浮线),较"十二五"期末的617千米增长25%,网络规模稳居世界第一。网络运营里程扩大到729千米,运营车站增至430座,轨道交通站点的可达性进一步提升,中心城内49%的常住人口步行10分钟可达轨道交通站点,其中浦西内环内区域可达率高达82%上,中心城区车站600米范围内医院、学校、文体场所覆盖率超过35%。列车保有量达到7054辆,比2015年的3786辆增加近一倍,跃居世界第一。

上海城市轨道交通建设在工程质量方面，通过加强现场精细化管理措施，盾构施工、管片拼装质量大幅提升，管片未发现明显渗漏和碎裂；无人驾驶技术在新建成项目得到应用，结构工程、车站建筑、轨道工程、系统综合联调等已处于行业领先地位；12号线荣获第十五届中国土木工程詹天佑奖，13个单体获得上海市优质结构奖，50个工地荣获"上海市重大工程文明施工升级版工地"称号。在风险防控方面，进一步优化远程监控系统，强化施工现场动态实时管理，构建形成了风险监控、信息预警、分级响应的防控机制。

(三)"十三五"期间上海城市轨道交通网络运营质量逐年提升

"十三五"期间，累计运送乘客173.7亿人次（含磁浮线），单日最高客流量达到1329万人次，创历史纪录新高。地铁出行占全市公交出行比重由2015年的46.2%上升至2020年的66.9%，稳居国内第一，公交骨干地位进一步巩固提升。网络运营八大核心指标的绩效较"十二五"期末大幅提升，全部跻身国际前六。

上海城市轨道交通超大路网运能配置进一步优化。一方面，通过开展运能规划前瞻性研究，在收集整理路网客流特征、设施设备资源、列车运能配置等信息的基础上，编制资源配置合理化的运营计划。另一方面，在关键设施设备优化完成的基础上，通过优化管理措施、改进设备功能，进一步缩短列车周转时间。在延长运营时分工作上，1、2、7、8、9、10号线逢周五、周六夜间实施延时运营，实现中心城区车站周末运营"到零点"的目标。在提升车站通行能力工作上，先后完成人民广场、张江高科、上海火车站路、沈杜公路等9座车站的改造工作，提升车站垂直提升能力，优化车站客流组织，缓解高分时段客流压力。

上海城市轨道交通服务水平全面提升。调整优化运营服务举措，塑造"安全、便捷、人文、绿色"的服务品牌。为了适应超大型网络化运营需要，通过优化客运服务设施设备，逐步建立安全高效、精细管理的创新型管理体系。奋力构建社企联动机制，通过研究轨道交通与社会力量、地区资源的联动，强调运营与服务公益性，积极打造社会、乘客共同参与多角度、多维度公共管理平台。针对第三方支付的特点，不仅迅速研制出云购票机，可以使用第三方支付APP展示二维码进行刷码购兑票，而且在不改动现有自动售票机硬件的前提下，进一步实现了自动售票机扫码支付的购票方式，实现了设备屏幕展示二维码、乘客使用第三方支付APP扫描屏幕二维码的购票方式。

(四)"十三五"期间上海城市轨道交通安全生产管理能力不断加强

立足运营安全管理需求，完善新线建设运营单位提前介入机制，强化对新线设计标准、设备选型、施工质量等重要环节的管控机制，改进重要系统的功能性演练和验证工作。同时，通过加强安防基础机制建设，加大管理考核力度，全面落实运营现场治安防范安全责任制，进一步加强安全、反恐防范和应急处置、视频监控等安全防范设施设备的配置和管理。按照"党政同责、一岗双责、人人有责"的要求,进一步明确岗位安全责任制,并建立了相应的工作措施和考核制度。修改完善领导干部安全事故责任追究和安全约谈警示制度,深化安全生产"一票否决"机制,切实落实安全目标责任。进一步完善"一站一预案",形成了"1个总体预案＋N项专项预案＋X项现场处置方案"的体系架构,并引入第三方演练评估机制。

针对工程项目风险管控,建成了集"预判、联动、应急指挥、控制"功能于一体的上海轨道交通建设远程控制中心和建设数据中心,实现"全球眼"视频监控、远程监控管控平台、视频监控管理系统、建筑信息模型(BIM)、盾构管理系统、旁通道系统、气象预警和PM2.5数据等信息化工具的统筹协调,全过程监控工程建设质量、安全、文明施工管理;进一步细化和完善远程监控安全预警和三级报警的指标设计,运用BIM技术促进风险管控,研究减少环境影响的新工法,有效降低工程风险;探索设计总体、投资监理、施工监理一体化管理体系,强化项目公司投资建设责任主体地位,完善建设项目"前期、设计、施工、交付"一体化建管模式。全面开展建设施工致命风险管控,加强工程现场一线的管理,确保轨道交通建设安全。

在消防机制体制建设方面,进一步强化各单位及部门消防工作责任,强化高风险部位及作业的动态监管;提高单位消防自主管理能力,落实建筑消防设施定期维护、保养、检测制度,持续推进落实运营车站和维修基地微型消防站及志愿者消防队伍建设;加强消防基础设施建设,确保消防水源满足消防实战需要,结合集团智慧地铁、智慧车站的研究项目,进一步推动地铁消防物联网的探索应用，提升消防安全技术能力。

（五）"十三五"期间上海城市轨道交通信息化建设愈发完善

通过加速内部信息化资源整合，形成基础大数据平台。利用虚拟化云计算和大数据技术，汇聚各项集团资源，已初步搭建成上海轨道交通行业智能化应用研发与数据化运营管理、信息化资源集约运行管控与数据共享服务的平台。组织集团开展了MMIS-P与信息资源网络互联互通的测试验证和具备业务应用条件的线路开通运营管理无线服务；编制形成了《上海地铁运营管理移动互联网系统指导意见》，明确了上海地铁运营管理移动互联网的功能定位、建设原则、网络架构、服务质量保障、工程验收、运行维护等内容。

Metro大都会是集导乘、导购、导游、导读、导食于一体的综合服务平台，先后完成了地铁快付、二维码闸机改造、TVM改造、乘客"五导"服务APP及商业运营等。手机刷码进出站功能2017年在磁浮线开通上线成功后，先后推广至全网络实行刷码进出站，并先后与北京、宁波、合肥等包括长三角在内的异地城市实现了"一码通行"，获得了乘客的欢迎和一致好评。设施设备移动点巡检在8号线试验成功后，覆盖范围超过50%以上。

（六）"十三五"期间上海城市轨道交通继续引领国内行业科技创新

为了不断巩固国家级技术中心行业地位，构建了上海申通地铁集团有限公司技术研究中心、技术研究分中心和技术工作室三个层级的技术创新体系，并成立了上海轨道交通行业资讯中心，进一步提升技术创新情报搜集能力。加快推进实验基地建设，策划完成了"上海轨道交通实验基地建设方案"，明确了上海轨道交通实验基地由信号、通信、自动售检票系统（AFC）、综合监控、站台门、车辆、轨道、环控、运营9个专业实验室，20个功能平台组成。完成了龙阳路工程中心设备级、系统级和线路级无差别仿真功能调试，以及基于车载综合信息网的远程监测及运维支持系统等新技术产品的装车试点。

围绕前瞻性技术研究及近期急需突破的关键性技术，共启动122个项目研究，其中国家级、市级课题5项。完成项目验收106项，1项取得国际领先水平，11项取得国际先进水平，32项获得国内领先水平。针对轨道交通网络互联互通关键技术，开展了"轨道交通互联互通CBTC系统关键技术及核心装备研制"市科委重大专项课题研究，目前已经形成标准规范体系，研制了设备样机，开发了系统测试验证平台。面对网络运营出现的客流不均衡问题，研究基于大数据挖掘的网络客流分布特征分析与客流预测实现技术，开发网络客流平衡及仿真评估系统、路径识别与展示系统和票价导流系统，已初步建立基于客流负载均衡的评估指标体系，于9号线、8号线、11号线开展试点实测。

针对运行安全综合监测能力的技术短板，围绕轨道交通网络化智能监控、调度及运维管理需求，进一步构筑涵盖现场设备层、线路层及网络层的智能监控及运维支持体系架构，形成高度自动化、信息化的集中调度和运维管理平台。在网络化发展与管理关键技术方面，围绕超大规模轨道交通网络运营管理模式研究，提出了运营管理基本策略，制定了超大规模网络运营管理的发展策略与对策措施。在运营维护与升级改造技术方面，围绕线路列车旅速提升，研究了制约旅速提升的影响因素，并以12号线为试点，实现了旅速提升6.3%，在运能不变的情况下节省了用车数量。

在信息化与智能化关键技术方面，围绕全自动驾驶技术深化研究，研究了标准规范体系。在节能环保关键技术方面，围绕绿色能源扩大应用研究，探索太阳能发电在高架车站应用的可行性。在车辆系统检测能力方面，开发了"转向架构架通用检测平台""轮对轴箱及齿轮箱跑合试验台"等两台通用型车辆非标测试平台，并已安装于赛车场车辆段架大修库生产线上。研制了通用型架构尺寸检测平台。在信号系统检测能力建设方面，搭建了信号系统安全检测与认证一体化平台，制定了平台建设的总体技术方案，完成了列车智能监测地面数据中心（一期）的硬件和列控运行能力仿真试验室建设及信号CBTC系统检测平台及实验室硬件搭建，并已投入13、18号线的第三方仿真。在信号系统仿真能力建设方面，自主开发了上海轨道交通全网络的工程大数据平台，并完成了车辆基地工程基础数据库设计方法研究、标准车站配线的折返能力仿真计算与分析。

（七）"十三五"期间上海城市轨道交通全力构建经营发展新格局

充分发挥地铁建设运营带来的综合优势，利用相关资源积极发展经营业务是推动企业可持续发展的重要途径。"十三五"期间，上海申通地铁集团有限公司积极推进发展新格局构建，深挖传统业务，加快优势业务，布局新兴业务，取得了积极进展。

传媒广告与商业传统领域：5号线、16号线试行整体传媒资源拍卖取得成功，17号线、浦江线的广告经营权面向全社会公开招标并成功转让。实施品牌百店计划，全家便利店、周黑鸭门店实行全网络布点。通过"强强联手"，提升商业品质，江湾五角场地下商业空间"太平洋森活天地"、与日本东急电铁集团携手打造的"线尚加"首家地铁商业品牌1号线徐家汇地铁站店等，推动了地铁商业的品牌化、国际化水平提升。

上盖物业优势业务：与新加坡凯德集团联合开发的汉中路上盖物业凯德星贸、与华润置地共同打造的首个地铁停车场综合上盖开发项目上海万象城开业、与万科合作的徐泾地铁站住宅项目完成销售。同时，汉中路综合枢纽全面开工、金桥地铁上盖保障房一期完成交付，元江路、航头、港城路停车场上盖开发项目的前期工作全面启动；莲花路项目土地出让完成关键性节点，将会成为城市更新的典型案例。

新兴业务发展：着力开展了三大网络化、平台型经济项目的建设。打造新媒体移动视频平台。开展轨道交通资源经营传输网络建设，开展地铁智屏项目研究，筹建混合所有制影视传媒公司，探索整合地铁车站出入口、通道、站厅、站台、列车等显示屏的各类运营服务、商业服务功能。建立投融资平台。与上海国际集团联手，构建金浦新产业基金，募集规模达到50亿元人民币，用于上盖物业的板地建设基金和新产业的股权投资基金。建设移动支付平台。与蚂蚁金服、中国银联成功达成分别成立两家移动支付合资公司的协议，牵头建立大都会APP地铁快付的票务结算体系。

"走出去"战略实施：设计、咨询业务为大连、重庆、合肥、哈尔滨等外地城市推进城市轨道交通发展提供优质服务，也获得良好的经济发展，外省市场经营收入占比已达70%以上，在技术水平、市场规模、市场覆盖率方面，继续保持了在全国行业内排名第一位置。

第三节 聚焦上海轨道交通高质量发展面临的主要问题

一、市域交通需求巨变和轨道交通规划调整滞后引发的问题

一是上海市人口增长速度快于规划预期，新增外来人口郊区化集聚特征明显，造成当前上海轨道交通从郊区通向中心城区的延长线路普遍拥挤。上海1999年版城市总体规划预期到2020年实际居住人口不超过1600万人，并提出"1966"的城市空间结构布局，即1个中心城市、9个新城、60个镇、600个村，核心思想是控制中心城的规模，用地控制在660平方千米，人口保持950万人。同时在中心城外围建设9个新城，规划总人口约540万人，其中3个是重点新城，包括嘉定新城、松江新城、临港新城，人口规模按照80万——规模万人规划，总人口控制在270

万人。同时在中心城外围推进"三个集中",即人口向城镇集中、工业向园区集中、农业向规模经营集中。事实上,2005年上海常住人口已经超过1778万人,远远高于规划预期。

自2000年至2017年,郊区[①]常住人口增加了781万人,增长了82.4%,占上海人口增长总量的100%以上。换而言之,同期上海中心区[②]人口不增反减。根据2019年二季度上海市轨道交通运营服务乘客满意度测评结果可以看出,上海市民对地铁1、2、3、5、11、16号线的满意度偏低,而对地铁8、10、12、13号线的满意度相对较高,除了运营服务质量以外,其主要原因是后者4条线路在中心区运营的线路里程占比明显较高。1号线、3号线和5号线连接了宝山区和闵行区,自2000年至2017年这两个区常住人口分别增加了131.7万人和87万人,分别增长了108%和75%,占上海人口增长总量的17%和11.2%。11号线和16号线南北连接了嘉定区和浦东新区,自2000年至2017年这两个区常住人口分别增加了83万人和234万人,分别增长了110%和74%,占上海人口增长总量的11%和30%。

二是交通规划配套城市空间规划的属性明显,轨道交通规划在交通规划中没有占据主导地位。城乡规划是法定规划,从国家层面看包括总体规划和控制性详细规划,虽然上海创设了分区规划和单元规划的层级,但所有的意图最终仍受限于上位控详规

---

① 浦东新区、闵行区、宝山区、嘉定区、金山区、松江区、青浦区、奉贤区和崇明区,包括合并前的南汇。
② 黄浦区、徐汇区、长宁区、静安区、普陀区、虹口区、杨浦区,包括合并前的卢湾和闸北。

划。相反，交通规划不是法定规划，交通规划体系包括系统性规划和项目性规划，因此两个规划体系难以相互对应。由此带来操作的不便，具体表现为：一方面市总体规划修编时间较长，交通系统性规划难以列入城市总体规划的内容，二者难以衔接；另一方面，交通专项规划和城市控制性详细规划存在矛盾。虽然交通专项规划可以对应城市控制性详细规划，但常常出现不同层面上有交通专项规划却无城市控制性详细规划，或有城市控制性详细规划而没有交通专项规划的尴尬境地，使二者都无法很好地执行。

不难发现，上海1999年版城市总体规划的核心理念中具有浓重的田园城市要素和大伦敦规划的影子，其核心思想就是要控制中心城区的规模，在中心城区外围发展新城。为了配套城市总规的核心理念，2002年版上海市交通白皮书强调构筑"枢纽型、功能性、网络化"的交通基础设施体系，进一步加快由欠账式的发展向引导性的发展转型，进而提出了系统性的交通基础设施建设发展计划，重点强化了轨道交通、枢纽等设施对浦东跨江和集中城市化区域拓展的支撑，并强化公路对市域城镇体系的支撑。

值得注意的是，虽然交通白皮书已经开始强调公共交通优先发展的理念，轨道交通网络建设也获得了重视，但是同期干线道路建设无论从建设速度上，还是城市空间通达性上，远远优于轨道交通建设，轨道交通建设规划集中于中心城区，疏于中心城区与郊区新城和新市镇之间的交通联络，间接导致了公共交通出行分担率相对较低。例如，上海于1986年、1995年、2004年、2009年和2014年分别进行了五次综合交通调查，公共交通的出行分担率分别为24%、17%、18%、18%和18%。事实上，全市出行总量的大幅增加（2014年较1995年约增长了一倍），即使在上海市轨道交通大力发展以及客流大幅度增长的情况下，公共交通出行比重的增长仍然非常有限。主要原因是，小汽车方式出行快速增长，其背后的基础支撑是干线道路的大发展发挥了重要作用。

不妨先从以轨道交通建设相对集中的中心城区入手，来比较上海轨道交通与地面干线交通的发展规模。2015年上海中心城区区域面积664平方千米[①]，地铁和轻轨合计376千米，轨道线网密度0.57千米/平方千米；干道系统[②]1310千米，干道路网密度2千米/平方千米。对标东京区部662平方千米的中心区域内轨道交通与地面干线交通的发展规模来看，东京区部轨道线网合计807千米，轨道线网密度1.36千米/平方千米；干道系统1500千米，干道路网密度2.4千米/平方千米。东京区部干道路网总长与轨道线网总长之比为1.86，同样上海中心城区干道路网总长与轨道线网总长之比高达3.48。如果说东京是建设在轨道上的城市，那么不难发现目前上海还是建设在道路上的城市。究其根源，既有上海城市机动化发展速度快的因素，也有城市发展规划理念迥异的因素。对照香港地铁集团在香港城市开发规划中所发挥的作用，也可以看出轨道交通规划在城市规划中的地位和作用，往往决定了城市地铁运营高质量发展的潜力和空间。

三是放射性快速轨道交通的运营现状无法支撑中心城区和郊

---

① 外环线以内的地区。
② 包括高快速路和地面干道。

区城镇体系的紧密联络，轨道交通支撑城乡发展的协同效应难以发挥。在城市轨道交通前期的规划、设计、建设等阶段，虽然都有各类规范予以控制，但是由于车站、线路周边用地，开发情况的变化等原因，实际建设、运营脱离规划设计。2002 年的《轨道交通基本网络规划》提出建设 3 个层次的轨道交通网络，即市域快速铁（R 线）、市区地铁（M 线）和区际轻轨（L 线），满足不同乘客和不同区域服务的需求。其中市域快速铁路是实现郊区新城与中心城快速联系的重要轨道交通方式，在制式上，不光采用城市快速轨道，还充分利用既有的铁路资源，将国铁纳入城市轨道交通。根据当时国家批准的上海市城市总体规划和城市轨道交通线网规划，上海轨道交通网络由 17 条线路组成，线网总长约810 千米。其中市域快速线 4 条，市区地铁线 8 条，市区轻轨线 5 条。中心城线网长度 492 千米，线网密度 0.745 千米/平方千米。为了以更新更好的城市面貌迎接世博会开幕，在 21 世纪初的前 10 年中，上海轨道交通大大加快了建设进程，对照当时的规划，调整后的轨道交通线路设计和建设发生了两个重要变化。

第一个变化是原规划的 4 条市域快速线实行断点运营，但调整过程并没有考虑郊区交通需求变化的因素，列车运行组织灵活性可提高。原 R1 线（1 号线）在莘庄站断点为 1 号线和 5 号线，北端线路规划长度为 45 千米，南端线路规划长度为 53 千米；原 R2 线（2 号线）在虹桥火车站断点为 2 号线和规划 20 号线（改称 17 号线），东段规划长度约为 80 千米，西段规划长度约为 32 千米；原 R3 线（11 号线）在罗山路站断点为 11 号线和 16 号线，北端规划长度约为 78 千米，南端线路规划长度约为 60 千米；原

R4 线（9 号线）在金海路站断点为 9 号线和 19 号线，北端（19 号线）规划长度约为 48 千米，南端线路规划长度约为 91 千米。调整后的市域线里程依然相对较长，并承担中心城区和郊区城镇体系的联络功能。对照东京同等功能的放射性线路的情况来看，早高峰时段向心性通勤、通学客流量大，必须保证早高峰时段轨道线路运输能力，因此普遍实行快慢混跑的列车运营方式，快慢混跑列车以中低速列车服务为主，同时为保证快速的通勤服务适当增加中速列车；平峰时段线路客流平缓且总量较小，快慢混跑列车中增加高等级快速列车，同时减少中速列车数量，利用普通列车和高等级列车相互配合满足各类服务需求。

第二个变化是放射性快速轨道交通线路制式的趋同，未实现多功能层次的轨道交通线网规划。尽管上海市轨道交通线网规划提出了 3 种模式，但从实施结果看，中心城区 R 线、M 线、L 线的平均站间距比较接近、列车运行速度基本相同（一般为 30—40 千米/小时），即原规划的 R 线、L 线在中心城区基本等同于 M 线。由于 R1 线、R2 线本身是 M 线的功能和制式，延伸至郊区后导致其运行速度难以提升；R3 线、R4 线的市区段实际上也兼顾了 M 线的功能，同时采用了常规地铁制式，因此也难以提升其运行速度。

市域快线不快、运能不高造成早晚高峰通勤、通学拥挤日常化，从而轨道交通支撑城乡发展的协同效应难以发挥。根据上海市第五次综合交通调查，共有 11 条线路三高断面满载或超载，其中，3、5、6、7、9、10、11 号线的客流压力大，其高峰小时满载率均在 110％—120％，1、4、8 号线在 100％—110％，2 号线也达到98%。且早高峰全网拥挤断面长度为96千米，较2009年的54千米增加78%，拥挤的断面位置逐步外移，9号线和11号线外环线以外的进城断面已开始拥挤。据相关研究发现，由于通勤、通学日常拥挤现象严重，即使住在郊区车站周边1千米范围内的驾车居民，也有半数以上宁愿驾车通勤，不愿意利用轨道交通。

总而言之，市域轨道的规划和建设远远滞后于高速公路系统，郊区轨道交通密度低、覆盖的城镇数量少且轨道制式趋同，缺乏大运距快轨联系，导致郊区城镇之间及其与中心城区之间出行时耗较长，轨道交通在市域城镇空间布局中的导向作用不突出，无法依托轨道走廊形成紧凑的空间布局结构，加剧了中心城区和郊区城镇的蔓延发展。

二、轨道交通功能设计单一限制综合服务供给效能提升的问题

从东京、伦敦等发达城市的发展经验来看，轨道交通作为公共交通的一种重要方式，以其安全、便捷、快速和舒适等特征发挥出强大的出行吸引力。值得注意的是，在这些发达城市中，随着其轨道交通网络的不断扩容，轨道交通发挥的功能已经不仅仅局限于运输功能，居住在这些发达城市的人们在购物便利化、住宅布局临近化、通勤时间缩短化、休闲公共空间舒适化等方面，对轨道交通提出了更多的综合性服务需求。目前，上海市民对高品质生活的需求越来越大。未来上海居民出行服务需求绝对不会仅局限于运输功能，而是如发达城市居民一样，对整个出行过程

中所涉及的生活内容的综合化服务的需求会越来越显现。换而言之，便捷出行与高品质生活融合的需求升级对上海轨道交通发展提出了新的要求。当前，上海轨道交通在站点布局、线路换乘、功能设计和开发品质等方面存在以下几个主要问题，严重阻碍了轨道交通网络层面提升高质量综合服务供给能力。

第一，站点密度不够，换乘站点相对较少。上海运营的轨道线网831千米中，有52个换乘站，而东京仅300多千米的地铁网络中就有95个换乘站，其中心城区内的站点密度远远超过上海。由于上海换乘站点相对较少，大客流换乘压力主要集聚在相对较少的几个站点，无法减轻随着超大网络的扩容带给大客流换乘站点的上升压力。

第二，站点功能设计复合度不够，开发强度相对较低。独立型车站是地铁建设发展历史上最早出现的车站模式。通常，其车站建在城市道路下方，在道路两侧的地面设置出入口，其建设及投资都相对独立，不受周边其他项目的影响。上海轨道交通站点中，将近80%的站点属于独立型车站，通过出入通道、楼梯、自动扶梯等设施直接完成地上、地下的联系，为乘客快速出入地铁系统服务，站点功能设计相对单一。按照开发强度统计，上海轨道交通站点高强度开发（容积率大于4）占比不到10%；中强度开发（容积率在1中强之间）占比将近80%；低强度开发（容积率低于1），占比不到15%。在香港中心城区地铁站点容积率大多在7以上，而上海地铁站点容积率很少超过5.7。在香港非中心城区地铁站点容积率普遍在4左右，低于4的站点较少；而上海地铁站点则较少超过3.0。

第三，中心城周边站点周边接驳配套尚不完善，TOD综合交通系统协调性有待提高。轨道交通站点周边的交通空间是轨道交通与城市活动的衔接，需要以便捷的服务功能引导乘客进入轨道交通内部的重要空间。接驳交通的配套设施与服务状况会直接影响乘客使用轨道交通的意愿。通常，城市活动距离站点越近，乘客越倾向于使用步行接驳，步行换乘是中心城区的主要接驳方式。虽然中心城区周边换乘距离相对远，但是步行依然是边缘地区轨道站点乘客接驳的主要方式之一。目前，边缘地区站点周边的配套环境与用地状况，对慢行接驳造成了较大的问题。不仅周边大尺度道路形式的路网格局形成了不友好的步行环境，而且站点周边机动车车速快、自行车使用安全性差、自行车停放空间小并容易遗失等原因造成慢行接驳方式的舒适度难以提升。

第四，站点综合化开发程度相对较低，前期轨道交通上盖经营效率不高。除了以上提及的独立型车站之外，与相邻物业开发联通的上海轨道交通站点居多。虽然这种站点模式使地铁车站比独立型车站获得了更多的地下出入口，有利于疏解进出站人流，但是这类车站的相邻物业通常以商业功能为主，办公和居住占比不高，而且由于通道连接带动的商业价值增值，也难以反馈到轨道交通发展。前期上盖项目的经营模式尚未能给上海轨道交通发展带来可持续的盈利点。

第五，枢纽车站服务品质仍有提升空间，现行轨道交通站点建设标准与高质量服务需求发展趋势不匹配。不同发展阶段的出行者面对相同的城市轨道交通可能会提出不同的要求，而不是简单地重复各个发展阶段的服务需求。在上海城市轨道交通发展的初期，整个城市处于"大干快上"的建设扩张期，出行者对上海城市轨道交通的基本服务需求是"安全可靠"的位移服务。但是随着时代的发展，上海城市轨道交通出行者正在日益追求"舒适便捷"和"多元体验"的高质量服务。虽然轨道交通运营主体直接面向终端客户提供服务，但是出行者所享受的服务已经包含了前期规划、设计、建设等阶段的各类服务质量。例如，以目前换乘客流量较大的世纪大道站为例，世纪大道站日均换乘客流逾30万人次，只有5部无障碍电梯。作为四线交汇的枢纽站，高峰期乘客进出站和换乘拥堵现象已经成为出行者对轨道交通出行服务不满的顽疾。又例如，中山公园站换乘通道，没有轮椅坡道、站内盲道、无障碍电梯；虹口足球场站，乘客从8号线换乘3号线时，必须穿越三条组成S形的幽深走廊，才能找到无障碍电梯；上海火车站的无障碍电梯指示牌高悬在月台上方，行色匆匆的旅人很少会留意到头顶；黄陂南路站，标识长度仅40厘米左右，且与墙面颜色相近，等等。类似这种车站的结构设计、功能布局、空间面积，在运营阶段的改造十分困难，需要尽可能通过在设计和建设阶段提高标准来加以解决。

同样可以对标一个五线交汇日均换乘客流逾30万人次的东京地铁的大手町车站。据2015年的统计数据，地铁五线交汇的大手町车站，仅仅统计由东京地铁公司经营的其中四条线路的日均上下车客流已超过31万人次，其经营的站内不算自动扶梯，配备垂直升降电梯就有15部，还有2部可供轮椅使用的无障碍自动扶梯。因此，对标大手町车站，世纪大道站的5部无障碍电梯是远远不够的。

再看东京著名的枢纽——东京站的综合服务功能更新。东京站站内功能较为集中，通过地下一层的转换，实现了地下商业空间、地上新干线搭乘站和地下铁线路搭乘三者之间的转换。东京车站的地下分层结构较为集中，3条地下铁线路的交换系统都集中在东京车站的正下方区域。包括月台层、地面层总共有7层不同的功能分层。月台层位于地面层正上方，用于搭乘新干线铁路线。

以车站周边半径500米的范围划定10分钟步行圈，这一范围内高密度的商业办公类建筑占据主导，酒店与购物中心也较为集中分布在车站两侧出口周围。独立式住宅分布较少，且多集中于八重洲出口方向，有少量的公共服务性建筑分布在住宅之中。地下空间设施以车站为中心，向周边地区扩散。据大致计算，地下空间在西北方向延伸至竹桥，距离车站1425米；东北方向延伸至本町，距车站1165米；东南方向至本愿寺，距车站1579米；西南方向则延伸至银座，距车站1725米。在以车站为中心的半径500米左右的圈子内，地下网络最为发达，在各个方向均有大量建筑与地下空间发生联系，与车站的连接也十分紧密；半径500米圈外的地下空间，则多沿周边地铁线路发展，覆盖范围迅速缩小，仅在部分区域有分布。

为了迎接2020年东京奥运会，进一步提高交通便利性以及继续第三轮"连锁型都市改造"计划，东京相继开展了各项周边开发项目，以及建设包括配套的东京新车站在内的新增铁路项目。建筑改建项目重点地区为八重洲入口一侧站前一丁目地区及二丁目地区，该地区多为老旧的办公写字楼大厦，开发项目拟将现存的老旧大厦进行拆改，更新项目的建设目标主要以写字楼为主。预定将面向皇居的东京站站前广场（丸之内方向）进行改造装饰。拟建约6500米的步行广场（城市广场）以及南北两个交通广场，站前南部交通广场自2015年冬开始使用，全部完工时间为2017年。

丸之内地区地下一层也将进行再次整改。开发面积约19000平方米，店铺面积约4100平方米，新增地下面积约4500平方米。目标是更新检票口内外的公共空间，提高丸之内站前大厦地下空间的整体性。地下北口处的C62型蒸汽机车15号机的驱动轮将移动到地下南口附近的步行路线节点处。同时开设新的候车厅——地下南口候车广场（面积约3500平方米）。地下部分2017年完工，其中地下南口候车广场先行完工于2014年。

从以上东京站的综合功能更新项目可以发现，随着东京市民对高品质生活要求的不断提高，即便是经历了100年之久的东京站，作为交通枢纽站的综合功能依然在不断提升，其与上海枢纽站综合功能建设最主要的区别在于轨道交通站点建设标准是否与高质量服务需求发展相适应。由于上海站点综合服务功能不强，地铁乘客引向商业顾客的有效转化率不高。上海地铁的超大网络为地铁运营单位带来了大量的人流，但是这仅是提升地铁商业价值的一个优势因素，更重要的挑战是如何将地铁乘客从"过客"转化为地铁商业的"顾客"，真正形成超大网络的消费吸引力。

第六，类似通用设计的先进设计理念未反映在轨道交通站点建设标准中。"通用设计"（Universal Design）自美国建筑师、产品设计师罗纳尔德·麦斯于20世纪80年代提出后，在城市公共空间的规划设计中被广泛采纳,其核心内涵是设计的每件产品,都要最大限度地被所有用户使用。韩国首都首尔市在地铁站的规划设计中充分运用通用设计,发挥了巨大的作用,并获得了2007年度"世界设计之都"的荣誉。与上海人口结构变化趋势相同,首尔也出现了老龄化社会特征。首尔市政府希望能通过地铁站地下空间的通用设计提高老年人出行的舒适度,因此,首尔在地铁站的规划时要求在每个站点专门为老年人提供休息区。为了不让上班族在地铁站内进行单调行走而加重疲劳感,首尔地铁在规划设计中预留了很多化妆品店、咖啡店、书店等,使上班族在单调的赶路过程中能够根据自己的情况进行调节。为了提高家庭主妇和携带幼儿在搭乘地铁前往大型超市采购过程中的舒适度,首尔地铁站的规划中将看护区域与卫生间的配置作为重点加强的内容。

不难发现,通用设计是体现以人为本、从用户角度出发的理念,是一种科学的思维方式。轨道交通地铁站的规划设计需要与城市发展政策紧密配合,使规划设计方案具备解决当前和未来阻碍社会可持续性问题的效能。高质量的地下空间规划设计可以避免出现专门为老人、儿童、孕妇及残障人士等设置的标识和提醒语句,让该空间在功能上满足以上人群的特殊需要的同时,又让他们在与其他乘客共同使用公共空间时,从内在的意识里暂时忽略自己身体的特殊之处。未来,上海轨道交通站点建设标准中,需要加大先进设计理念,聚焦解决以上人群对大型枢纽站和一般换乘站的特殊需要。地下空间和地下轨道交通系统的规划设计的科学与合理性是影响城市高质量发展的核心因素,必须尽早地从规划设计段入手，提高城市地下空间资源的利用效率和功能效益。

三、轨道交通运营主体财务收支可持续能力下降问题

一是票制体系未能与轨道交通超大规模网络扩容同步更新，票务收入的增幅逐年趋缓，运营板块财务收支可持续能力明显下降。上海与东京相比，轨道交通网络运营主体的唯一性是上海的特色，也是上海市民出行的最大福利。在东京区部，仅地铁运营主体就有两家，放大到与市域线相对应的东京轨道线路，运营主体达到41家。虽然各运营主体之间通过直通运转，东京轨道线路也构成了超大规模网络，但是在票价设定上不仅仅依靠距离定价，调价机制也相对灵活。上海地铁目前按照市物价主管部门批复的轨道交通网络票价体系，实行按里程计价的多级票价，0—6千米3元，6千米之后每10千米增加1元；票价计算采用最短路径法。上海地铁票价自2005年调增以来未作调整，十四年间网络运营里程从100多千米增加到700多千米，但近年随着网络规模快速扩大，乘客换乘越来越方便，票务收入的增幅逐年趋缓，运营成本上升幅度却远高于票务收入的增长。另外，随着运营网络的扩大、设备使用年限的增加，每年投入的大修和更新改造费用越来越大，运营收支的资金缺口面临越来越大的发展趋势，将影响企业的正常经营活动开展，增加财务风险。

面向地铁服务质量的高质量发展，未来的资金投入需求会更大，在目前的亏损全部由政府拨款补充的运营机制下，市级财政压力会逐步显现。对标东京地铁，可以发现，无论国有、都营

（东京都）还是民营的地铁公司都是自主经营、自负盈亏。根据日本的《铁路行业法》规定，铁路公司在3年的周期内提出调价申请，最终由日本国土交通省裁定，按照最高限价的原则核定地铁公司新三年的定价范围。东京地铁采用全成本定价的原则。国土交通省仅考察地铁公司的主营业务，并不涉及非主营业务部分。地铁运营公司会被要求上交资本投资计划至国土交通省审核，也作为确认运营成本的依据。由于按照全成本定价以后，地铁公司可以获得稳定的收益，从而能通过折让等多种方式让利于民，降低日常出行地铁利用率高的乘客的出行成本。

二是资源经营的创收能力潜力未能完全显现。受宏观经济形势影响，传统的广告、通信和车站商业的经营效益呈现下滑态势。尤其是广告传媒收入出现了近年来罕见的下滑。2019年1—4月，总体广告传媒合同额同比下降18%。国家和地方政府对城市轨道交通安全运营管理力度加强，从2019年起，相关部门一律不再审批新的商业便民设施。同时，为应对上海地铁超大客流的运营安全客流组织需要，被要求拆除的商铺数量在不断增加，预计车站商铺租赁收入将逐步下降。在国家宏观对网络流量提速降费的大环境下，对标全国各城市地铁车站移动通信租赁价格情况，上海地铁的移动通信资源费大概率将呈下降趋势。市规土局加强对房地产市场全生命周期管理，强调了增加持有面积和年限，可售物业比例由上一轮开发近90%下降至40%以下。同时，区政府对出让地价预期增加，造成开发成本高企，回笼现金缓慢。而上盖物业开发资金投入大，开发周期长，导致融资财务费用高，高负债持续，经营投资风险持续放大。

在面向上海 2035 年建设创新之城、人文之城、生态之城，卓越的全球城市和社会主义现代化国际大都市过程中，轨道交通发展要克服上述已经显现的主要问题，把充分满足人民群众日益增长的高质量出行需求作为根本出发点，真正为人民群众提供更加安全、便捷、智慧、绿色、舒适、多元、经济的交通运输服务和体验，毫无疑问需要加大力度推动上海轨道交通发展模式进一步转型。事实上，对于未来高质量的方向目标、核心内容和经营方式，可以从轨道交通发展相对理性的国内外知名城市借鉴一些宝贵经验。以下通过对日本东京、英国伦敦、中国香港和深圳轨道交通发展的相关研究，进一步梳理未来上海轨道交通转型发展的总体要求。

第二章　城市轨道交通学术热点追踪

自18世纪人类开启工业革命以来,马车被蒸汽机车等新技术所替代,交通领域的技术革新不断发展。1825年世界史上第一条正式的铁路在英国通车,标志着人类步入了轨道交通的时代。城市与城市之间的交通铁轨相连,使人们出行更加便利,大大扩大了活动范围。随后,1863年,伦敦大都会地铁建成。自此,世界上最早的城市地铁问世,掀起了城市轨道交通发展的新篇章。新交通方式的迭代不断引起城市功能布局的发展变化,还与城市人口密度增加、城市圈层扩大和网络状城市分中心衍生等大型城市发展规律息息相关。

我国的第一条铁路是1876年修建的吴淞铁路,近一百年后,第一条城市地铁即北京地铁一号线在1969年通车。虽然,我国城市轨道交通发展起步相对较晚,但是进入21世纪后,我国城市轨道交通建设速度冠绝全球,以五年为周期,线路规模连续翻番增长,从2016年起城市轨道交通运营里程跃居全球第一,已建成轨道交通的城市之多、线路之长位居世界前列。与此同时,围绕城市轨道交通发展的学术研究越来越多,发现、总结和创造的理论和实践价值也越来越大。当前,结合区域经济和城市规划的城市轨道交通研究已然成为学术界关注的热门领域。

第一节　城市轨道交通学术动态述评

我国城轨交通发展迅猛，已有 40 多座城市建成了或正在新建，或拟就了建设规划，越来越多的中、小规模城市加入了轨道交通规划、建设的热潮中。根据中国知网检索结果显示，最早涉及城轨交通主题词的文献出现在 1995 年。当时，为了解决城市公共交通问题，一般采用"加车加线"的办法。城市"垂直集中""年轮式"的发展形式，给当时我国大城市的发展造成了阻碍。因此，有必要提出可行的公共交通出行方式来解决城市交通问题，促进城市发展。1994 年 5 月 24 日到 26 日"深化高速铁路线路设计及城市客运轨道交通系统研讨会"在天津铁三院（现更名为中国铁路设计集团有限公司）召开，初步确定城市客运轨道交通的名称和含义，随后，中国的各大城市掀起了一股"轨道交通热"。1999 年时任国家计划委员会副秘书长的张国宝提出，中国城轨交通事业发展处在关键时期，大城市客运交通必须坚持以轨道交通为主体。2000 年中国交通运输协会城市轨道交通专业委员会正式成立，标志着我国城轨交通研究开始逐步发展。从 1998 年到 2003 年，关于城轨交通的文献数量每年稳步增长，平均每年 35 篇以上。尤其是从 2006 年开始，伴随着"十一五"时期发展规划的逐步展开，我国对城轨交通研究出现"井喷式"增长，自 2006 年到 2015 年发文数量总数 2701 篇，占检索样本文献总量的 62.3%。近几年每年发文量均保持在 400 篇以上，我国城轨交通研究保持火热。

城轨交通主题热点分析分三个阶段：1995—2005年起步发展阶段、2006—2015年快速增长阶段、2016年至今稳步高速阶段。

一、第一阶段（1995—2005年）

随着改革开放政策的贯彻执行，中国城市建设规模成倍扩大，公共交通出行问题严重制约着城市发展和经济增长，影响着居民的生活节奏。城轨交通概念的应运而生，城轨交通、轨道交通、城市、发展、城市交通、城市铁路，等等成为当时的研究热点。多名学者针对怎么解决城市交通问题、什么是城轨交通、怎么发展城轨交通问题发表论文并产生了深远影响。如王正表明要解决我国城市公共交通的问题，可以学习借鉴国外经济发达国家城市客运交通发展的经验教训，在我国特大城市，建立以快速轨道交通为主干的综合公共交通体系，并进一步对轨道交通的路网规划和线路规划进行了探讨。[1] 周翊民认为，对于发展中国家的中国，轨道交通运输作为我国交通运输发展战略是促进现代经济持续发展、进一步完善市场经济体系的理性选择。[2]

伴随着我国城轨交通建设的逐步展开，如何规划、确立什么样的发展模式、产生的噪声问题如何解决等成为当时面临的问题，也成为当时学者的研究热点。如张振淼介绍了城轨交通噪声

---

[1] 王正：《我国城市轨道交通研究和规划探析》，《城市规划汇刊》1995年第4期。
[2] 周翊民：《中国城市轨道交通的发展策略》，《铁道运输与经济》2002年第10期。

的形成与分类，并就如何减少列车辐射噪声给出解决方案。① 针对我国城轨交通发展中的建设与管理问题，多名学者结合西方发达国家的成功经验和我国资金市场的实际情况，以实例对比分析了我国城轨交通基础设施建设的融资方式。

二、第二阶段（2006—2015 年）

2006—2015 年正好是我国"十一五""十二五"期间，我国城轨交通研究进入快速增长阶段。这一阶段城轨交通研究热点主要表现为以下三个主题：

（一）促进城轨交通建设发展

城轨交通的建设，对推进新型城镇化建设、产业结构的调整、推动"一带一路"建设、建设和谐宜居城市、改善民生具有现实的意义。我国城轨交通的建设发展与城市地下空间开发利用相互促进，地下商业街、地下道路与停车系统、轨道交通、综合管廊、地下综合体、地下市政系统、地下仓储物流系统等城市地下空间的综合利用是缓解城市资源匮乏、改善环境质量、提升居民生活质量的有效途径，具有重要现实意义。针对城市地面公交效率低下、城市地铁投资巨大的双向约束，新型中低运量的城轨交通系统——轻轨被应用起来，轻轨可以降低造价，提高性价比，以便中等城市既能够承担起建设费用和运营费用，又可提升城市公交系统服务品质。与地下隧道施工相比，高架桥构成的高

---

① 张振淼：《城市轨道交通环境噪声的评价与控制以及衰减噪声的途径》，《地铁与轻轨》2001 年第 2 期。

架线，建设于地表面，建设条件较好，工程数量较小，主体构件可以预先让工厂模块化建造，建设速度要快得多。据初步统计，在没有拆迁上的制约时，高架线比由地下隧道组成的线路缩短大约一半工程建设周期，更符合大城市发展的迫切需求。

（二）提升城轨交通综合运营能力

为增大开通线路里程、运营里程，提高客运量及客流强度，城轨交通必须按照依据总规、支持总规、超前总规、回归总规的基本宗旨，城轨交通系统的规划必须紧密和城市总体的规划融为一体。在线网规划上，针对现有线网规划方案综合评价方法不足的情况，李俊芳等将层次分析法和模糊综合评价法一起综合运用，形成多层次模糊综合评价模型。其所建立的评价模型能使那些表面上看起来复杂的方案有序排列出优劣次序。综合监控系统是集合监控硬件平台和软件平台，高度集成的综合自动化监控系统。其主要实现对弱电设备的集中监控和管理，对旅客列车运行情况和旅客客流统计数据的关联监视。最终目的是实现相关各系统之间的信息共享和协调互动功能。城轨交通运营管理人员可以从该系统的统一用户界面，更加便捷有效地监控和管理一整条线路的运营情况，从而达到提升自动化水平，提高城轨交通系统的安全性、可靠性和高响应性的要求。[①] 汪侃认为，伴随云计算技术模式的形成，大数据技术的发展，物联网智能感知技术的不断更新以及基于视频分析的人工智能技术与无所不在的网络所提供

---

① 李俊芳、吴小萍：《基于AHP－FUZZY多层次评判的城市轨道交通网规划方案综合评价》，《武汉理工大学学报（交通科学与工程版）》2007年第2期。

的移动技术应用,基于云化与线网化的全机电系统一体化集成管控设计图是综合监控系统未来发展方向。①

(三) 推动城轨交通自主创新,完善装备制造体系

这一阶段,中国城镇化进程远未结束,基础设施建设潜力仍然很大,城轨交通行业还有巨大的发展提升空间;"一带一路"倡议也将拉动国际市场需求的增长,城轨交通需加快"走出去",把握国际市场机遇。总体需求推动了我国城轨交通自主创新技术的研发和应用,促进了装备制造体系的日趋成熟。在此背景下,各主机厂开始不断研发,自主创新新产品、新技术,提高轨道交通装备国产化率,零部件配套生产厂家也随之成长,牵引、供电、信号、自动售检票、综合监控、防灾报警等轨道装备制造企业成长快速。通号院、北京交控、铁科院、富欣智控等厂家打破信号系统主要依赖进口的瓶颈,逐步掌握 CBTC 系统②的核心技术。2013—2015 年城轨交通车辆、机电设备单条线路的综合国产化率已全部实现 75%,部分线路实现 80%。2015 年在建的北京燕房线采用的城轨交通专用装备甚至实现了全部全自主国产化,只有少量通用设备使用国外产品,标志着我国城轨交通核心产品拥有了自主化水平。

三、第三阶段 (2016 年至今)

2016 年至今,我国城轨交通研究进入稳步高速阶段。

---

① 汪侃:《城市轨道交通综合监控系统的技术发展》,《城市轨道交通研究》2018 年第 5 期。

② 基于通信的列车控制系统,即 "Communication Based Train Control System"。

(一) 城轨交通系统全面高速稳定运行的相关研究

城轨交通列车和运营线路是系统运行的主体。城轨交通信号系统是保障列车安全运行,体现行车指挥和列车运行现代化,提高运输效率等的关键系统设备。这一阶段的城轨交通发展规划,市域快速轨道的建设和城市及城市群的轨道交通网络化运营受到特别关注。基于互联互通的信号系统,不但可以实现跨线、并线、越行等运输组织,还可以实现列车、车辆段、车辆维修装备的资源共享。随着我国城轨交通的不断发展,网络化和自动化不断运用,翟国锐等人提出由综合自动化系统、轨旁控制器、车载控制器、计算机联锁和通信系统等组成的 BITRACON 型下一代地铁车辆全自动无人驾驶信号系统解决方案。该系统方案可以实现列车运行中的安全有效防护、灵活运营组织,完善列车运行高效和节能、一体化和集成化。在城轨车辆的制造技术上,各主机厂研发的有轨电车、磁浮、跨座式单轨、市域快轨等新制式车辆产品,自主创制造的城轨车辆车钩、永磁直驱转向架、电空制动系统等重要零部件,电阻焊及激光焊不锈钢车体、搅拌摩擦焊铝合金车体等,都充分保障了我国城轨交通高速稳定安全运行。

(二) 我国轨道交通发展创新的相关研究

轨道交通领域涉及多个专业,每天各部门通过人员或者仪器设备等收集产生的数据量庞大无比。大数据的运用和处理技术可深入探索城轨交通系统的内在规律,有效指导城轨交通实际运营,可提升轨道交通的运营管理水平和旅客服务水平。目前在管理城轨行业设备的效能及现状、城轨交通客流评价、线网中心运营指挥系统的运营指标分析上应用广泛。同样，粒子群算法广泛应用在轨道交通列车节能控制优化、城轨交通运行调度优化、城市接驳公交网络优化上。

通过 20 余年的不断发展，我国成为建成和在建轨道交通城市最多的国家，已建成轨道交通总里程位居世界首位。城轨交通迅速发展的背后也暴露出许多问题。初步预计在今后的一段时间内我国城轨交通研究的前沿为：第一，实现城轨交通网络体现以人为本的客运服务，拥有科学高效、稳定安全、综合费用较小的运营；第二，更好地将大数据应用于设备管理、计算分析、隐患分布预测与应急辅助决策、行人出行诱导、乘客预测和调度管理等方面；第三，正确评价轨道交通 PPP 项目运营期风险，突破轨道交通 PPP 项目瓶颈，选择最优补贴模式，推动轨道交通 PPP 项目可持续发展；第四，正确评价城轨交通信号系统、做好城轨交通信号系统的信息安全防护。

第二节 城市轨道交通与城市协同发展研究

伴随轨道交通的大规模建设，关于轨道车站与城市协同发展的研究逐年上升，研究方向主要集中在三个方面：一是在宏观层面以研究轨道交通与城市的耦合关系为主，无论是 TOD 理论，还是城市触媒理论，都一致认为轨道车站建设应与城市融合发展，轨道站点是城市发展的"催化剂"，在促进城市活力、提高土地价值方面具有推动作用。二是在中观层面以研究轨道站点周边城市空间形态为主，包括站点周边用地功能、开发强度等量化指标，强调与控制性详细规划的结合；三是在微观层面以研究轨道车站一体化的设计内容为主，包括立体步行系统、公共空间、交通接驳等方面。虽然关于轨道车站与城市协同发展的研究不断丰富，但城市更新背景下轨道车站一体化项目的实施模式和路径有待完善。尤其是结合既有车站改造，对周边城市用地进行更新的案例较少。

从站域更新角度看，我国城市建设已进入轨道交通的全面发展阶段。轨道交通的建设为站域更新带来了新的机遇，站点一体化开发被视为一种有效的更新模式得以推广。但城市中心区轨道交通的建设往往滞后于城市建设，在更新中不得不面对地价高、土地权属复杂、建筑密度高等复杂问题。一方面，轨道交通的建设提高了区域可达性，缓解了交通压力，提升了空间活力；另一方面，轨道交通的现代化属性也给中心街区带来了冲击及不稳定因素，可能会导致城市结构遭到破坏，地域特色逐渐退化甚至消失。因此，在城市中心站域的更新中，如何利用轨道交通建设带来的丰富资源，同时平衡工程建设与城市文化保护的关系，成为当前亟待解决的问题。国外轨道交通站域更新开发研究最著名的是1993年美国城市设计师彼得·卡尔索普（P. Calthorpe）提出的以公共交通为导向的发展（TOD）模式，它强调在区域层面整合轨道交通与土地利用，围绕站点形成一个多样、高密度，环境友好的步行社区。

针对轨道交通站域的复杂性，1996年荷兰学者贝托里尼（L. Bertolini）提出了"节点—场所"（node-place model）理论，指出轨道交通站域既是交通网络中的节点,又是城市中的场所,站域更新开发应关注这两方面的典型特征并使两者达到协同。我国对轨道交通站域更新的研究起步较晚,尚处于借鉴探索阶段。王腾等归纳总结了我国大城市轨道交通站点地区的更新特征,并以国外发达国家的相关优秀案例为依据,提出中观空间层面的更新策略。[①] 王芳总结了轨道交通对城市更新的影响特征,从城市中心区、城市历史街区、城市外围居住区3种类型分别讨论站域更新的模式。[②] 白韵溪选取日本东京、中国香港作为亚洲发达城市站域更新的典型代表,与天津、深圳典型站域在土地利用、公共空间、历史文化、交通体系方面进行对比分析,总结出轨道交通影响下的城市中心区更新规划体系及策略。[③] 张健等运用空间句法视域分析法,从空间形态、空间结构两个方面对历史街区地铁站域的城市肌理进行研究,提出相应的保护性更新策略。[④]

第三节 城市轨道交通运营风控管理研究

城市轨道交通处于较为封闭、相对独立的空间,一般受外界干扰较小,但是作为一个复杂"巨系统",技术应用不综合、管理决策不科学及外部环境突变等系统问题可能引发难以预料的状

[①] 王腾、曹新建:《轨道交通站点地区的城市更新策略》,《城市轨道交通研究》2011年第11期。
[②] 王芳:《轨道交通引导下的城市更新研究》,华中科技大学2010年硕士论文。
[③] 白韵溪:《轨道交通影响下的城市中心区更新策略研究》,大连理工大学2014年硕士论文。
[④] 张健等:《基于空间句法的历史街区地铁站点周边公共空间更新策略》,《城市住宅》2019年第3期。

况，并且可能带来严重后果。例如，通过对北京市轨道交通系统突发事件统计分析，发现事故原因有车辆系统、通信系统、供电系统等单一或多种系统交互集成的技术故障，也有管理决策部门信息沟通不通畅、互联互通不及时等管理决策问题。各类突发事件，轻则引起广泛社会关注、带来不良社会影响，重则造成人员伤亡及财产损失。轨道交通系统的问题反映出城市轨道交通系统技术应用的综合性和管理决策的科学性仍需不断提升。

为了贯彻"以人为本"发展理念，深入落实"绿色、安全、高效"出行观念，有必要对城市轨道交通系统安全性进行研究。轨道交通风险评估基于城市轨道交通系统的规划、设计、运营和维护等方面的内容，将安全生产的工作重点和目标从"事后事故处理"转移到"事前风险防控"，是一项艰苦复杂的系统工程。

城市轨道交通运营风险管理是通过识别系统中风险源，并依据风险等级，采取管控措施，从而减少事故发生的可能性及控制事故后果的严重程度。目前国内外都有相应的城市轨道交通系统运营风险方面的管控措施。欧盟制定了会员国通用安全管理规范，其中EN50126、EN50128、EN50129针对城市轨道交通系统制定，涉及轨道交通设计、建设运营各阶段的安全风险管理。美国实施的安全监理法规CFR659，对政府、监理单位和城市轨道交通运营单位之间的关系进行了明确说明，并在实施细则中明确了进行风险管理作业的细节内容。日本采用RAMS概念进行城市轨道系统安全风险管理，通过塑造安全文化、建设安全管理系统、采取避险方案、配置安全设施，达到安全管理目标。韩国采用城市轨道交通运营安全风险评估系统（KRRI）进行风险控制，提出包含风险辨识、风险评估与减缓风险发生等风险管理程序。

国内城市轨道交通风险管理技术起步较晚，但发展迅速。香港的风险管理系统通过考虑轨道系统生命周期进行安全管理，从城市轨道交通系统规划初期到运营阶段，积极进行辨识并监控安全风险。北京市轨道交通实行"人机环管"四大要素和"治控救"三道防线组成安全控制体系，查找安全隐患，掌握运营状态，并采取相应管控措施。

上海市轨道交通建立安全风险评估系统和隐患数据库系统，制定一系列安全生产制度、安全操作规程及相应的应急预案。广州市轨道交通建立运营安全风险管理平台，实现全路网数据采集处理。预警分析决策支持等功能除了各国政府部门在风险管理系统方面的积极实践外，国外的相关学者也在风险分析管理和评价领域做了理论探索，涉及案例推理、指标评价体制、网络拓扑模型及延误模型等方法。案例推理（CBR）作为构建智能计算机系统的一个范例，是解决新问题的重要推理方法，它通过记住以前类似的情况并重新调用在类似情况下得到的信息和结果，进行推理求解。Balducelli 和 Esposito 在相关研究基础上提出基于案例推理、遗传算法和数值模拟等方法来开展火灾风险管理的观点。Kyriakidis 等提出安全成熟度模型和安全成熟度指标体系，并提出了绩效铁路运营指标（HuPeROI），用以估计城市轨道交通运营过程中个体犯错误的概率，通过提出相应的缓解策略最大限度地降低地铁运营人员的经营绩效下降现象。Latora 和 Marchiori 定义了度量波士顿地铁系统局部和全局网络效率的方法，发现在该系统中存在小世界行为。Derrible 和 Kennedy 探索了 30 个地铁系统的复杂性并讨论了拓扑特征对地铁系统鲁棒性的影响。这些拓扑分析研究对保护地铁免受恐怖分子的进入具有可操作性。

除了针对城市轨道交通系统事故模型的研究，还有部分学者专注于因轨道交通事故导致的运营延误方面的研究。Louie 等对导致多伦多轨道交通系统故障延误的因果与非因果关系进行建模，运用改进的 AFT 方法，对轨道交通系统不同突发事件所导致的不同时长的延误进行分析。Zilko 等利用耦合贝叶斯网络方法构造了延误时长预测模型，通过考虑多种可能导致轨道交通延误的影响因素，得到了较好的预测结果。

国内学者对我国交通安全风险评估方法也做了有益探索，并取得一定成果。包括安全可靠性方法、评价指标方法、特征参数分析以及 PRA 分析等方法。风险评估主要以安全、科学、可靠性系统工程为理论基础。张羽和周国华分别设定影响安全驾驶两类条件的直接因素和间接因素，通过突发事件的后果对安全驾驶给出评估建议。苑盛成等以实时交通数据进行了大规模的交通疏散仿真，可以提高应急状态下交通仿真系统的预测准确性，并提供多种突发事件的可能发生方向，为交通疏散应急管理评估提供决策支持。马寿峰等利用数理统计方法，从风险角度提出一种交通网络可靠性分析方法——基于风险的交通可靠性，对于开展交通网络的风险评估提供了较为可靠的方法。结合具体城市轨道交通情况，学者们建立了轨道交通系统安全评价指标体系。贺阳建立了设施、管理、故障三大指标，并给出了具体衡量指标。代宝乾等从系统工程角度出发，从系统外部因素、指挥因素、设备因素和运营管理四个方面,建立地铁运营系统安全综合评价指标体系。苏明旭等从人机环管四个层面建立指标体系。Yu 等考虑随机效应模型中潜藏的异质性问题,利用贝叶斯半参数估计的方法对突发事件数据进行分析,挖掘关键影响因素并给出突发事件的成因机理。Li 等考虑风险的相关性,基于 MOID 和专家数据,对风险演化网络的七个特征参数进行分析,参数的计算结果反映了网络具有较好的传递效率。Yang 等利用交叉熵、类间方差等理论得到发生突发事件的最优临界值,并采用 K 折算法等多种方法进行交叉验证。评价指标方法和特征参数分析大多涉及层次分析法、熵权法、模糊综合评价、网络层次分析法、逼近理想解、解释结构模型、贝叶斯网络等,这些方法使评价结果量化,也更加客观。除了以上研究方法,也有学者探索 PRA 分析方法的应用,识别潜在危险以及评估其可能性和后果严重性来评估风险。Pan 等采用 FTA 方法分析信号控制系统故障对碰撞事件的影响。Qin 等利用不同的模型,综合考虑人、机、环、管因素,将复杂不确定性放到地铁站的动态风险评估中,对地铁站的安全状况进行了分析。

第四节　城市轨道交通服务评价研究

对于交通服务质量的研究,国内外学者从不同类型、不同角度已经形成一定的研究成果。Eboli 和 Mazzulla 等人最早使用结构方程模型,来探讨乘客整体满意度与轨道交通服务质量之间关系的影响;Prasad 和 Shekhar 在 SERVQUAL 评价量表的基础上,开发出RAILLQUAL工具来分析印第安铁路，在SERVQUAL量表最初的五个层面上，又添加了三个新的层面（舒适性、安全性和便捷性）；之后，Irfan等人应用改进的SERVQUAL量表，调查了巴基斯坦乘客对轨道交通服务质量的感知情况，并运用结构方程模型，确定了服务质量和乘客满意度之间的关系；皋琴、李卫军等则是结合SERVQUAL量表及国内文献，总结出可靠性、反应性、把握性、有形性、方便性、安全性六个轨道交通服务评价维度；薛宏娇、尹聪聪认为乘客感知对于服务质量具有重要影响，受到普通乘客在轨道交通专业知识的局限性，提出将乘客满意度问卷调查法和专家咨询法结合来对评价指标及其权值进行研究，进而计算总体服务质量；李治、徐东升等人采用层次分析法对影响地铁服务质量的因素进行双重分析，用模糊综合评价法对其服务质量进行评价。Nathanail提出行程准确性、系统安全性、清洁度、乘客舒适性、服务和乘客信息六个维度62个指标的轨道交通运营商监控服务质量的框架。上述对轨道交通服务质量的研究都是通过文献总结、PZB量表、访问调查等方式来选取指标，层次分析法、模糊评价法等确定指标权重，指标体系的构建有一个明确且成熟的途径，指标选取虽有征询乘客意见，也只是通过个人主观经验将乘客意见筛选后直接作为评价指标，这一过程缺乏科学的、定量化的方法，得到的评价指标也并不能完全反映乘客需求，这就导致最终的评价结果主观性较强，不能完全反映乘客对服务质量的实际感知。

　　服务的质量应当由服务对象做判断，因此轨道交通服务质量评价指标的确定应当掌握乘客需求，通过科学的手段将乘客需求转化为评价指标。QFD（质量功能展开，即"Quality Function Deployment"）作为一种科学的现代管理技术和方法，能够通过质量屋模型识别和分析"顾客的声音"，将其转化为评价指标或管理措施，与其他定量化方法的组合使其更具备严谨性和科学性。早期对 QFD 应用仅局限于产品开发领域，后来随着研究的深入，QFD 在服务领域也有一些应用研究。最早成功将 QFD 引入服务质量管理领域的是美国佛罗里达电力照明公司（FPL），他们以客户服务中心，为提高客户对公司的满意度，运用 QFD 方法研究了公司电话服务系统的最佳等待时间，从而提高了顾客电话问询服务的质量；1996 年，Berkly 运用功能分析的方法，将 QFD 应用到夜总会服务行业。随着对 QFD 研究的深入，QFD 的应用逐渐扩展到各个服务行业，交通服务行业也不例外。李贤淑将 QFD 应用在客运专线旅客服务体系中，运用动态 QFD 方法和质量屋的原理将旅客的需求重要度转化为服务质量特性，对重要度高的质量特性进行重点考虑和设计服务措施，为服务体系的改进和提高指明方向；Wuxin 和 Xumeng 等提出了一种两阶段 Fuzzy-QFD 模型，将 QFD 过程与实际管理中发现的模糊性和随机性的相互结合，通过对京沪高速走廊沿线 33 个潜在服务站的案例研究，验证了该方法的适用性；Blut 等提出用多阶段 QFD 模型来对航空公司运营商和乘客需求进行折衷，以确保质量实施的通用性和可持续性。这些对 QFD 的研究都主要通过将乘客需求转化为服务质量，用于改进服务设计或服务质量是一种事前管理手段。

第五节 城市轨道交通融资模式研究

轨道交通在我国新型城镇化进程中存在极大的建设需求。但轨道交通建设成本很高，仅以地上（轻轨）、地下（地铁）区分，轻轨造价约为每千米1亿—1.8亿元，地铁则达到3亿—6亿元。近年来我国轨道交通开工建设的投资平均每年超过2600亿元，且投资额在不断扩大。我国地方政府在轨道交通建设领域面临着巨大的资金压力。多种创新型融资模式的涌现可以缓解资金短缺、提高项目效率，但也给决策者提出了更高的要求，即如何判断哪种模式更适合特定环境下的需求。对融资模式进行比选的一个重要前提即明确融资模式要素，从而进行标准化分类。

20世纪70年代以前，西方经济学十分强调政府在基础设施供给中的地位。斯密认为基础设施的建设和运营是政府的重要职责，凯恩斯认为基础设施投资是政府调控宏观经济的重要手段，罗丹则强调基础设施具有积聚性特征，通过市场机制不能实现最合适的供给。随着理论与实践的发展，基础设施完全由政府供给的传统理论受到了挑战。特别是20世纪90年代之后，Kirwan和Coates等学者专注于基础设施建设的市场化、商业化等方向，引发了一轮融资模式创新研究的热潮。普鲁霍梅基于项目区分理论探讨了不同基础设施投资主体和融资渠道问题，Schaufelberger等提出了使用者收费、政府转移支付等五种融资途径，Bahl等认为基础设施的服务特性和外部性决定了融资方式。

轨道交通溢价是融资多元化的基础。沿线土地升值易量化，是溢价回收机制的突破口。解决轨道交通盈利能力不足问题的更直接方法则是政府补贴。在多元化的融资模式被广泛认可后，公私合作（Public-Private Partnership，PPP）模式逐渐成了研究热点。这也意味着基础设施融资模式的概念由融资主体和融资渠道延伸到了包含运营管理的全生命周期内涵，研究对象包括 PPP 模式衍生出的 BOT、TOT 等细分模式、比较传统融资模式存在的优势与不足等。

通过以上分析，现有研究存在以下不足：一方面，融资模式的可行性是许多研究的结论，这对决策者有启发和借鉴意义，但不能提供全面的视角进行相互比较。如许多研究提到 BOT、"轨道＋土地"、ABS 等模式的可行性，但各种模式所表述的角度不同：BOT 描述的是项目建设投资主体；"轨道＋土地"是项目补贴模式；ABS 则强调资金来源。另一方面，部分城市轨道交通融资模式分类的研究中，存在分类标准不统一、分类结果不能实现完全覆盖等问题。例如，有研究将融资模式分为政府投资下市场化模式和投资主体多元化模式两类。前者描述的是运营主体私有化，后者则是投资主体私有化，两者相互交叉且不能覆盖全过程。类似的分类方法还有"前补偿"与"后补偿"模式、"政府主导"与"轨道＋土地"模式等。

第三章 东京、伦敦和香港城市轨道交通发展研究

第一节 东京城市轨道交通发展研究

东京是具有世界影响力的三大卓越全球城市（伦敦、纽约、东京）之一。东京的轨道交通事业对东京、东京都市圈乃至日本的社会经济的发展，以及城市空间形态分布甚至城市生活的重构产生了巨大影响。

一、东京轨道交通的基本概况

东京的轨道交通总里程 2419.8 千米，分别由东京地铁公司、JR 和私营铁路等 11 家公司负责运营，服务范围涵盖东京都、神奈川县、埼玉县与千叶县。全网运营讲求以人为本，追求方便、安全、高效，满足东京都市圈通勤、商务及日常出行需求——东京 70 千米圈内的轨道交通出行量为 2372 万人次/天，承担了该都市圈公共交通 75% 以上的客流量。

2419.8千米轨道交通里程中,东京地铁公司和都营地铁经营铁路357.5千米,国铁JR East经营887.2千米,由28家私营地铁公司经营1157.9千米,另外17.2千米的轻轨。JR East在东京地区每天运载乘客1300万人。早高峰时发车频率为每2分钟一班,一辆列车运载3000—4000人。在东京中心区50千米的半径范围内经营27条铁路线,包括新干线。新干线自1964年开通以来一直保持着零伤亡事故的纪录,即使在自然灾害期间,每辆列车的平均耽误时间每年不超过1分钟。[①]

东京都市地区轨道交通网络建设进程先后经历了路线孵化期(1872—1897年)、路线成长期(1900—1920年)、网络成型期(1921—1940年)、网络成熟期(1941年至今)四个阶段。

1987年实行的铁路改革,实现了政企分离,出台了《日本铁路行业企业法》,是管理和规制JR和所有私铁的基本法。政府主要负责安全和质量监管等。在市场准入方面,由日本国土交通省批准国家铁路交通的总体规划,待准入的铁路公司(包括地铁公司)对申请运营的铁路线路进行详细规划,由政府批准后,政府再审核待准入的铁路公司的商业计划、运营计划、安全和服务计划以及对这些计划的实施能力进行严格评估,通过审核以后再由政府向待准入的铁路公司颁发运营证。在建设阶段,原则上由铁路公司自行解决轨道等基础设施和车辆等所有设备的筹资和融资,但是建设要在政府的批准和监管下进行。在运营阶段,正式运营之前政府核准票价,铁路公司被要求以合理成本加合理利润进行

---

① 相关资料参考于晓萍、赵坚:《城市轨道交通与多中心大都市区空间经济绩效优化》,《经济问题探索》2016年第1期。

定价，政府核准铁路公司提出的运营方案和安全管理计划。在进入正式运营之后，政府严格监管督促铁路公司提供卓越的服务，给予乘客充分的便利，保障安全运营和确保公共治安。政府也会对设施进行维修，激励公众乘坐铁路或地铁给予一定的财政补贴。如果铁路公司想终止服务，要提前一年向中央和地方提出申请，政府核准后并找到替代公司和方案，允许地铁公司退出服务。

铁路公司作为市场主体，对所运营的线路有规划权、建设权和运营权，会在线路的全寿命周期或运营期内主动采取措施提高服务和效率，同时可以业务纵向整合，开展非轨道交通业务，作为对高成本、低收益的主营业务的补充，为提高质量、扩大运能提供了投资资金，也为纾解超大规模人口城市的地面交通压力、强化都市机能提供了"东京样板"。

二、东京轨道交通建设运营的特点

东京地铁的特点可以从准点、支付手段、直通和标识四个方面来阐述。

（一）东京轨道交通准点服务的可靠性

1. 东京轨道交通准点服务的现状

东京地铁在准点服务方面已经达到了世界一流水平。以服务于东京的 JR East 为例，包括东京都市圈服务范围在内，新干线上的列车每年的准点率或耽误率不会超过 1 分钟，2003 年至 2008 年更是低至 10—30 秒左右。以如此的精度，东京地铁可以做到在上班高峰时段，列车前方到站的时间间隔保持在 2—3 分钟左右，最短的东京地铁公司的丸之内线的时间间隔仅1分50秒。JR East的客运线在拥挤率达到199％的状况下，前方时间间隔也仅仅是2分20秒。

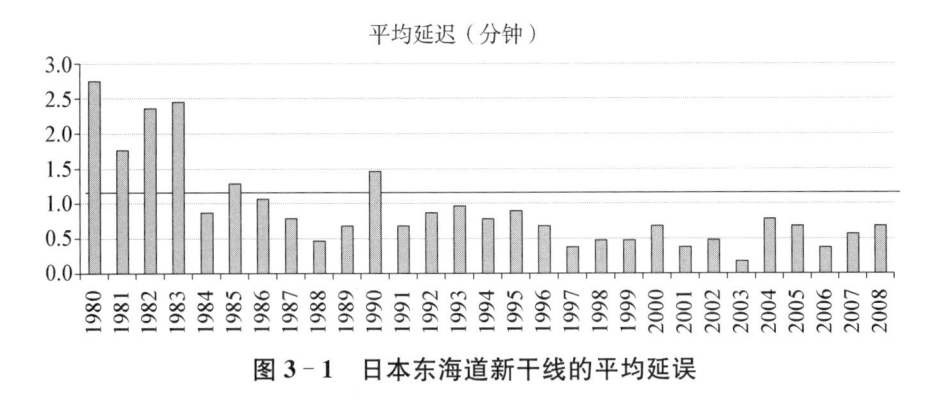

平均延迟（分钟）

图3-1　日本东海道新干线的平均延误

2. 东京轨道交通准点服务采取的主要措施

东京地铁为了确保准点率所采取的最主要的措施是高度灵活的调度系统。由于东京地铁广泛采用的是共线服务，9条线路中有7条提供共线服务。所以，一条线路上的一辆列车在一个车站上的短暂延误如不及时补救，就会很快通过传导造成大面积延误。所以，高效的应急调度手段就非常重要。以JR East为例，东京地铁最主要的调度思路是列车在某一点延误之后，然后通过调度提高速度，在后续的行进中追赶回来。在具体的实施中，这一调度是按照"秒"来控制的，调度中心按照累进控制速度的方式来调控。如图3-2。

为了确保整个系统的准点率，JR East会采取更加灵活的方式，也就是放弃部分或一两个车站或借用其他共线的方式而避免后续的延误，主要的方法包括来回服务、借用共线车站和乘客换乘等。

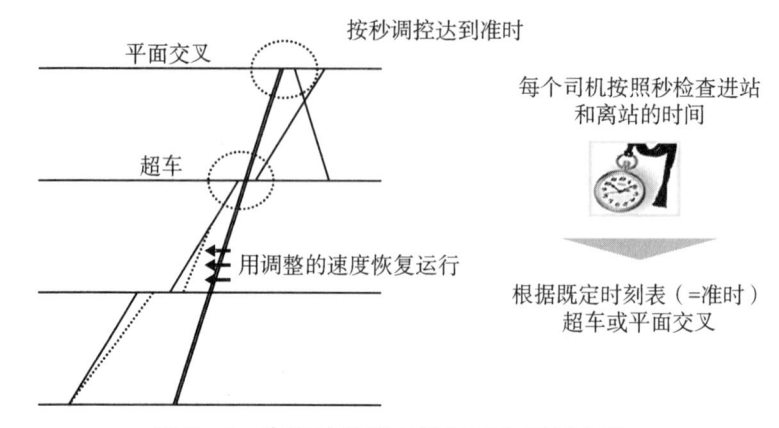

图 3-2 东京地铁准时控制列车运行方案一

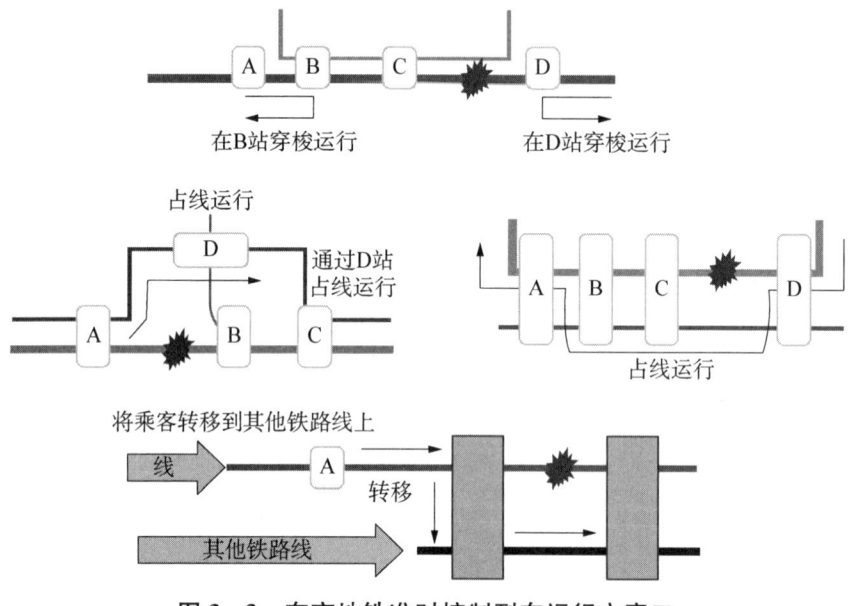

图 3-3 东京地铁准时控制列车运行方案二

由于在高峰时段内在同一个方向要通行 25—30 辆列车，一旦发生延误，就需要在极短的时间内作出判断与调整，也就是重设时间表。这一工作是由铁路交通记录数据与调度中心来完成。具体的工作路径是一旦发生延误，延误的数据立刻传导至数据与调度中心，由中心立即通过专门的算法计算并绘出本次延误影响程度的彩色平面图，然后根据影响面数据编制沿线每个车站的静态指标和每个车站间行驶路程的动态指标，再通过这些指标重新设置每个车站的停靠时间、车站间列车的快慢速度、列车间隔时间以及每一个车站的进展缓冲时间。再将这些数据指令发送给列车、车辆、车站设备与运营等部门，并重新规划整体延误减少的措施，最后将延误减少措施付诸实施。这些都是通过数据与调度中心在短时间内完成的。如图3-4。

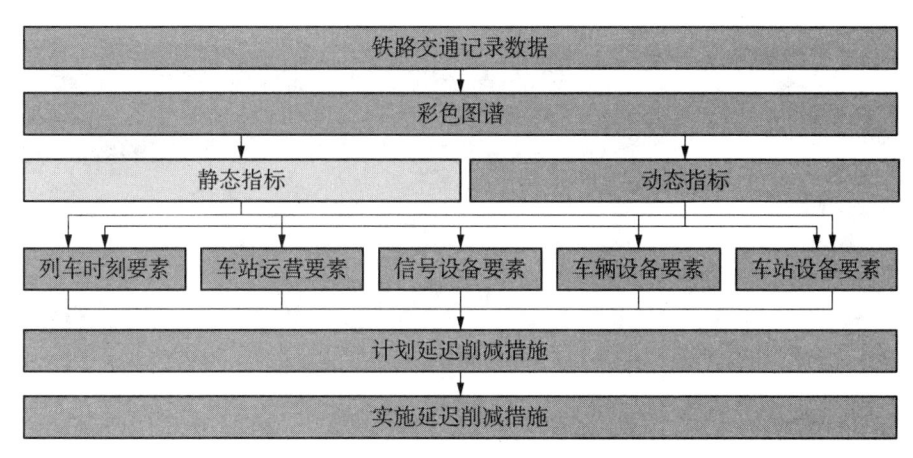

```
铁路交通记录数据
   ↓
 彩色图谱
   ↓
静态指标      动态指标
   ↓            ↓
列车时刻要素 车站运营要素 信号设备要素 车辆设备要素 车站设备要素
   ↓
计划延迟削减措施
   ↓
实施延迟削减措施
```

图3-4　东京地铁延迟削减数据控制系统

由铁路交通记录数据与调度中心绘制的彩色平面图中，红色是指延误影响较大的区域，绿色和蓝色是指延误影响较少的区域，采取措施的结果是将红色区域逐步缩小至蓝色区域。通过不断迭代使用，最后的数据显示延误造成的动态指标和静态指标都显著缩小，延误影响面也明显减少。

（二）东京地铁售票的电子化与便利化

东京地铁主要有两种电子车票，一种是由东京地铁公司和其他民营地铁公司发布的 PASMO，另一种是 JR East 公司发布的 Suica，两种车票在东京地铁范围内互相通用。PASMO 于 2007 年推出，使用范围包括东京都市区铁路和公共汽车，以及东京地铁线路。JR East 于 2001 年推出 Suica 作为基于 IC 卡的预付费收费系统，并于 2004 年推出了 Suica 电子货币服务。Suica 卡的便利性为其赢得了强大的客户支持。客户可以使用该卡从饮料自动售货机以及内部和外部火车站的商店购物。

图 3-5　东京地铁 Suica 电子货币

套票、月票、半年票等打折售卖方式也是东京轨道交通支付手段的重要特色服务。由于东京地铁的车票采用的是全成本定价，票价可以给予乘客们部分折让。东京地铁票价折让的目的，一是降低乘客的出行成本，二是为了提高地铁出行的吸引力。正是由于大量的地铁交通流量，各大地铁公司的非地铁业务收入得到了增长。两种地铁支付系统 Suica 和 PASMO 均可以实现折让。

（三）东京轨道交通直通的高效性

东京地铁于 1960 年开始正式直通运营，地铁日比谷线在 1964 年东京奥运会开幕前夕投入运营，并与民营东武伊势崎线和东急东横线直通运输；随着东京都市圈体量的不断扩大，直通运输线路里程也随之增加。目前东京地铁可达范围拓展到 1000 千米左右，除部分线路因轨距、牵引系统等硬件原因无法实现直通运输外，东京都市圈有 10 条地铁线路可纳入直通运输体系中。

直通运输效果显著。一是优化旅客出行效果。根据"等价时间评价值"的研究结果，通勤水平换乘、通勤垂直换乘及私出换乘时间分别是直通运营的 1.2—1.3 倍、1.5—1.8 倍及 3.3—4.1 倍。直通运输在出行时间、舒适度、便捷度等方面均大有裨益，尤其利好于老年人。二是提升共享路网效益。通过直通运输网络，大幅提升了交通网络的客运能力，缓解了部分站点及线路的人流拥堵，改善换乘途径，降低重复建设率，进而最大效率地发挥共享路网的整体效应。三是保证资金回收期。由于直通运输网络的联通效应，各站点自启用起就具备了一定规模的客流，可尽早实现盈利。四是带来良好的社会效益。由于直通运输网络能够优化旅客出行效果、提升共享路网效益，进而可以吸引更多人群选择公共交通出行方式，有利于节约能源、降低空气污染率、减少交通事故率。

(四) 东京轨道交通地图标识的可读性

东京轨道交通系统虽然规模大、线路繁多，但其完善的地铁地图体系有效保障了东京地铁的良好秩序。东京地铁系统涵盖了 13 条线路，由于具体运营公司不同，且穿越众多旅游景区，故需要在地铁地图上通过层次鲜明的颜色、易分辨的符号来予以标识。以东京地铁城际轨道地铁为例，其通过提取线路色彩——

路,度角的立体显示和色谱反射率的分层处理,以色彩层次关系模型凸显色彩层次空间观,便于乘客最快速度找到目标线路;针对交叉部分,特别使用对比色来规避混色现象导致的视觉模糊现象,便于乘客更清晰地了解换乘路线。

东京轨道交通系统由于其结构复杂及空间加大,容易造成身在其中的乘客对于目的地的方向迷失。东京轨道交通地图通过三维建模方式,利用不同色彩、多样标记、概念化展示等方式注明包括进出站口、换乘通道、基础应急措施在内的各项信息,令站点内部信息最大程度地可视化。与此同时,站点外部信息的可视化同样清晰——通过等距测量数据构建三维抽象模型,在平面图基础上,展现实际地理属性。通过"色彩+英文字母+阿拉伯数字"的形式组合构成交叉站点知识信息组,在准确指向的同时,最大限度地降低由于语言障碍和文化障碍导致的沟通门槛,体现东京作为国际大都市的文化多样性和包容性。

三、东京轨道交通服务扩展

近二十多年来,东京地铁采取各种积极的手段进行转型,吸引人们乘坐地铁,扩大地铁公司的收入来源,应对各种挑战和压力。东京地铁公司转型的内容涉及业务战略的拓展(居家生活型业务),原有主营业务的升级(采用大数据和电子商务、加快地铁设施的更新改造,加大地铁空间的综合开发)以及整合资源,延伸发展新兴领域(商业、文化和旅游)。地铁公司已经不是传统的公共交通服务企业,地铁行业已经被赋予了全新的内涵。

(一) 基于网络的生活化服务

由于以 JR East 和东京地铁公司为代表的公司拥有密集的地铁线路和车站网络，加上东京本来就有车站里同时建设开发一定的商业设施的传统，为了更好发挥日本商业文化，诠释日本生活方式，吸引更多人乘坐地铁，同时也为了增加经营收入，铁路公司利用地铁资源打造生活化服务业，并将其逐步打造成支柱产业。

JR East 发展生活式服务业务的思路是通过整合 Suica 里反映出来的大数据资源和地铁原有的站点和线网资源，在原有的车站商业网点的基础上，通过开发车站空间利用，购物中心和办公楼等业务（旅馆酒店运营，广告和宣传等服务），积极参与地区合作，配合"紧凑型城市"的理念，为城市带来新的活力。JR East 重建了东京、新宿、涩谷、横滨、千叶和仙台站，扩大铁路以外地区的生活方式服务业务。在东京都市区，JR East 继续开发项目，该项目建筑面积约 1000000 平方米，投资总额约为 500

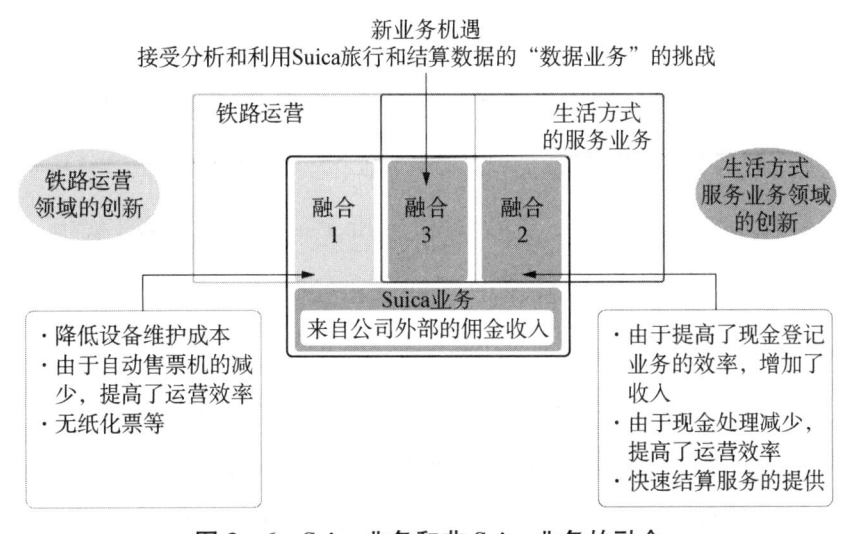

图 3-6 Suica 业务和非 Suica 业务的融合

亿日元，包括酒店、商业设施和文化设施，主要由办公室和公寓组成。2016年4月，JR East与其他各方合作制定的城镇规划获得批准作为国家战略特区的区域规划。

（二）大数据与电子商务

为了响应社会公共交通需求从数量到质量的转变，地铁运营商需要根据用户需求做出有关路线和运输计划的快速而详细的决策。这要求使用数字数据和ICT能够清楚地描述实际客流，加快管理决策，并改善其运营和服务。具体做法如下：一是利用PASMO。作为东京都市区铁路和公共汽车的通用乘客卡系统，包括东京地铁线路。2013年3月，全国各大城市的10家交通运营商共同使用智能卡，实现了无缝运营，使乘客可以在日本各大城市使用单张PASMO卡。二是实时掌握PASMO的交易信息。每张PASMO卡被分配了唯一的ID。当用户通过自动检票口或在售票机上为卡充值时，诸如车站、时间和支付金额之类的信息被记录为卡使用历史的一部分。这些数据存储在PASMO卡和PASMO中心服务器中，与东京地铁线路相关的数据被传输到东京地铁服务器。三是建立PASMO数据分析平台。从2011年开始，东京地铁建立了一个收集和分析PASMO数据的系统。首先，使用卡ID链接交易数据以创建OD数据，分析预测和实际客流之间的差距。

开放数据的使用正在全世界引起关注，开放数据包括列车时刻表，车站乘客数量，网站上已公布的无障碍设施信息，以及列车位置和延误信息。东京地铁建立了东京地铁分享魅力项目，其主题是传达东京的景点和东京都市的魅力，以通过成为"东京指南"提升城市的国际品牌力量"东京交通网络的重要环节"。该项目有三个重要概念："欢迎每个人拥有世界一流的安全""让地铁更加人性化和舒适""与当地社区合作，让东京更加愉快"。东京地铁通过开放运营数据来推动应用程序的开发，以此作为"让地铁对用户更加友好、更加舒适"的措施。

（三）地铁空间的综合开发

JR East 在铁路与地铁车站空间开发与利用方面，拥有多层次的内容，包括便利店和一般商店、酒店、重大开发项目和地区振兴计划等。

一是设立新的商店和便利店。JR East 推出了新设计的 NewDays 便利店，改进了车站售货亭的产品组合和商店布局，并更名为 NewDays KIOSK。JR East 于 2016 年在新宿站新南出口开始建设 NEWoMan（东京）二期项目。2016 年，JR East 在东京站的中央通道和北通道之间开发新的商店，同时建立更多无障碍路线。其他举措包括 2016 年秋季在千叶站大堂开设商店，等等。

大约 500 个 JR 新日便利店带有反映其地域的产品组合。例如，新干线平台上的纪念品和旅行配件更多，市中心区域的产品排列反映出通勤者的需求。NewDays 便利店每天平均有 1600 家店铺被光顾，远超便利店行业的正常水平。此外，JR East 的大约 360 个车站信息亭充分利用有限的空间，以最大限度地提高便利性。二是聚焦重要节点，打造精品项目。秋叶原站是一个有三条 JR East 线，一条东京地铁线和筑波特快线的站点，与岩本町站相连，这是一个团营地铁线的站点。JR East 目标是准备打造一个旅游和商业中心，营造一个充满魅力、充满活力的空间，适合秋叶原站的门户。该项目是目前日本最大的开发项目，占地面积约 13 万平方米，将创建建筑面积约 100 万平方米，投资总额约为 500 亿日元，包括酒店、商业设施和文化设施、办公室和公寓的大型综合体。JR East 基于全球门户品川概念，旨在发展一个面向世界的城镇，使具有国际吸引力的公司和人员通过各种交流来聚集和创造新的企业和文化。

三是推动地区振兴项目。基于将东京站发展为东京站小镇——一个完整城市的埋念，JR East 一直在分阶段开发东京站广场和周边地区，保留并修复了丸之内大厦；开设大东京北大厦，大东京南大厦和大屋顶；在八重洲入口处开发了一个车站前广场。从 2012 年开始，JR East 开始在中央通道和北通道之间的改善工作，除了在北通道一楼及周边更新商店外，还利用新建的空间开发具有吸引力的商店和餐厅。另外，JR East 与当地社区合作，通过促进人员和货物的流通来振兴地区，在上野站和秋叶原站开设了 NOMONO 商店，包括各地区种植和加工的食品，通过开设 NOMONO 池袋东口厨房和 NOMONO Kayoiji 居酒屋，提供区域和时令食材的菜肴，帮助重振当地社区，为东京都市区的客户提供惊喜、发现和享受。

四、东京轨道交通的可持续发展模式

（一）东京轨道交通企业的经营状况

东京地下铁的营业收入由运输业务收入、不动产业务收入及其他业务收入三部分构成。运营收益情况如表3-1所示。

表3-1　　　　东京地下铁2011—2015年的运营收益情况

年份	营业收入/10^6日元			营业利润/10^6日元			兼营业务收入占总收入比例(%)	兼营业务利润占总利润比例(%)	营业利润占营业收入比例(%)
	运输业务	兼营业务	收入合计	运输业务	兼营业务	利润合计			
2011	315508	56631	372139	75845	6582	82427	15	8	22
2012	311045	55793	366838	68506	6444	74950	15	9	20
2013	323522	58726	382248	80842	7262	88104	15	8	23
2014	331281	62704	393985	90011	10216	100227	16	10	25
2015	336451	63412	399863	86617	10570	97187	16	11	24

数据来源：东京地下铁每年度决算说明，其中兼营业务包括不动产业务及其他业务。

从表3-1可以看出，2011年，东京地下铁运输业务营业收入及利润情况较为稳定，而兼营业务的利润增长率超过60%；虽然兼营业务收入占总收入比例变化不大，在15%左右，但兼营业务利润占总利润比保持了20%—25%的增幅。

2017年东京地铁公司的总营业收入3764.69亿日元（人民币240.7亿元），其中地铁运输收入3415.5亿日元（人民币218.38亿元），地铁业务营业成本2953.3亿日元（人民币188.83亿元），地铁业务的经营利润811.39亿日元（人民币51.87亿元），其他相关业务收益151.31亿日元，主要包括房地产108.59亿日元，其他零售业务42.72亿日元（合计人民币9.67亿元），其他相关业务的利润79.61亿日元（人民币5.09亿元），合并主营业务总利润为891.01亿日元（人民币56.97亿元）。

2017年JR East的总营业收入是28808亿日元（人民币1841亿元），其中铁路运输业务收入是19898亿日元（人民币1272.3

亿元），零售和服务业务 5024 亿日元（人民币 321.2 亿元），物业开发及旅馆 3263 亿日元（人民币 208.3 亿元），其他 622 亿日元（人民币 39.78 亿元）。2017 年的经营利润总额 4663 亿日元（人民币 298 亿元），其中运输业务贡献的利润是 3442 亿日元（人民币 220 亿元）、零售和服务的利润为 368 亿日元（人民币 23.5 亿元），物业开发及旅馆的利润为 803 亿日元（人民币 51.3 亿元）。

从上述两家服务于东京轨道交通的公司经营数据来看，表明日本轨道交通公司都在采取多种经营的方式，扩大收益来源，同时为公众提供交通运输以外的其他与城市生活有关的业务。总体来看，服务东京的铁路公司的主营业务，即交通运输盈利状况还很好，这有赖于日本对铁路公司采取了全成本定价的方式。而房地产和零售相关的业务的收入占到总收入的三分之一，利润十分之一，符合一个从事交通运输服务的业务结构水平。

（二）东京地铁票价定价机制

东京地铁票价定价机制脱胎于日本轨道交通行业的市场化改革。市场化改革之后，无论国有、都营（东京都）还是民营的地铁公司都是自主经营、自负盈亏。根据日本的《铁路行业法》规定，铁路公司在 3 年的周期内提出调价申请，最终由日本国土交通省裁定，按照最高限价的原则核定地铁公司新三年的定价范围。包括东京地铁和 JR East 等公司在内，东京地铁的票价定价机制如下：

一是采用最高限价和全成本定价的原则，但是成本采用标杆比较的方式由国土交通省确认，目的是促使地铁公司降低成本，提高效率。二是国土交通省仅根据地铁公司的主营业务，即地铁运营服务业务的成本和利润水平进行定价，不涉及非主营业务部分。三是东京地铁定价的总成本＝运营成本＋运营收益。其中，运营收益＝主营资产×运营收益率，主营资产＝主营业务运营固定资产＋在建工程＋递延资产＋营运资金，运营收益率＝资本金比例（30%）×资本金回报率＋借款比例（70%）×借款回报率，资本金回报率基于国债和企业债利率以及行业总体资本金回报水平和分工比例，借款回报率基于平均贷款和其他负债利率。

每个财政年度，国土交通省根据"标杆比较公式"发布经比较和核定的各公司的运营成本。地铁运营公司会被要求上交资本投资计划至国土交通省审核，也作为确认运营成本的依据。如果经过定价后，国土交通省认定地铁票价存在价格歧视或引起不正当竞争，还是会要求地铁公司对票价进行进一步调整。

由于按照全成本定价以后，表面上地铁公司是有利可图的，但是通过成本标杆比较等机制，地铁公司提高效率，降低成本，最终使票价呈现出下降的趋势。另外，由于存在一定的利润，地铁公司通过折让等方式让利于民，进一步降低了票价。

（三）东京轨道交通的投融资模式

就投融资模式而言，无论是城市公营建设，还是私营铁路建设，日本政府都提供了极为优厚的政策优惠和财政补贴（倾斜力度是地面公共系统的30—40倍），在最大程度减轻城轨企业的资金压力的同时，促使城轨企业保持新线建设和优化运营的积极性。1986年颁布从使用者负担的原则出发的"特定城市轨道累计金制度"允许私铁适当提高已开通线路的票价以筹集资金进行轨道设备改造。2002年，将原有的"地下高速铁道建设费补助制度"使用对象扩展到私营轨道；再加上补贴占比高达70%的城市公营轨道建设补贴，以及由日本政策融资银行提供的、贷款比例达到建设施工费用40%—50%的长期低息贷款以及针对改造建设费用直接补助等一系列强有力的补助项目，东京都市圈的轨道网络在1970年后始终稳步、高速发展，并进一步确立了其在客运交通系统中的垄断地位。

20世纪20年代为适应城市化进程速度加快，东京运用法律与制度形式制定了特殊的企业经营特许，鼓励社会资本参加地方铁路建设。特许制度规定社会资本在建设和经营地方性铁路时允许从事一定规模的、与铁路运输业务相关的开发和商业活动，包括可以在铁路沿线进行土地的商品开发，经营与铁路业务相关的公交和出租汽车等服务、提供卖场和超市购物以及休闲娱乐等。多元化经营特许促进了社会资本对东京地方铁路建设的投入，东京京急快线、东急快线、小田急线、京王线等地方铁路都是基于多元化经营特许由社会资本（民营铁路公司）规划建设的。

用于日本东京地铁的PPP模式主要是指多种经营主体股权合作式的投融资方式。由国家和地方政府合建，私营及公私合营等模式经营。其中现有线路中非公有资本投资经营的线路比重高达53.9%。东京都市圈正是由于灵活的轨道资本投资渠道扩大了资金来源，进而保证了大规模的轨道线路基础设施建设。

五、东京地铁发展经验借鉴

东京地铁发展的实践经验值得借鉴的地方非常之多。这里主要列举几个方面：

一是高度精细化的调度运营模式。在整个东京都地区有十多家不同体制的地铁公司同时运营和经营，并且相当部分的线路是几家地铁公司共线使用。除了在早晚高峰时段要将列车发车间隔控制在 2 分钟以内外，更重要的是保持整个系统的列车正点率，有的正点率可以保持常年不差。东京地铁系统对应对各种延误情况用机器算法工具迅速形成方案，向无人驾驶列车发出指令，快速消除后续的延误。

二是直通共线运营。直通是指全国性线路如 JR East 等直接进入城市地铁系统，很好地实现了区域一体化，解决了市民职住分离的问题，有效地克服了地铁运营规模不断扩大、线路不断延长而造成的运营资源分割与分散和管理低效的问题，提高了运行效率。

三是大数据技术的广泛应用。虽然东京和上海几乎在同时推广使用电子车票，但是东京地铁部门能够较早地利用大数据分析技术将电子车票中反映出的信息，应用到地铁规划、建设和运营中，这些数据经分析后甚至用于车站的改扩建中。

四是对公共安全和便利服务高度重视。东京地铁公司特别强调对公众交通出行提供便利服务。比如，在车站、车辆和线路上具有系统完备的标志标识，无障碍设施齐全，等等。

五是主业与城市生活紧密相关。近年来东京地铁除了做好本身的主业以外，还积极拓展新兴业务，主要是与城市生活相关的业务。这一方面增加了收入来源，另一方面也加大了地铁交通在日常生活中的比重，使得生活性服务业成为地铁产业链上的一个重要环节。

六是地铁物业开发与城市建设相连。日本东京地铁的发展，真正体现了建地铁就是建城市的理念。地铁成为影响城市空间布局最为重要的因素，地铁建到哪里，城市就发展到哪里。地铁车站空间合理布局，小的如地铁车站上建旅馆，大的如围绕地铁车站开发一个新城，地铁公司都是其中的主导力量。开发和经营收益不仅解决了地铁公司的收入和融资问题，更重要的是使地铁与城市发展紧密结合在一起，使城市与公共交通更加有机、协同发展。

七是地铁车票定价机制完善。虽然东京地铁行业能够通过主业以外的各类业务获得收入，但是涉及主业的地铁服务的车票定价机制还是按照全成本定价原则，也就是说，主业不存在亏损问题，只有利润高低问题。这就保障了东京地铁公司能够安心做好主业，靠吸引客流量保证主业不亏损。

第二节 伦敦城市轨道交通发展研究

一、伦敦轨道交通的基本概况

（一）伦敦地铁线路概况

伦敦地铁于1863年1月开通，已经运行了160年，是世界上最早的地铁。目前，伦敦地铁实行每天 24 小时运行，共有 7 种制式，分别包括地下铁、地上铁、道克兰轻轨、快轨、机场快线、城市铁路、伊丽莎白线；共有 15 条线路，超过 430 个车站，其中地铁 23 个车站，几十个交会点，轨道 1200 千米，其中地铁 420 千米（其中 160 千米在地下），每年运输 16 亿人次，每天 480 万人，总运营里程 8370 万千米（2016 年），运营里程达标率 97%，用户满意率 85%。

（二）伦敦地铁的管理运营体制

伦敦地铁的管理体制历经几次变化，从原来的私营直至 1948 年被国有化。目前的运营商是伦敦地铁有限公司（London Underground Limited，LUL），是伦敦交通局（Transport for London，TfL）的全资子公司。伦敦交通局成立于 2000 年，是负责大伦敦交通网络的地方政府机构。伦敦交通局董事会由伦敦市长任命，它还负责设定伦敦公共交通票价的结构和水平。该机构的日常运作由伦敦交通专员负责。2003 年 7 月伦敦地铁的控制权被转移到伦敦交通局，当时伦敦地铁有限公司成为伦敦交通局的间接子公司。

二、伦敦地铁设施更新与技术升级

伦敦地铁自从 1863 年首次建成通车以来，虽经过不断增补，但是部分线路已经不能满足伦敦人交通出行的需求。预计到 2030 年，伦敦的人口将从目前的 800 余万增加到 1000 万左右，需要在多个方面对伦敦地铁进行更新，以提升地铁系统的运能。主要的更新措施包括资产更新、用现代化手段取代过期的资产和技术、提升运能、车站改造，等等。

（一）伦敦地铁的线路更新

一是北线延伸至巴特西电厂站。伦敦地铁北线是伦敦地铁网络上最繁忙的线路，每天有 90 万乘客，整条线路有 6 个分支，是欧洲最复杂的手动铁路。另一方面，线路上的设施陈旧，固定模块信号系统已经用了 50 多年，还在通过 20 世纪 60 年代的程序机架构控制，包括有线控制台。106 辆列车（1995TS）的性能升级，大约 1000 人需要接受培训。延伸工程的准备工作于 2015 年初开始，延伸段目前已开放。通过向巴特西公园及其后的街道进入伦敦旺兹沃思自治区的预留通道，为将来可能延伸至克拉珀姆交会站做好准备。

二是贝克卢线延伸至刘易舍姆和沃特福德交汇站。1931 年，贝克卢线从象堡延伸至坎伯韦尔，并在奥尔巴尼路的车站和丹麦山的交汇处进行了扩建。随着战后的紧缩，该计划被放弃了。目前，伦敦交通局正在制定从象堡到刘易舍姆通过旧肯特路和新十字门延伸的计划，预计可能在 2029 年前完成。作为将北伦敦线转到伦敦地上铁的计划的一部分，伦敦交通局提议将贝克卢线重新扩展到沃特福德枢纽。

（二）伦敦地铁的设施设备更新

一是优化列车品质功能。2014 年 2 月起在地铁"Circle 线"上引进全新车辆，配置空调、步行车厢通道、闭路电视，增加乘客服务信息，为轮椅预留更多空间和指定区域，新的列车设计上将提供更快、更频繁和更可靠的行程。伦敦交通局将在四条"深管"线（即皮卡迪利、贝克卢、中环、滑铁卢）和城市线（皮卡迪利、贝克卢、中央、滑铁卢与城市线）上更换列车信号系统，为四条线路提供250列新地铁列车，目前250辆列车大约三分之二的生产线正在或已经升级。为了确保伦敦地铁的列车能够面向未来服务至少40年，伦敦地铁对列车提出了新的要求，包括更大容量、空调和信息系统。大多数现有的伦敦地铁线路都将实现自动列车运行，并配备一名驾驶员。

二是升级车站设施功能。哈默史密斯和城市线的帕丁顿站于2013年12月完成改造；该线路还加入许多升级车站，如斯特拉福德站、国王十字车站等，所有车站都有新的入口和客梯、宽敞通道、售票大厅，改善乘客的服务设施，包括：选定车站的新售票机套件；改进每个站点的导乘信息包括地图和标牌；改善零售、商店和餐馆，以及与其他车站更好的换乘衔接。票务设施升级后，乘客可以在每个车站购买大多数车票。选定的门票也可以通过伦敦联络中心或在线购买；所有售票机都经过改进，以便地铁公司的员工能够当场解决问题。售票机提供17种语言的指导，销售大多数车票类型，但有一些例外情况，例如年度、季票，可在线获取；还在地铁网络中添加了150台新的售票机，有多种选择和方式可以为旅行付费。

三是加快伦敦地上铁改造。现在伦敦地上铁每年乘次大约1.35亿。地上铁是英国最准时的铁路系统之一，准点率高于96%。在2013年秋天由独立的轨道交通主管部门、乘客团体进行的民意调查显示，乘客满意度为89%。为满足增长的客运需求，伦敦交通局将现有4节编组列车改造为5节编组，作为一种手段来改善伦敦地上铁服务。2013年3月在几乎所有线路上开始施工，增加25%运能。首批加长列车将于2014年年底在"伦敦北线"运营，并于2015年"伦敦东线"引进新列车。通过扩大岔道、装修新十字门及威尔士登场站、加长车站月台、升级轨道和信号系统等举措，地上铁网络对列车进行5节编组的改造成为可能。

（三）伦敦地铁建设运营中的大数据应用

伦敦交通局正在通过开发出技术力量获取数据，了解乘客如何使用地铁网络，使伦敦交通局转变成了一个智能交通指挥系统。对旅程记录的分析有助于了解使用车站的客户类型，有助于伦敦规划票务设施、标牌和商业服务。例如，伦敦交通局通过分析数据可以在给乘客的邮件中指出，"TfL正在投资以提高地铁服务的容量和频率，但我们知道在某些时间和地点网络可能非常繁忙。最繁忙的时间是08:15至08:30，如果您能够避开这段时间出行，将享受更舒适的旅程"。

目前在伦敦地铁里普遍推行免费的Wi-Fi，正是有了免费的Wi-Fi，伦敦交通局才能利用个性化的Wi-Fi连接数据深入了解到人们如何穿越车站和线网。数据也可以显示何时拥挤发生，这都可以用来为分析工具提供动力，并进一步改善计划中的服务，为客户提供更多信息，适时推出新的公共交通工具路线。伦敦交通局又利用大数据建立了伦敦交通研究模型（London Travel

Survey，LTS）——一个伦敦及其周边地区的战略多模态模型用于对总旅行增长、乘客旅行模式的变化、选择的交通方式（汽车、公共交通、步行和骑自行车）和通过公路与公共交通网络的旅行路线的分析和预测。

三、伦敦地铁的公共文化

伦敦地铁在履行交通职能的同时也衍生了一系列的社会经济文化价值，尤其为当代艺术的生长与传播提供了独特的公共媒介。

（一）伦敦地铁对推动公共文化发展的作用

长期以来，伦敦地铁一直是城市公共艺术最先锋与最执着的传承者。回溯至 20 世纪早期，伦敦地铁局就提出"总体化设计"概念，伦敦地铁由此开始在艺术领域大放异彩——它沿用至今的醒目的红蓝圆形标识设计，是世界地铁圆形标识的起源。此外伦敦地铁还委托多位知名艺术家与设计师为伦敦地铁进行地铁站设计、海报设计等系列艺术项目，诸多艺术成果的汇集使伦敦地铁以惊艳的姿态跃然历史舞台。

1. 伦敦地铁公共艺术的组织

2000 年，伦敦交通局成立专门的地铁艺术管理与执行机构——伦敦地铁艺术计划组（Art on the Underground）。该计划组旨在通过艺术计划丰富每天数百万乘客的旅程体验，并加深人们对伦敦地铁身份的理解与认知。因此，它制定了明确的愿景规划，包括为地铁乘客、员工和伦敦多样化的社区提供一个体验当代艺术的国际化环境，使其更好地理解和享受当代艺术；加强地铁与使用者的联系，通过艺术重塑人们的想象空间并改变其体验城市的方式；代表伦敦面向国际声援当代艺术，为世界范围内的新老艺术家提供一个展示艺术作品的独特平台；通过一系列多样的临时性和永久性的艺术项目，为伦敦都市艺术设计遗产和文化景观做出贡献；在英国乃至国际社会，拓展伦敦地铁艺术计划组及其利益相关者的声望和社会认可度。

成立至今，伦敦地铁艺术计划组通过与众多顶级艺术家、设计师以及一些地铁站特别艺术委员会合作，完成了在建筑装饰、海报设计、列车表皮和内饰等多方面的艺术创作，在为城市传播高水准的当代艺术领域创造了令人难以置信的纪录。

2. 伦敦地铁公共艺术的特点

伦敦地铁艺术已经颠覆了单由平面设计、装置装饰等视觉传达手段美化地铁网络的传统模式，善于利用新媒体与新技术，不断尝试与推行新的艺术形式，并积极与学校、社区、艺术机构等进行广泛的社会合作，力图使公众最大程度地分享与体验地铁艺术之旅。

一是重视多元化的艺术形式。伦敦地铁的艺术形式通常可分为永久性艺术作品和临时性艺术项目两类。前者多为通过绘画、装置等美术范畴内的艺术手段对地铁站及沿线设施进行装饰与美化，通过永久性作品塑造经典，扩大其持续的影响力。至于临时性艺术项目涵盖的范围则更加广泛且灵活，既包括展览、表演、公众创作等为时数周或数月的艺术活动，也包括那些经常更新的海报、手册等平面设计作品。以围绕着地铁口袋地图展开的一系列艺术工作为例，考虑到地铁网络的变化，每年都会对其进行更新，并与不同艺术家合作完成地铁地图的封面设计。

二是突出公益性与公众参与。伦敦地铁以"公众参与"为前提，开展了公众创作、主题导览与讲解、主题展览等一系列的艺术活动，鼓励公众参与艺术事件，激发人们探索与思考艺术主题的深层含义及其涉及的社会问题。"传递友善（Acts of Kindness）"是 2011—2012 年度由艺术家 Michael Landy 组织发起的一个艺术项目，它的目的是引发人们对地铁中的友善行为做出思考与传递。通过媒体和网络，面向地铁乘客和员工征集关于人们亲身经历的传递友善的故事，并通过筛选和整理，制作成主题平面设计作品，在中央线的多个地铁站以及列车车厢内进行展示。该项目得到了公众的积极参与，成功地通过艺术践行了公益实践。

（二）伦敦地铁与社区文明融合发展模式

伦敦地铁积极与中小学校以及社会艺术机构进行合作，通过开展地铁站及沿线的相关艺术活动，为普及艺术教育、提升社会公益性做出贡献。如，面向青少年及儿童开展的主题活动。其中，包括由 3 位艺术家分别带领来自 12 所小学的学生参加创意工作室的活动。每位艺术家负责一个主题：Beth Atkinson——场所感知；Holly Graham——艺术与制图；Anne Harild——标志与符号。每个小学选择一个带队艺术家跟随其进行主题学习，探索背后的内涵。学生们最终以版画、摄影、拼贴画等多种类的艺术创作完成学习，而他们的成果则在网站和部分地铁站内得到展出。另一个项目是面向伦敦49所学校展开的海报绘画竞赛，比赛主题同样以"迷宫"为依托，以"未来旅行"为关键词，参赛者通过绘画勾勒其对伦敦地铁200周年时的想象。最终在800多名参赛者中选出三位获奖者，作品在地铁站内向公众展出。

（三）伦敦地铁新车站规划设计的文化特色

由于整个伦敦地区地铁线路纵横交错，所以不需出站，只要在交会站内换乘其他线路，即可到达伦敦几乎所有的地区。这虽然极大地方便了乘客，但对地铁站，尤其是交会站的公共环境设计提出了更高的要求。以伦敦地铁的金丝雀码头站、威斯敏斯特站、北格林威治站和格洛斯特站为例，简要谈谈伦敦地铁站的公共环境设计。

1. 动感与优雅的结合

金丝雀码头（Canary Wharf），它位于伦敦东部二区泰晤士河边，是新开发的金融城。为了适应周围的环境，金丝雀码头地铁站建在一座开放式公园的下面。地铁站的内部环境设计则充满了现代都市的动感，尤其在上下班高峰时间，川流不息的人群更是这种动感的直接体现。公园的宁静、优雅与车站的现代、动感和谐地融合在一起，形成了典型的英伦式的浪漫气质。整个金丝雀码头地铁站完全建在地面以下，地上所能看到的，只有车站的屋顶——玻璃天棚穹顶。其通往西部购物中心的入口，更被誉为动感设计与优雅建筑的完美结合。从车站专为残疾人设计的通道，到站台上供乘客短暂休息的座椅，再到免费的报纸取阅处等等，到处都能看到设计师对人的关注，体现了以人为本的设计理念。

2. 传统与现代的结晶

威斯敏斯特地铁站是将传统与现代结合得最完美的车站。它最早于1868年投入使用,历经多次的改建和重修。最近的一次是在建设朱必利延伸线时进行的,于1999年12月改造完毕,重新对外开放。由于车站处于伦敦的市中心,周围有大本钟、议会大厦、威斯敏斯特教堂等传统建筑,车站的外部设计尽最大可能保留了维多利亚时期的传统墙面和横梁。改造后的威斯敏斯特车站内部,同样充满了现代感。在车站的改建过程中,设计师特意强调了对钢梁、钢柱和金属连接件的运用,在加强建筑本身结构的同时,更增添了视觉上的震撼。威斯敏斯特地铁站的站台设计也很有特色,圆弧形的墙壁和顶棚都是用同样的方钢排列组合而成,行走其间,使人仿佛穿梭于时空隧道,来到了传统与现代的交汇点。正是这优秀的设计,为设计师麦克尔·霍普金斯赢得了享誉建筑界的斯特灵奖。

3. 免费的艺术展览馆

伦敦地铁还是一座免费的艺术展览馆,其中尤以格洛斯特站最具代表性。格洛斯特站位于伦敦市中心的南肯辛顿区,与著名的自然历史博物馆和科学博物馆比邻而居。该地铁站站台常年举办艺术设计展——在优化车站内部环境的同时,艺术与现实的距离极度拉近。正是这一自由、率性、毫无束缚感的氛围,不少默默无闻的艺术爱好者在此获得了无差别的展示机会,并由此进阶为蜚声海内外的艺术大家。而格洛斯特车站也因此成为众多艺术家的梦想启航处。

四、伦敦轨道交通的可持续发展模式

（一）伦敦地铁企业的经营状况

伦敦交通局的总收入来源主要是来自伦敦的地铁、铁路和公共汽车的票价收入，占据总收入的 86.1%。如，2017 年伦敦地铁的总收入为 28.47 亿英镑，其中票价收入 26.69 亿英镑。总支出为 32.45 亿英镑，比 2016 年 33.81 亿英镑减少了 1.36 亿英镑。资本支出包括新存量设施更新支出和新建项目支出，2016、2017 年度共计 10.81 亿英镑，其中包括 5.4 亿英镑的新增项目支出和 5.41 亿英镑的更新支出。不足部分（2017 年度为 3.98 亿英镑）由财政补贴。

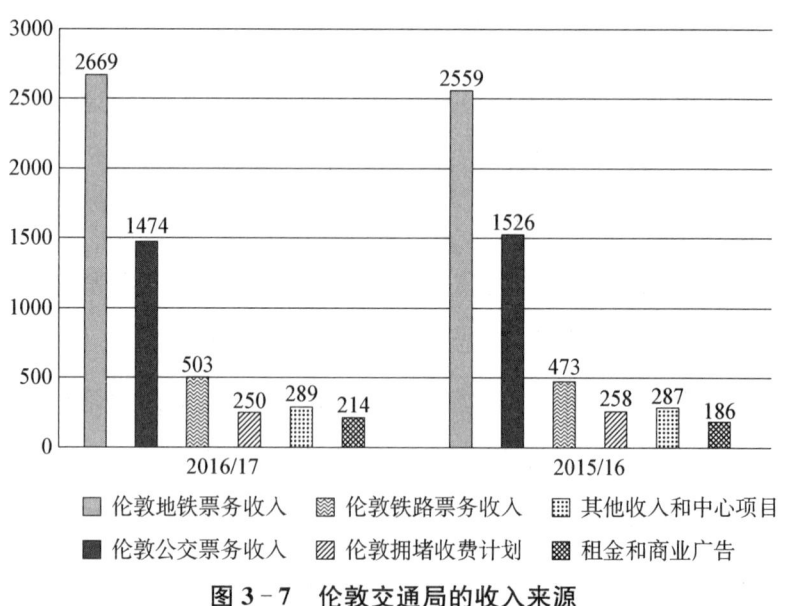

图 3-7 伦敦交通局的收入来源

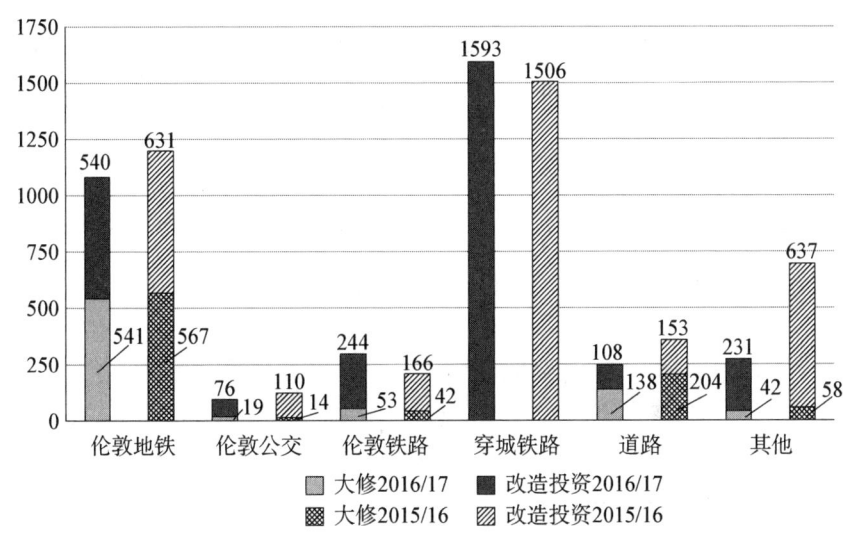

图 3-8　伦敦交通局各业务领域的资本性支出

(二) 伦敦地铁票价定价机制

与英国铁路交通一样，伦敦地铁实施的是监管定价机制。英国铁路监管办公室根据"RPI-X"确定一个 5 年内的价格上限，在这个五年内，地铁票价调整范围是一个价格篮子，只要在价格上限范围内，伦敦交通局每年可以调整价格，所以每年的地铁票

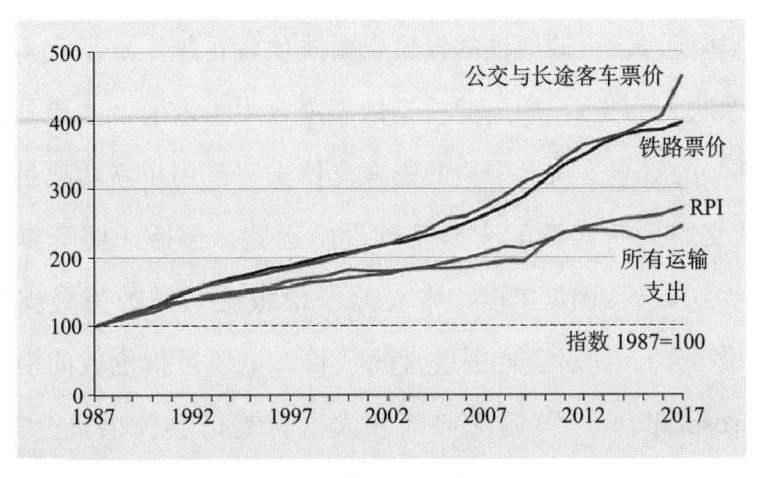

图 3-9　英国交通运输票价随零售价格指数（RPI）增长

价都有变动。其中 RPI 是前五年的通胀指数。X 是效率提高系数。政策已经包含了行业明确的成本回收目标，以及允许运营商再次增加每年不同的票价以换取接受较少的补贴或支付较高的溢价。地铁的运输成本包含在零售价格指数（RPI）的计算中。它们的包含允许在运输方式之间比较运输成本的变化。

成人票	pay as you go	
	高峰时段	非高峰时段
Zone 1 only	£1.80	£1.80
Zones 1-2	£2.30	£1.80
Zones 1-3	£2.70	£2.40
Zones 1-4	£3.10	£2.40
Zones 1-5	£3.80	£2.40
Zones 1-6	£4.20	£2.40
Zones 2, 3, 4, 5 or 6	£1.30	£1.30
Zones 2-3, 3-4, 4-5, or 5-6	£1.30	£1.30
Zones 2-4, 3-5 or 4-6	£2.20	£1.30
Zones 2-5 or 3-6	£2.20	£1.30
Zones 2-6	£2.20	£1.30

图 3-10　伦敦地铁票价水平（按区划分）

(三) 伦敦地铁投融资模式

1. 传统的融资模式

总体而言，伦敦地铁的投融资模式比较传统。除了收入以外（以车票收入为主），剩余的就是依靠来自中央政府（主要是英国交通部）的资金支持。中央的资金支持主要是用于新增项目投资和伦敦交通局所管辖的交通基础设施运营，包括一些资本性支出。仅 2014 至 2015 年度，中央给予伦敦交通局的资金支持是 29.48 亿英镑。而对于特别重大的项目，主要是指伦敦的横贯铁路（Crossrail），由英国交通部和大伦敦委员会提供资金支持，该项目也将用到欧洲投资银行的贷款。

2. 土地价值俘获融资机制

为横贯铁路基础设施筹集资金，伦敦市政府设计了一套价值捕获机制。伦敦横贯铁路是一个新的城市交通基础设施项目，该基础设施的最终估计成本为148亿英镑，主要由伦敦管理部门、伦敦开发商和伦敦企业提供资金。整个基础设施的成本由伦敦交通局和大伦敦政府、运输部、伦敦企业以及票价和纳税人共同承担。伦敦交通局和大伦敦政府主要负责筹集基础设施建设资金，承担了总成本的50%以上。对位于伦敦的企业则直接通过社区基础设施征费和企业费率补充为基础设施成本提供资金。大伦敦政府通过企业费率补充获得41亿英镑，社区基础设施征费获得3亿英镑，获得企业捐款3亿英镑，伦敦交通局向银行贷款24亿英镑，其他资金来源7亿英镑，网络铁路贡献23亿英镑。

社区基础设施征费适用于伦敦的所有新开发项目，开发商开发开始时应付款，伦敦通过新立法赋予伦敦市长强制执行社区基础设施征费的权力，某些发展（例如，社交/慈善）是可以免税的。社区基础设施征费的收费标准是位于1区的项目收取50英镑/平方米；2区的项目收取35英镑/平方米；3区的项目收取20英镑/平方米。特别是，大伦敦政府通过补充业务费率筹集了30%的总成本（41亿英镑）。企业费率补充是一项专项附加税，仅由位于大伦敦区内的企业支付，旨在使政府重新获得实施横贯铁路所产生的部分房地产价值。企业费率补充产生的收入被支付到一个专用账户，仅用于横贯铁路支出需求。具体而言，企业费率补充是一种基于土地价值融资的专用财政方法，承诺其收入用于偿还基础设施的资本成本。

五、伦敦地铁发展的经验借鉴

伦敦地铁的发展经验主要体现在以下四个方面：

一是持续对年久的地铁进行系统性更新。经过长时间的运营，地铁设施设备老化陈旧，会面临一定规模以上的系统性的更新改造，通过改造提高运能，完善线路，提高系统效率，这些需要提前从资金、技术、管理和其他资源配置上做好储备。

二是完善的定价和投融资体制。车票定价机制使票价加上部分政府补贴能够保障地铁运营的财务平衡。尤其是地铁票价的定期调整机制并不意味就会招来乘客的反对，只要调价机制公开并被公众接受即可。新建项目通过建立溢价回收（价值捕获）机制，保证了新项目有了资金来源，扩大了地铁融资途径。

三是地铁公共艺术的推广和各有特色的车站设计。伦敦地铁的艺术实践不断适应城市发展的实际，始终重视地铁文化艺术品牌建设，完善相应的组织体系，形成长期的工作方案和思路，建立与社会各专业团体和个人艺术家的合作机制，将地铁文化建设与国际化、本地化等结合起来。

四是城市更新与地铁车站改造结合。英国城市更新的一个基本原则就是更新的地区要有新的交通引入，完善城市更新地区的交通布局，对于重大的城市更新项目在区域内增加和完善轨道交通功能，以 TOD 为核心的城市更新采取混合型用地模式，在一个点上多重产业集聚，发挥多重功能，带动经济发展。

第三节　香港城市轨道交通发展研究

一、香港轨道交通的基本概况

我国香港的第一条地铁线路（观塘至石硖尾段）于1975年11月破土动工，在1979年10月1日通车运营。2007年随着九广铁路并入香港地铁网络，地铁线路总里程由91千米增至211.6千米，这标志着香港地铁运营进入新纪元。2015年香港地铁日均出行量约467.8万人次，年度客运业务收入约169.16亿港元，年度客运业务利润约为24.93亿港元。2016年12月，南港岛线开通运营，标志着香港地铁已实现对香港18个片区的完全覆盖。截至2016年底，香港已开通运营11条地铁线，总长约230.9千米，设站91座，日均可流量900万人次，交通分担率49.3%。

香港地铁的管理运营体制。香港分三个层面来组织管理香港轨道交通：政府决策部门、政府职能部门、铁路服务经营机构。环境运输及工务局代表政府行使决策权利；路政署、运输署、规划署等政府职能部门研究并制定发展计划和策略，包括制定铁路网络规划、拟定新的铁路项目、协调铁路项目的建设；铁路服务经营机构包括香港地铁公司和九广铁路公司，负责投资建设及运营管理等具体事务，包括项目的融资、详细规划、设计及建设、物业开发、铁路的运作、管理及维修保养。2007年底，香港地铁与九广铁路公司合并，九铁公司所有业务转由香港铁路有限公司经营，合并后的港铁公司须每年向九铁公司支付7.5亿港元的定额经营权费用，另加每年非定额经营权费用。截至2021年12月31日，港铁公司资产总值为2921亿港元，市值2592亿港元，其中政府占股74.72%，是香港当之无愧的大国企。香港特区政府还有3名官员在港铁公司董事局内部任职，以确保其能够服务于香港市民。港铁公司特有的"铁路＋物业"的模式，让政府用比较少的钱，就可以建造、运营200多千米铁路，建起广泛的交通网络，每年还可以收取分红。

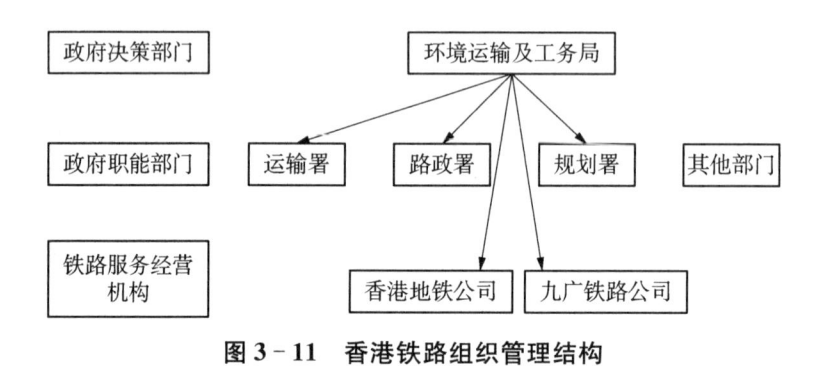

图3-11　香港铁路组织管理结构

二、香港地铁及其物业开发与经营模式

（一）香港地铁与城市规划

香港城市空间格局与轨道交通高度融合，其从1973年开始新市镇建设，30年间先后兴建了容纳300多万人的9个新市镇，形成了港九母城与新区相结合的城市格局。新市镇的崛起，与香港轨道交通网络协同发展，现在发展的9个新市镇都建有轨道交通线路，轨道交通把新市镇与港九母城紧密联系在一起。每个新市镇又自成中心，在每个轨道站点步行距离内集中发展大型商业、文化娱乐等各种配套设施和高密度居住区，完善的配套设施

与交通枢纽相配合，形成新市镇的中心。再往外围则是中等密度的居住区和山体公园，在轨道站点通过便捷的公交接驳把外围居住区与站点紧密地联系起来，使得每一个新市镇都成为一个自给自足同时与自然和谐共生的新社区。香港的土地利用及轨道交通建设采用了互动配合的模式，在轨道交通影响范围内的地区进行高密度发展，不仅优化了城市的空间结构，而且保障了铁路的客流量，提高了土地及集体运输系统的经济效益。根据全港人口及就业分布调查，目前轨道车站步行范围内（半径500米左右）集聚了全港约70%的人口和80%的就业岗位。

（二）香港地铁与物业一体化开发

港铁公司发展成为世界上少数赚钱的地铁公司之一，究其根本原因是，港铁公司采用了"地铁＋物业"开发模式（也称轨道站点综合开发利用）。"地铁＋物业"模式是指，在新铁路沿线，香港特区政府直接给予港铁沿线土地的物业发展权，港铁与政府共同编制沿线上盖物业开发的总体规划。港铁按照该地块兴建地铁前的估值，向政府支付地价。土地转让完成后，港铁一方面兴建铁路，同时与开发商合作开发物业，港铁与开发商约定分成的方式，以获得相应收益（港铁将之称为"物业发展"）。港铁公司将商业物业自持运营，获得长期经营收入（港铁将之称为"物业租赁及管理业务"）和物业升值收益（港铁将之称为"投资物业重估"）。以港铁的经验来看，所有地铁沿线的物业都会因地铁的综合效应而升值。物业升值后，利润用于"反哺"地铁建设新铁路、日常运营和维护。从而，物业开发使政府、地铁公司、开发商取得"三赢"局面。

截至 2019 年,香港地铁在 150 个站点中,47 个有上盖物业开发。已完成建筑面积 1300 万平方米,未来 6 年将开发 1.8 万套房产,总面积超过 115 万平方米。在 47 个项目中,现时持有 13 个项目商场作为长期经营。物业管理约 9.6 万个住宅单位及 77.2 万平方米商业用房。实践证明,"地铁+物业"开发模式是筹措轨道交通建设资金和解决财务亏损问题的有效途径之一,同时,该模式也会进一步加强城市用地与轨道交通的协调发展,进而提高城市土地资源集约利用水平、优化城市空间布局。香港"地铁+物业"开发模式具有十分显著的特点,主要体现在土地政策、规划策略、设计方法等方面。

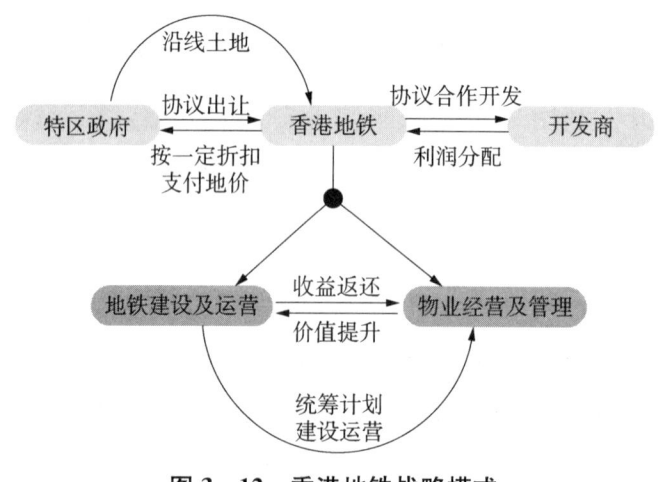

图 3-12　香港地铁战略模式

一是创新土地开发机制,改革土地使用制度,推进土地有偿使用。港铁公司成立之初,香港特区政府即规定"政府不投资、不补贴,只负责规管地铁的运作",但给予了港铁公司地铁沿线土地及物业的特许开发权,以确保公司获取地铁开通后沿线土地的增值收益,这也是"地铁+物业"模式成功的前提。港铁公司以较低价格(轨道线路开发之前的价格)获得地铁沿线土地综合开发权,并统筹规划、管理和招商,对合作开发商的建设开发活动进行全程监管,并与之进行利润分成。目前,香港特区政府持有港铁公司约75%的股权,在过去30多年中,香港特区政府从港铁公司获得的地价收入和分红,净收入已超过2000亿港元。

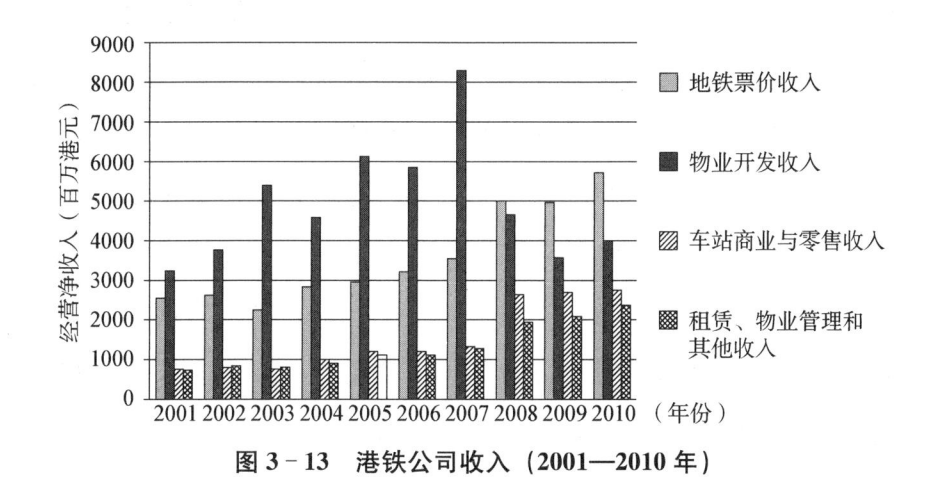

图 3-13 港铁公司收入(2001—2010 年)

二是提前明确地铁线路总体规划,分步实施,前置评估物业开发价值。香港特区政府编制《香港2030规划》时,就确定了地铁总体规划。在线路规划时充分评估上盖物业开发价值,港铁可以根据成本效益原则,在路网中自行决定修建的地段。在城市规划、铁路线路布局之时,已充分考虑住宅、商业、公共配套、公共交通的有机融合,发展的商业物业均充分利用地铁客流培育,同时借助商业促进新兴区域繁荣。从历史上看,走过"线跟人走""人跟线走"两个阶段,就是说,前20年香港地铁是朝人口密集的地区建设，80年代后"人跟线走"，就是先把轨道交通修好，用线带动人的增长，带动整个社区，带动整个经济的增长，逐渐把人口引到人比较少的地方。

三是统筹地铁相关资源，进行网络化开发。香港地铁资源开发的核心理念就是网络化的统筹开发，把各条线路、各个车站的地铁资源看成一个整体、当作一个网络，进行统一开发。港铁从建设第一条地铁开始，就采用地铁建设与地铁场站上盖大型物业联动的方式。港铁负责所有地块发展的统筹，包括确定用地规划指标、制定发展计划和物业方案、通过招标选择发展商、对所属物业进行经营管理；深度捆绑轨道交通规划与土地利用规划，重视轨道站点周边土地的混合利用，促进轨道交通与城市拓展、人口集聚、产业布局相协调。对于城市型站点，围绕站点中心布局商业商务用地，圈层向外依次布局居住和公共设施用地；对于交通型站点，围绕站点中心布局交通站场用地，圈层向外依次布局商业和居住用地；对于居住型站点，围绕站点中心主要布局服务社区的商业，并在商业上面加盖住宅物业，站点周边则开发高强度住宅。这种模式进一步促进了人口和产业等向轨道交通附近高度集聚。

四是建立规划分区制度，推动地铁站点上盖物业及周边土地高强度、圈层梯度开发。香港《建筑物规划准则》鼓励轨道站点周边土地的高强度开发。同时做好项目的空间总体布局，使高容积率为站点带来了大量客流，实现土地利用价值和地铁效益的双赢。据统计，地铁站附近每新增93平方米的楼板面积，将每天额外产生60乘次的客流量。在香港，地铁站覆盖的商务中心的商业容积率一般达 10—15，住宅容积率达 7—10；无地铁站地区商业容积率仅 5 左右，住宅容积率也显著降低。

五是重视地铁站与周边物业的一体化设计，打破人与交通、物业的界限，建立了高效的人流疏散系统。地铁站出入口深入商场、写字楼或居住区内，多数大型购物中心地下直接与地铁站相连。平均每个地铁站出入口数约 6 个，客流最大的中环站设有 14 个出入口。在旧城区，地铁站点通过建筑架空层、过街桥梁或灰空间与周边建筑缝合；在新城区，则通过设立车站综合体与周边实现接驳。

（三）香港地铁物业的经营

香港地铁物业管理公司（简称"港铁物业"）成立于 1979 年，其主要的职能有提升地铁物业形象、提供整体物业管理服务、对各项公共设施进行管理、对停车场进行管理、对公共设施的维修、提供专业物业管理意见、预览及就规划总纲图与设计方案提供意见等。由于香港地铁拥有全方位的物业开发权，港铁物业日常管理的物业超过 77280 个住宅单位、12 个大型购物商场及 5 栋优质写字楼（计 749590 平方米的商业及办公面积）。港铁物业是一个真正意义上的物业管理公司，发展模式与一般物业管理公司相当，为业主提供共用部位和设施的物业管理服务并开展多种营利性质特约服务。

港铁物业之所以能够创造财富是其职能与房地产市场紧密相连的结果。物业管理公司在统一的开发和管理模式下，得以以最集约的方式提供最大程度的资产管理服务，是在一个又一个站点之上可以被多次复制的财富增长方式。正如港铁物业自己强调，公司是一个"全身心"为业主服务的企业，而不是以社会公共项目基础保障为己任的政府职能部门的延伸。港铁物业在香港之外的发展也着重于房地产服务领域，包括顾问咨询等业务。例如，港铁物业全资在北京成立港铁（北京）房地产管理有限公司，并于 2004 年接管 SOHO 中国开发的项目"建外 SOHO 西区"。2006 年，港铁物业公司再获 3 份物业管理合约，包括 SOHO 尚都、建外 SOHO 第七期及朝外 SOHO，并订立了购物中心"北京银座 MALL"共 19295 平方米的经营及物业管理的长期租约。

三、香港地铁与社会公共艺术融合发展

早在 1998 年，港铁借由机场快线通车，就已推出了"机场快线艺术品计划"。而之后推出的"车站艺术建筑"计划以及"港铁新线路车站艺术计划 2012"征集了来自中国香港及世界各国艺术家、当地业余民众及学生儿童的作品 59 件，将不同风格、不同背景、不同形式的艺术作品与港铁全线网络完美融合，不仅有效提升了港铁艺术氛围，以潜移默化的方式影响着搭乘港铁的千万市民，更增强了普通市民和学生儿童对艺术创作的积极性。

一是港铁艺术与历史传统结合。香港是一个中西方文化交融的城市，一个传统与现代共存的地域。正是这种多元文化形成了现代香港独特的文化形式。在香港地铁公共艺术作品中，坐落于东铁线落马洲站离境大堂的雕塑《洋紫荆骑士》，象征着香港由早期贫穷落后的小渔村发展成为今天国际金融中心的巨大改变，整个作品轻松诙谐，既蕴含对历史的反思，同时表达出对香港回

归这一重要历史时刻的纪念，以及对香港未来发展的美好憧憬。在香港地铁公共地铁艺术作品中，涉及城市历史发展主题的作品共6个，分别位于落马洲站、坚尼地城站、香港大学站等4个站点，作品以地铁壁画、摄影及雕塑的方式呈现，采用4种不同的材料装扮地铁大堂及行人隧道。港铁将军澳站艺术品《层层叠叠的传统》中各种书法章节的拼贴，展现出中国传统文化的智慧。既作为装饰用途，也作为时间变迁的参照。作品以现代手法表现古老东方文化之美，中西合璧，相得益彰。

二是地域特色与地铁公共艺术融合。香港位于大陆南岸，与南海邻接，岛屿众多，海洋资源丰富。位于机场快线青衣站的车站艺术作品《海洋大观园》采用醒目的色彩、流畅的造型塑造出海底生物多样的种类及繁盛的生命力。将整座车站烘托出富有活力、趣味生动的氛围。位于青衣地铁站的雕塑作品《旅程》，由日本动态雕塑家高田洋一先生创作，悬挂在东涌线大堂天花板上。整部作品以金属及纤维制成，模拟扬帆出海的轻舟，迎着柔和微风迈向宁静的旅程。香港迪士尼乐园是香港标志性的旅游景点，为方便游客，港铁开设了迪士尼专线来往欣澳站和迪士尼站。迪士尼专线列车以乐园主题装饰与布置，简洁现代又颇具童话趣味。列车车身以金色彩带勾勒，搭配米老鼠头形状的车窗，还未踏入车厢就给乘客带来眼前一亮的视觉感受。

四、香港地铁发展经验

作为一家实现跨国运营的地铁公司，香港地铁已经成为地铁行业内少有的全球化企业。发展经验很多，这里主要列举三点：

一是充分发挥"轨道＋物业"模式的制度优越性。该模式需要深度捆绑轨道交通规划与土地利用规划，重视轨道站点周边土地的混合利用，促进轨道交通与城市拓展、人口集聚、产业布局相协调，已经成为香港地铁的象征。但是需要指出的是，港铁公司并不是地铁物业的开发主体，并不是直接开发物业，而是通过股权合作和协议转让的方式，从地铁物业开发收益中获益，并参与部分物业的经营管理，从中增加一块收入。物业管理也是高水准的，体现香港作为一个国际著名都市的风范。而港铁本身专注于地铁公共交通的运营和服务。由于港铁的收入来源多样，从而让港铁在地铁升级改造中没有资金压力，会主动开展资本性投资。这就意味着香港地铁建设也是在城市价值提升中获得利益，实现溢价回收。

二是公共文化建设。现在越来越多的城市在地铁车站开展公共文化艺术建设，但是香港地铁的做法更高一筹。香港的做法是根据每个车站专门打造符合各自特点的公共文化和艺术。每个车站的特点均有不少，包括车站周围的建筑、所处区域的功能、历史、文化和风俗特点等，这些都是当地车站公共文化建设的题材，这样一来，提高了外来乘客对当地的识别能力，增强了当地民众的文化和感情的归属感，这样就强化了香港的品牌建设，是香港重要的无形资产。

三是香港地铁的对外能力输出。虽然香港立足于本地的国有企业，但其在确保本地服务的基础上，适当拓展国际市场。这样不仅能增加港铁的经营收入，更重要的是拓展了国际视野，按照世界最高水平的要求提升港铁在轨道交通上的服务能力。最典型的案例是港铁中标英国伦敦最大的铁路工程横贯铁路的运营，这是港铁成为世界最领先的地铁公司的证明。在向外拓展中，港铁通过合资或仅作运营管理、物业管理和咨询等轻资产模式控制风险，这也是值得借鉴之处。

第四章 北京、广州和深圳城市轨道交通发展研究

作为我国超大城市的传统代表,北京、上海和广州等各项城市功能发展起步早,城市化发展水平高,常住人口基数大,且都把积极发展城市轨道交通作为解决房价高、交通堵、空气质量差等城市病的重要途径,努力满足人民群众对超大城市生活便捷、舒适、经济的高质量消费发展需求。因此,对我国北京、广州和深圳的这类具有代表性的超大城市轨道交通的发展特征展开研究,有助于梳理和总结我国超大城市轨道交通发展的主要方向、重要模式和核心内容。

第一节 北京城市轨道交通发展研究

一、北京城市轨道交通发展概况

北京是国内第一个建成运营地铁的城市。1965 年 7 月 1 日,北京地铁一期工程动工。1969 年 10 月 1 日,第一条地铁建成通车。随着 2001 年申奥成功和经济社会发展,北京地铁经历了建

设高潮期，地铁线网规模迅速扩张。截至 2022 年底，北京地铁共有 23 条运营线路，428 座车站，运营里程达 797.3 千米，线网规模居于全国第二位，分别由北京地铁运营、北京京港、北京轨道运管三家公司承担网络运营任务。

北京地铁的建设运营管理体制有其特点，实行的是投资、建设、运营"三分开"模式，其中地铁运营由三个主体分别承担、平行负责。2003 年北京市将原北京地铁集团进行改制，按投资、建设、运营"三分开"的原则，将原北京地铁集团变更为北京市基础设施投资有限公司（下称"京投公司"），负责轨道交通投融资。将北京轨道交通建设管理有限责任公司和北京地铁运营有限责任公司从原地铁集团公司中分立出来，成立轨道公司和运营公司，分别负责轨道交通建设和运营。2016 年，成立北京市轨道运营管理有限公司，承担燕房线、大兴机场线、19 号线 3 条 72 千米地铁线路的运营任务。2020 年，香港地铁在北京成立京港公司，先期承担 4 号线的运营，后来又承接了 14、16、17 号线共 4 条 148 千米地铁线路的运营任务。

二、"三分开"模式的改革突破

城市基础设施建设投资体制改革催生了北京城市轨道交通发展的新模式——"三分开"。1978 年改革开放后的 10 年间，城市建设的主要矛盾集中于建设资金短缺与城市建设"底子薄"之间的不协调。因此，城市建设投资体制改革的主要方向在资金筹措方式上的突破。尽管建设资金的来源渠道不断拓宽，但当时的地方政府在城市建设上仍然缺乏应有的能动性，多元化融资改革仅仅在上海、深圳等个别城市实验成功，其他城市城建投融资决策仍高度集中于中央，城市建设非常滞后，这种城市基建的"欠账"一直持续到21世纪初期。随着我国融入WTO的进程加快，"政府引导、社会参与、市场运作"的城建投融资新格局也迅速成形。一是外资被允许进入市政公用事业领域投资；二是鼓励和引导社会资金以独资、合作、联营、参股、特许经营等方式，参与经营性基础设施项目建设；三是市政公用行业市场化进程加快，各地开始建立市政公用事业特许经营制度。2004年7月25日，国务院颁布了《关于投资体制改革的决定》，是推动我国行政管制型的经济向完善的社会主义市场经济迈进最为关键的一步。

在此背景下，借助"申奥"成功的东风，北京市积极推进城市轨道交通建设管理体制改革，推行"三分开"模式，城市轨道交通投资资金已经不再囿于政府财政，从"有无"阶段进入"结构优化"阶段。2004年开始北京轨道开始采用投融资、建设、运营"三分开"的模式，这对于之后北京城市轨道建设影响深远。在2004年前，资金依然是北京城市轨道建设的一个重大瓶颈，建设模式完全依赖政府全额投资。比如所谓的"复八线"，因为资金短缺，从1989—1999年耗时10年才完成；地铁5号线在20世纪90年代初就已经规划建设，由于缺乏资金开工建设长期延期。2003年底，北京市政府将原北京地铁集团公司改组，分别成立了负责融资、建设管理和运营三家公司。京投公司承担了地铁的融资任务，之后，缺乏建设资金的局面逐渐改变。在一些专项政策的支持下，银行开始向地铁项目提供贷款。在此基础上，京投公司不断创新融资手段,通过多种融资方式,筹集了近3000亿元的资金,不仅保障了北京地铁建设的资金需求,加快了城市轨道交通建设速度,而且大大降低了融资成本。

三、ABO 模式创新

(一)京投投融资框架设计

全球超大城市的城市轨道融资建设中,特别是在建设初期和高速成长时期,政府投融资发挥着主要作用。如北京地铁建设初期政府投资比例达100%,香港地铁政府投融资占77%,新加坡地铁政府投融资占到了100%。该阶段地铁运营不具备相应的盈利能力,市场化融资只能在政府的支持下采用项目融资,如香港东港隧道中的5千米地铁延长线项目等。城市轨道线网形成一定规模后,个别城市的城市轨道交通在具备了一定的盈利能力后,开始采取企业信用融资方式进行市场化融资,如香港地铁和新加坡地铁等。

在此前期研究的基础上,北京在城市轨道交通融资建设中,由北京地铁集团(2003年完成改制)、北京首创集团、中关村股份有限公司、北京国资公司、北京天鸿房地产公司、北京城建集团六家股东共同出资26亿元组成城铁股份公司(目前公司第一大股东是京投公司),然后再依托股东和政府最终提供的信用支持,由城铁股份公司向银行贷款34亿元完成最后的融资;另外,北京地铁集团在地铁5号线项目上,尝试了BOT、PPP等项目融资的工作实践。

在成立京投公司进行融资商业化之初,政府一次性投入启动资金，之后通过切实转换企业经营机制，逐步建立项目盈利模式，让银行看到了城市轨道交通资产信用，实现了以京投公司为贷款主体的项目建设筹措资金。同时，积极争取亚行贷款等多种国外贷款的支持，并成立"京投发展"等上市公司从证券市场融资，大力推行企业债券融资，成立城市轨道交通产业投资基金，以融资租赁的形式完成设备购买和使用，将融资租赁和境外发债结合在一起。

以上的资产信用形成，实则离不开北京市政府的政策支持。政府增加沿线房产的土地出让金，增收部分作为新线专项建设基金或偿债基金。政府成立了城市轨道交通行业一级房地产专业开发公司，对政府批准的城市轨道沿线土地进行专项开发，开发收益作为建设资金来源，并建议区政府以拆迁费用作为资本金注入项目公司。

（二）京投公司的发展业绩

截至 2021 年底，京投公司资产总额达到 7804 亿元，净资产达到 2687 亿元，全系统职工 8623 人，累计实现净利润 237 亿元。2021 年，全年完成政府项目投资 687.74 亿元，计划内建设资金到位率 100%，节约政府融资成本 16.95 亿元；利润总额 32.06 亿元，归属母公司净利润 24.54 亿元。国内信用评级为 AAA 级，国际信用评级 A＋级。公司立足特殊功能类企业定位，秉承"基石精神"，为推动首都轨道交通高质量发展持续奋斗。

十几年来，京投公司进行了大胆创新实践，确立了"一体两翼"的发展战略，以轨道交通为主的城市基础设施政府建设项目的投融资业务（含投融资、规划建设、资产管理、路网管理等）作为"一体"，延伸出以轨道交通沿线项目为重点的资源开发和以轨道交通相关产业为重点的股权投资作为"两翼"，致力于将轨道交通的经济外部性内部化，通过资源开发、产业投资、资产经营进行收益的转移和补偿。

京投公司积极整合央企和北京市的优质资源，带动相关企业携手走出去共同发展。2018年，由京投公司牵头，中国建筑、北京地铁等企业共同组成的联合体成功中标大连地铁4号线PPP项目。大连地铁4号线PPP项目，是继乌鲁木齐市轨道交通2号线一期PPP项目之后，京投公司以市场化竞争方式成功获取的第二个外埠轨道交通PPP项目。

目前，公司以"混资本"带动"改机制"，通过推动企业上市、引入战略投资者、支持混改企业建立市场化经营机制、实施股权激励和员工持股等举措，全面构建资本、技术、市场和绩效四维投后管理体系，极大提升了混合所有制企业的经营效率及国有资本配置效率。"混资本"已成为京投公司的重要利润来源。仅2020年，贡献利润总额达14.66亿元，投资收益率为7.4%。例如，交控科技是一家自身带有创新基因的企业，经过多年的研发创新以及工程化经验的积累，率先打破了国外巨头的技术封锁，实现进口替代，让我国成为继德国、法国、加拿大之后第四个掌握CBTC核心技术的国家。京投公司入主交控科技后，帮助破解资金瓶颈，大力支持科技研发，使其在ATP/ATO等最核心的子系统研发上实现突破，逐步缩小了与国际巨头的差距。

(三) ABO 模式促行业重组

自"三分开"后,事实证明在具备一定轨道线网后,城市轨道交通发展走市场化融资是一条十分有效的发展道路。2016 年 4 月 20 日,北京市交通委员会代表北京市政府与京投公司正式签署《北京市轨道交通授权经营协议》,创新提出 ABO 模式,即由市政府授权京投公司履行北京市轨道交通业主职责,京投公司按照授权负责整合各类市场主体资源,提供北京市轨道交通项目的投资、建设、运营等整体服务;北京市政府履行规则制定、绩效考核等职责,同时每年支付京投公司 295 亿元的授权经营服务费,用以项目的建设、更新改造和运营亏损补贴等,满足其提供全产业链服务的资金需求。京投公司成为北京轨道线网发展过程中的统一"业主"。

ABO 模式的产生是基础设施投融资传统体制向市场转变的创新产物,是政企关系契约化和市场化的尝试和探索,构建新型的政府和国企政企的"公公关系",以授权协议的方式厘清原本模糊不清的政府与属地国有企业之间的关系。ABO 模式将融资平台转变为市场化主体,为融资平台公司拓展了转型渠道。通过政府和企业之间授权经营模式,可将一部分地方债务转化为企业债务,降低地方政府债务负担,释放政府举债空间,在一定程度上防范和化解政府性债务风险。

四、北京城市轨道交通发展的经验借鉴

北京作为我国第一座建设地铁的超大城市,城市轨道交通的发展对于北京城市化发展起到了不可或缺的核心作用。在方形环

状放射型的城市布局中,超过600万辆的机动车保有量加重了地面交通拥堵,而城市轨道交通已经成了城市发展和市民出行的"生命线",在落实国家重大战略,调整城市功能布局,引领城市发展,带动产业升级,惠民生等方面的作用更加显著。北京的城市轨道交通规划已经发生了从"轨道跟着城市走"向"让城市跟着轨道走"的转变,着眼打造更多节点商圈的"微中心",通过增加出入口的数量,与相邻车站实现"两站一区间",激发地区活力。因此,北京城市轨道交通的发展对我国超大城市轨道交通的建设提供了重要的启示。

一是城市轨道交通经历高速发展期、形成一定线网规模后,市场化融资模式能够发挥出十分巨大的优势。二是超大城市轨道交通投融资体制的改革开放,对培育有市场竞争力的城市轨道综合运营企业具有十分重要的作用。三是混业发展模式是城市轨道综合运营企业的发展趋势。

第二节 广州城市轨道交通发展研究

一、广州地铁发展概况

广州地铁是服务于中国广东省广州市和珠江三角洲的城市轨道交通系统,其第一条线路广州地铁1号线于1997年6月28日正式开通运营。截至2022年底,广州地铁运营线路共16条,共设车站302座,运营里程621千米,位列中国内地第三名。2022年三季度,全网日均客流量777万人次,日均进站量429万人,公交分担率44%。

广州地铁集团的前身是1992年成立的广州市地下铁道总公司,是广州市大型国有企业,也是广州市负责建设和经营地铁等轨道交通设施的唯一企业,主要经营活动为地铁、轻轨的建设、维护和经营管理,房地产开发经营,地铁技术咨询、培训。

二、广州地铁经营状况

2021年,广州地铁资产约5269亿元,负债约2621亿元,资产负债率约49.7%,已构建起地铁建设及运营、土地与物业开发经营、行业对外服务三大业务板块,下分地铁建设及运营、地铁沿线土地整理、房产开发、地铁沿线广告、商贸及通信、地铁设计、监理、咨询、培训、物业管理、地铁列车修造、电气设备制造等多项经营业务,已形成具有多元化业务模式的综合型地铁运营公司。

表4-1　　广州地铁2017—2020年主要经营指标

项目	2017年 收入	2017年 毛利率	2018年 收入	2018年 毛利率	2019年 收入	2019年 毛利率	2020年1—3月 收入	2020年1—3月 毛利率
地铁运营业务	47.88	-12.11	49.94	-21.22	55.15	-17.23	6.97	-74.54
物业开发	15.40	31.37	6.44	27.14	27.97	56.79	7.34	71.42
资源经营	9.79	72.60	11.75	70.57	10.89	81.51	1.76	78.75
行业对外服务	17.60	61.01	18.88	31.13	22.33	30.37	4.76	24.99
其他	0.50	93.90	3.82	63.42	5.99	95.59	1.20	91.06
合计	91.17	13.24	90.83	8.53	122.34	21.81	22.03	16.86

资料来源:根据广州地铁公开数据计算。

轨道交通运营票务收入是广州地铁的主要收入来源,2012年前占总收入的50%,2012年以后,广州地铁发展进入快车道,其运营票务收入也随着线网的增长呈增加态势，2019年票务收入受到疫情影响，总收入占比出现明显下滑。值得注意的是，依靠票务收入的地铁运营业务的毛利率长期为负值，广州地铁的财务可持续发展主要依靠物业开发、资源经营和行业对外服务等非票务收入。

为使地铁建设及运营实现可持续发展，广州地铁学习香港地铁的发展经验，确定了"地铁＋物业"的战略发展模式，即结合地铁线网规划和建设，科学规划和开发沿线土地、物业及其他资源，促进地铁线网与沿线商业发挥协同效应，形成企业自身造血能力。2021年，广州地铁集团房产业务全年完成重点项目投资318.8亿元、营业收入24.15亿元。截至2021年3月底，在建加拟建房地产项目的总投资金额已超过1000亿元。广州地铁集团在物业开发领域的战略模式多元，既有自主开发，如悦江上品、紫薇花园、贵贤上品、动漫星城地下空间、五月花商业广场等；又有合作开发，如入股越秀地产，开发品秀系列项目等。战略入股上市房企，一方面可通过合作引入专业化能力，优化供应链；另一方面也能将短期的收益转化为长期的投资收益，保持可持续发展。事实上，与越秀地产合作开发的项目逐年增多，目前已经不再局限于广州，成功进入二线城市，实现了"基金＋轨道＋物业"开发模式输出。

除了房地产业务，广州地铁对于地铁沿线的商业资源的开发运营也已形成一定规模。2021年，资源业务实现经营收入8.4亿元，其中，广告业务收入6.4亿元，商业业务收入1.2亿元，通信业务收入1492万元，拓展业务、PIDS、WLAN等其他业务收入 6156 万元。地铁沿线广告、商铺经营、通信等资源经营业务每年为公司创造收入和利润，并呈逐年稳步增长态势，建立了较为完整的地铁商业资源开发体系。目前，商业项目数量逐年增多，包括万胜广场、地铁金融城广场、荔胜广场等，运营体量实现高速增长，已形成未来经济收益的又一重要增长点。例如，万胜广场是广州地铁地产打造的集写字楼、购物中心、地铁博物馆、地铁线网指挥中心、公交、停车场于一体的场站综合体项目，建筑面积 30 万平方米，近年进入品牌升级迭代阶段，持续推动入驻业态更新。

2021 年，广州地铁设计研究院股份有限公司灵活借助上市公司优势，充分发挥总体总包及设计龙头作用，统筹组织好广州 10 条新线施工图设计和外地 41 个城市的生产任务，全年实现经营收入约 23.8 亿元，净利润 3.57 亿元，同比增长 24.45%。除此之外，行业对外服务，还包括地铁监理、咨询、培训，2021 年营业收入达到 4.6 亿元；地铁物资和轨道交通系统制造营业收入达到 17.8 亿元。总体而言，自 2019 年以来，广州地铁的多种经营收入已经持续超过地铁运营收入。

三、广州市政府的政策扶持

（一）物业开发支持政策

根据 2012 年广州市政府第 94 次市政府常务会议纪要精神，为解决广州市轨道交通建设资金问题，明确由广州地铁负责对轨道交通沿线土地进行储备开发，通过土地开发收益弥补建设资金。同时，根据《关于市轨道交通规划发展工作的会议纪要》，明确广州市轨道交通站点300米半径范围内（城市外围尚未开发的区域范围扩大至500米）的土地由广州地铁负责储备，出让净收益全部用于地铁建设。

（二）税收优惠

广州地铁运营线路固定资产折旧政策，按广州市人民政府批复的折旧政策，结合轨道交通的资产特性，将地铁资产按车站、隧道洞体建筑物、运营设备和管理设备三大类别划分折旧方法。其中，车站、洞体建筑暂按100年确定为折旧年限，前20年不计提折旧，20年后的折旧方法届时视国家有关的规定和地铁的经营情况再行研究；运营设备类资产采用工作量法计提折旧；管理设备类资产采用平均年限法计提折旧。

（三）票价补贴

与单一票价政策不一样的是广州地铁实行的是按里程分段计费，起步4千米以内2元；在4至12千米范围内每递增4千米增加1元；在12至24千米范围内每递增6千米加1元；24千米以后，每递增8千米加1元。上不封顶，随着广州地铁建设线路增长，只需要每增加8千米加1元即可。至2010年8月，广州地铁的最高票价为14元。鼓励市民出行乘坐公共交通工具，使用羊城通卡乘坐地铁可享受9.5折优惠。自2010年5月起，使用羊城通卡每月乘坐公交或地铁次数达到15次，自第16次起，票价当月实行六折优惠。同时，广州地铁对老人、学生和残疾人人群给予优惠。此外，从2013年起，广州地铁开始发行销售日票，分为一日票和三日票，可以在第一次入闸后24小时或72小时，搭乘任意线路，无次数的限制。

四、广州地铁发展方向

（一）创新融资模式

为加快广州市轨道交通事业发展、加大投融资创新力度和拓展投融资渠道，广州地铁成立工作组进行专题研究，全面梳理未来十年的建设任务和资金需求，提出应对思路和方案。

一是推行"股权投资＋施工总承包"模式。在大湾区都市圈城际项目中的广花城际、芳白城际和佛穗莞城际（广州段）3条线路推行"股权投资＋施工总承包"模式，撬动及吸纳社会资本参与到轨道交通建设，有效缓解资金压力。轨道交通建设领域采用"股权投资＋施工总承包"模式实属不多，在招标模式、实施范围、股权合作方的进入和退出路径、各方责权利关系切分上均面临大量的具体路径设计工作。

二是选择部分优质线路通过公募REITs进行盘活。在省、市相关部门的指导和支持下，广州地铁三号线公募REITs项目即将正式上报。同时，一号线、二号线、三北线、五号线等多条线路已纳入REITs项目储备库，为广州市轨道交通建设打开一条新的权益性融资渠道，建立起"投资—盘活—再投资"的良性循环机制。

三是地下空间资产确权划拨。借助申报公募REITs契机，三号线地下空间按实测现状和轨道工程用途将以国有建设用地划拨方式提供给广州地铁，突破了多年来线路地下空间无法确权的难题，为其他地铁线路地下空间确权提供了可参照的解决途径。

（二）加快"走出去"策略

一是全力参与大湾区城际铁路建设。2020年10月27日，广州地铁全资子公司广东城际铁路运营有限公司按照"安全按高铁标准、服务按地铁标准"要求，最终通过国家铁路局、广州铁路监管局现场核查，获批城际铁路旅客运输许可资质，实现了地方企业首次自主运营城际铁路。11月30日，集团自主运营的广清城际（花都至清城）、广州东环城际（花都至白云机场北）高标准、高质量开通运营，真正意义上实现了国内省方自主运营城际铁路"零"的突破。

二是积极推动"一带一路"建设。2020年2月25日，广州地铁联合体正式与巴基斯坦旁遮普省公共交通管理局签订巴基斯坦拉合尔轨道交通橙线运营及维护服务合同，标志着广州地铁运营首次走出国门，获得"一带一路"标杆国家的地铁运营项目。该项目是广州市轨道交通产业"走出去"战略落地的标志性项目，也是中国设计、制造、建设到中国运营维护的城市轨道交通全产业链"中国解决方案"的首次完整输出，具有极强的示范意义。同年10月26日，巴基斯坦拉合尔橙线实现高水平开通，向"一带一路"国家和民众展现了"中国速度"。

三是加快省外PPP项目落地。2019年，广州地铁与中铁电气化局（及其联合方）中标并签订PPP项目合作协议，并于同年8月成立南昌中铁穗城轨道交通建设运营有限公司，作为项目投资、建设和运营的实施主体，广州地铁占股5%。项目总投资约

68.56亿元，PPP特许经营期为28年。①2020年12月26日，广州地铁参与运营的第一个地铁PPP项目——南昌地铁3号线开通试运行，标志着集团首个轨道交通PPP项目正式进入运营期。广州地铁派出运营管理精英实施团队，着重为南昌3号线提供运营筹备保障服务，同时引入大量在广州获得乘客认可的措施，如车站增设母婴室、iTVM、客服中心、二维码支付、车站广播空闲时增加舒缓的音乐等，输出广州地铁品牌服务理念。南昌地铁3号线是广州市轨道交通产业"走出去"战略落地的又一个里程碑。

（三）广州地铁发展经验借鉴

通过广州地铁近十几年来的发展经验，不难看出，我国超大城市轨道交通发展的若干规律性问题。

一是超大城市发展离不开城市轨道交通的支撑。无论是从城市空间耦合的角度，还是站域空间一体化推动城市更新的角度，城市轨道交通的快速发展为超大城市功能空间的拓展提供了不可或缺的保障，超大城市市民的通勤、生活和工作对城市轨道网络化发展的依存度越来越高。

二是"基金＋轨道＋物业"成为超大城市轨道交通可持续发展的重要模式。随着广州城市轨道交通网络化发展，城市轨道建

---

① 南昌轨道交通3号线工程项目借鉴了北京地铁4号线采用A＋B模式，其中B部分机电设备项目，采用PPP运作模式。B部分工程建造由南昌中铁穗城轨道公司（SPV）负责融资、建设以及运营和维护，而A部分建设工程由政府授权机构南昌轨道交通集团有限公司负责融资、设计和建设，并作为3号线的整体象征性地租赁给南昌中铁穗城轨道公司。

设运营资金的融资压力越来越大。政府财政托底加以银行贷款的传统融资模式和建设开发机制，已不是广州城市轨道交通的发展方向。时至今日，广州地铁已与多家房地产公司联手，通过股权合作进入物业开发领域，以站城一体化发展为抓手，努力打造物业开发的红利空间。

三是积极向外输出既有的运营资源。从广州地铁的经验可以看到，超大网络化的轨道交通运营，不仅需要满足市民的基础出行需求，还要逐步满足其他派生需求，如便利性、舒适性和安全性，这就对城轨交通运营主体的综合服务能力提出了更加高质量的要求，从而增加了运营成本。通过大力推进业务多元化和加快"走出去"获取潜在的新市场，从而最大化提升企业人、财、物的资源价值，是广州地铁发展给予超大城市轨道交通行业用好运营资源的又一大启示。

第三节 深圳城市轨道交通发展研究

一、深圳地铁发展概况

深圳是我国第 5 个拥有地铁系统的城市，其第一条线路于 2004 年 12 月 28 日起正式开通运营。截至 2022 年底，深圳地铁运营线路共 12 条，共设车站 265 座，运营里程 515 千米，位列中国内地第四名。2022 年第三季度，全网日均客流量 463 万人次，日均进站量 279 万人，公交分担率近 50%。1998 年 7 月 31 日成立的深圳市地铁集团有限公司，是深圳市国资委直管的国有独资大型企业,承担深圳除 4 号线以外其他线路的投资、建设、运营、资源开发任务(4 号线由港铁轨道交通(深圳)有限公司运营)。

二、深圳地铁公司经营状况

深圳地铁公司的主营业务涵盖投融资、"国家铁路、城际铁路、城市轨道交通"建设、轨道运营、站城开发、资源经营、物业管理、工程勘察设计等方面。与大多数城市地铁运营企业一样,深圳地铁的票务收入无法直接覆盖运营成本,而且深圳市政府对公司不进行地铁运营补贴,公司主要依靠站城一体化开发及资源开发等多种经营方式平衡盈亏,且实现了盈利。深圳地铁自 2016 年起成为中国内地唯一一家实现全生命周期核算盈利的地铁企业。2021 年,深圳地铁资产约 5935 亿元,负债约 2883.4 亿元,资产负债率约 48.58%。

表 4-2　　深圳地铁 2016—2021 年主要运营指标

指标	2016 年(4 条线)	2017 年(4 条线)	2018 年(7 条线)	2019 年(7 条线)	2020 年(7 条线)	2021 年(7 条线)
全年客运量(亿人次)	10.93	11	16.37	17.77	13.38	16.9
平均票价(元/人次)	2.48	2.37	2.43	2.45	2.63	2.31
车千米成本(元/车千米)	17.2	17.27	16.39	17.81	17.32	16.66
运营票务收入(亿元)	25.2	26.07	39.78	43.54	35.19	39.04
运营成本支出(亿元)	26.11	26.15	42.77	50.55	65.74	65.9736

深圳的"轨道+物业"模式日益与城市深度融合,以枢纽为代表的"站城一体化"成为地铁物业发展趋势。这种模式,既能有效利用上盖空间再造土地资源,又兼顾地铁上盖及沿线物业的

升值效益，站城一体化开发销售是公司收入规模最大的板块，对公司地铁建设运营的投入能起到良好的反哺作用，从而保障城市轨道交通的可持续发展。

公司委托深铁置业负责站城一体化开发项目的全过程开发建设管理，对于重点项目和合作开发项目，公司设立了项目公司负责具体项目的开发建设经营管理，包括深圳地铁前海国际发展有限公司（系公司全资子公司）、深圳市朗通房地产开发有限公司（公司参股比例50%）、深圳地铁诺德投资发展有限公司（公司持股比例51%）、深圳地铁万科投资发展有限公司（公司持股比例51%），上述项目公司均由深铁置业管理。

目前，公司站城一体化开发业务的运营模式主要包括自主开发和合作开发，合作开发项目由公司按照出资比例获取收益。公司土地主要来自深圳市国资委代表深圳市政府作价出资至公司以及自行招拍挂。截至2021年末，公司累计获取32个项目，其中获轨道沿线上盖项目综合开发权的项目21个、配建公共住代建项目6个、其他项目1个，总开发规模约1260万平方米。

在近年主要完工项目的合计规划建筑面积152.38万平方米，除了部分自持项目，其余项目销售进度较好，在91%—100%之间；项目回款进度在98%—100%之间，回款情况良好。深圳地铁置业集团有限公司2020年销售收入为171亿元，2021年销售收入为268亿元。2019年，销售型物业完成认购销售额135亿元，出租型物业租金5亿元，收入占深圳地铁集团当年营收的66.84%，实现利润92.2亿元，占深圳地铁集团当年净利润的79.01%，有效填补了地铁建设与运营的资金缺口。2017年至

2021年，深铁置业连续五年位列"深圳市房地产开发企业综合实力排名"前三。土地储备方面，截至2021年，公司已获得政府作价出资地块12块，土地作价共计439.58亿元，目前以上地块均处于在建或已完工状态，其中已完工面积93.94万平方米，在建面积403.17万平方米。

表4-3　　　　　　　　深圳地铁土地储备情况

序号	土地名称	规定建筑面积（万平方米）	可售面积（万平方米）
1	前海车辆段上盖（盖上）	26.3	25.67
2	前海车辆段上盖（白地）	54.48	51.85
3	蛇口西车辆段项目	11.03	10.73
4	塘朗车辆段项目	26.15	26
5	横岗车辆段项目	32.2	31.85
6	深大站项目	9.8	8.9
7	深湾站项目	47	46
8	前海枢纽上盖项目	133.01	125.51
9	车公庙交通枢纽项目	11.58	11.55
10	北站东侧地块	14.24	14.21
11	北站东侧地块	17.35	17.31
12	安托山停车场项目	53.34	38.34
13	塘朗车辆段F地块	54	34.7

资料来源：深圳地铁公司年报。

资源开发业务、物业管理业务和设计业务作为地铁板块衍生业务，对公司的营业收入形成一定补充。公司资源开发业务由全资子公司深铁商业负责经营。公司资源开发业务营利性较好，近年来毛利率水平均在60%以上。截至2021年末，深铁集团资源经营总面积为64万平方米，2019年实现营业收入10.35亿元。深铁商业针对交通枢纽、地铁上盖物业打造社区型、区域性、枢纽型商业形态，目前运营包含深圳北站、锦荟广场、福田枢纽等21个项目。

公司物业管理业务由全资子公司深铁物业承担，主要负责地铁及其上盖物业的经营和管理。深铁物业具有物业服务企业国家一级资质，以地铁及其上盖物业的经营、管理为主业，内容涉及地铁车站及车辆段、综合交通枢纽、保障房、商业及商品房、后勤服务五大板块。截至2021年末，物业管理面积已达1429.26万平方米，物业管理板块2021年收入为8.52亿元。

公司市政设计业务主要由子公司市政设计院负责，主要包括轨道、公路、工业生态园及综合交通枢纽等建筑的设计规划。2020年及2021年，公司市政设计板块实现收入分别为5.58亿元和9.88亿元，2021年同比增长77%。

2019年3月，公司成立子公司深圳铁路投资建设集团有限公司（以下简称"深铁投"），主要代表市政府投资建设国家铁路、城际铁路、铁路枢纽场站及综合交通枢纽等项目，集中持有、管理、经营市政府铁路股权和相关国有资产。截至2019年末，深铁投承担包括穗莞深城际深圳机场至前海段、前海至皇岗口岸段、深惠城际、龙岗至大鹏支线、深大城际和深汕高铁共计6个铁路项目工程及勘察设计工作任务，建设总里程达439千米，总投资估算约2180亿元。

三、融资创新

（一）融资渠道多样化

深圳地铁融资开发模式大致经历了4个阶段：从一期工程采

用的单一的政府资金直接投资的方式到二期工程改用BOT、BT模式，再到三期工程开创"地铁＋物业"地产融资模式以及当前四期工程所采用的专项债融资方式，整体融资模式表现出多元化、市场化趋势。

轨道交通四期实施企业融资与政府专项债相结合的方式。2018年，深圳地铁采用银行借款、发行超短融等多种融资手段，共筹集资金213.32亿元。其中，落实政府投资资金143.38亿元；通过市场化融资69.94亿元，主要包括金融机构借款39.94亿元，发行超短融30亿元。2021年，申请配置地方政府专项债175.9亿元，完成市场化融资898.6亿元，主要包括发行企业债、公司债、中期票据、超短融等债券585亿元，银行贷款313.6亿元，市场化融资比例显著上升。

（二）大胆采用PPP模式，引入优秀的社会资本

深圳地铁数次采用PPP模式，大胆让利，引入香港地铁等优秀的社会资本，不仅取得了良好的社会经济效益，而且从中学习了经验，提高了专业能力和核心竞争力。

例如，位于深圳市宝安区和光明新区的深圳地铁6号线PPP项目，起自龙华深圳北站，终于松岗站，线路长约37.2千米，项目总投资约为230亿元。深圳地铁3号线投资有限公司作为项目发起人，由深圳地铁集团与中选社会资本港铁公司共同组建项目公司，负责6号线项目的建设、运营和相关资源的开发，特许经营30年，30年满后将无偿归还深圳市政府。其中，双方股权比例为51%∶49%，并由深圳地铁集团控股。

通过借鉴港铁模式，深圳市政府在内地既有土地招拍挂出让制度下创新实施了"地铁＋物业"的土地捆绑开发模式。在站点周边 800 米半径范围内进行详细的土地资源调查，有针对性地开发理由投资建设土地地块，制订出切实可行的综合发展计划，有的放矢地满足目标需要。在物业开发阶段，采用公开招拍挂的方式进行土地出让。获得土地使用权的开发商需要配合 6 号线工程建设进度，对沿线土地进行有序开发。最后，物业开发产生的增值收益将作为政府对 6 号线项目投资的补贴来源。

四、政府对深圳地铁发展的相关扶植政策

(一) 政策支持

1. 政府提供大比例项目资本金

2001 年，深圳市发展计划局下发了《关于深圳地铁一期工程银行贷款有关问题的函（深计重大〔2001〕775 号）》，文件明确提出："深圳地铁一期工程是国家和深圳市重大建设项目，深圳地铁一期工程总投资的 70％由深圳市政府统筹安排，其余 30％以银团贷款方式解决。考虑地铁公司运营初期履行还本付息责任有困难时，同意将地铁一期工程贷款到期应偿还的本息的缺口部分，按有关程序列入相应年度重点建设投资计划。要求相关贷款银行在贷款期限、利率和还款方式上，给予地铁项目最优惠的贷款条件。"目前，深圳地铁投融资已不再适用此类政策。

2. 上盖物业成为主要政策工具

(1) 土地出让金收入返还

深圳市政府创新土地出让模式，提出土地作价出资方案。

2008年5月,根据《关于研究轨道交通建设投融资模式及上盖物业开发等问题的会议纪要》(第262次),市政府明确指出:"上盖物业用地(开发平台)拍卖后的地价收入政府将以资本金的形式返还地铁公司,用于保障性住房建设、地铁建设资金还本付息及弥补运营亏损。上盖物业中保障性住房建成后的租金,由地铁公司收取,用于地铁建设和运营补亏。"

2012年2月,深圳市发改委在《深圳市轨道交通7、9、11号线工程资本金政府出资承诺函》中承诺:一、市政府承诺投入7、9、11号线工程总投资的50%作为项目资本金,资金来源主要为政府公开出让轨道交通上盖及沿线土地的收入;二、政府将以土地划拨的形式在票价补贴、贷款利息补贴等方面予以政策支持,按照项目融资资金需求配置相应上盖空间资源;将上盖空间物业开发收益用于融资资金的还本付息和运营补贴等。

2013年8月,深圳市发改委(深发改函〔2013〕1679号)发函明确了将车公庙枢纽、深圳北站交通枢纽东侧和后海站上盖3块用地于2013年末前作价出资注入公司;将安托山停车场、松岗车辆段、莲花西站、深云站、彩电工业区停车场上盖等5块用地于2014年底前作价出资注入公司。该项支持不仅有利于公司融资能力的提升,城市轨道交通建设也将促使沿线土地升值,公司未来将获得可观的房地产增值效益。

(2)批准地铁公司直接开发上盖物业

根据市政府常务会议纪要(2008年11月第4届第116次),会议再次重申:"鉴于地铁公司是市属全资国企,上盖物业项目开发可考虑采取打包方式由地铁公司统筹处理,其中上盖物业项目开发收益全部用于地铁建设及运营补亏,保障性住房(廉租房、经济适用房、公共租赁房)由市政府全额投资开发建设。"

(3)为地铁公司开发物业提供便利

2011年11月,根据市政府要求,对深圳北站综合交通枢纽东侧用地、莲花西站、后海站、横岗站车辆段、深湾站及前海综合交通枢纽6块用地进行开发,以保证2012年地铁集团能具备企业融资所必需的净资产规模条件。由市规土委负责、加快上述6个上盖空间开发项目用地的招拍挂工作,尽快确定规划条件,并将上述用地纳入2012年度土地出让计划,地铁集团全力配合相关工作。对于其他上盖空间用地,请规土委抓紧理清权属,确定规划条件,分别纳入2013—2015年土地出让计划,以满足三期地铁融资资源需求。

3. 优质国有资产的直接划入,充实地铁公司专业能力

根据深国资〔2009〕48号《关于深圳市市政设计研究院有限公司股权划转问题的批复》,深圳市国资局2009年将其间接持有的深圳市市政设计研究院有限公司(以下简称"市政设计院")划转至公司,提高了公司在设计管理、施工组织、质量安全及投资管控等方面的主导能力。深圳市政设计院划入以后,由于公司在地铁建设施工方面具有很强的技术优势,深圳市政府采取指定招拍挂、出让金先征后返的形式,将地铁沿线部分土地资源划拨公司进行开发建设。目前,公司地铁沿线开发项目主要包括车辆段上盖物业和站点上盖物业。城市轨道交通建设将促使沿线土地升值,从而公司能获得可观的房地产增值效益。

(二) 资金支持

2012年2月,深圳市发改委下发的《深圳市轨道交通7、9、11号线工程资本金政府出资承诺函》中明确承诺:"将这三条线的工程总投资额50%作为项目资本金,资金来源主要为政府公开出让轨道交通上盖及沿线土地的收入。"并再次强调市政府的立场,表示"全力支持地铁集团开展轨道交通上盖空间物业开发,并按照项目融资资金需求配置相应上盖空间资源,将所得收益用于融资资金还本付息和运营补贴等。"截至2013年6月末,公司获得政府拨款共计343.15亿元。从2016年至2018年,随着地铁建设规模的增大,深圳市政府继续加大支持力度。2016年政府投入三期、四期项目资本金共计261.44亿元,占当年筹资总额的75%。2017年,政府投入项目资本金337.883亿元,占当年筹资总额的35%。2018年,政府投入项目资本金135.22亿元,占当年筹资总额的63%。2019年政府投资资金为84.34亿元,虽然政府直接投资资金规模呈现下降趋势,但是政府财政依然发挥着重要作用(目前以地方政府专项债的形式)。2021年,配置地方政府专项债175.9亿元。

五、深圳地铁发展的经验借鉴

深圳地铁近年来在我国超大城市的轨道交通领域异军突起,不仅在较短时期内建设并运营了500多千米的地铁网络,并且突破了传统的市政公用行业的政策障碍,于2018年收购了万科集团28.69%的股权,成了万科这一中国房地产龙头企业的第一大股东。深圳地铁勇于采用融资创新工具,利用一切政策红利搞发展,大胆尝试PPP模式等经验和做法,十分值得借鉴。

一是充分应用"地铁＋物业"模式。深圳市政府给予了深圳地铁开展"地铁＋物业"的政策,把地铁建设的外部性充分内部化,让深圳地铁不但有充沛的现金收益,并且成了深圳市城市开发建设最重要的平台,切实保障深圳市城市建设向纵深开展。

二是围绕主业多种经营。以"地铁＋物业"为核心,深圳地铁开展多种经营,这些业务实际上都是从"地铁＋物业"衍生出来的,边际效应十分丰富,经济效益也非常可观。

三是采用多元融资模式。深圳地铁在探索融资模式的进程中,积极采用发公司债、资产证券化和PPP等各种融资方式。特别是采用股权融资的PPP模式,引入港铁公司,不仅获得了资金,更充分吸收了"地铁＋物业"模式的发展经验。

下篇　求变

作为我国超大城市的代表之一，以习近平同志为核心的党中央对上海这座城市的发展一直高度重视、寄予厚望。特别是习近平总书记在上海首次提出"人民城市人民建，人民城市为人民"重要理念。深刻回答了城市建设发展依靠谁、为了谁的根本问题，深刻回答了建设什么样的城市、怎样建设城市的重大命题，集中体现了党的初心使命、性质宗旨，具有重大的理论意义和实践意义。

如前所述，我国超大城市轨道交通发展起步晚、建设速度快、运营流量大、使命责任重，未来必须在满足人民城市发展的识变、应变和求变的循环往复中，不断转型、谋求突破。城市是人民衣食住行的核心空间，上海城市轨道交通的转型发展要基于习近平新时代中国特色社会主义思想，牢牢把握上海加快构建"中心辐射、两翼齐飞、新城发力、南北转型"空间新格局的发展机遇，立足"以民为本"和"提质增效"两个基本，锚定高质量转型方向，规划高质量转型的核心任务内容，进一步提供有灵魂、有温度、有色彩的综合服务，让人民的美好记忆萌生于轨道交通的空间里，让城轨出行变成人民最喜欢的生活方式，让城轨转型发展成为超大城市发展最重要的功能性保障和支撑，实现城轨让城市生活更美好的人民所愿。

第五章　超大城市轨道交通"三个转型"发展的内涵

为了支撑城市空间扩展、应对常住人口迅速增长,过去超大城市轨道交通发展采取的是以高速度建设、高速度投入运营为特点的粗放型发展模式。当前,这种模式显然已经不适应新发展理念指导下"交通强国"战略的根本价值取向。面向2035年,超大城市为实现社会主义现代化国际大都市的发展目标,城市轨道交通必须加快推进转型,实现高质量发展,才能有力支撑超大城市的卓越发展目标。城市轨道交通的高质量转型发展必须始终:聚焦运营服务品质,从建设运营的高速增长向高质量转型发展;聚焦价值链创新,从单一的交通运输功能向城市综合服务网络转型发展;聚焦财务可持续发展,从运营城轨向经营城轨转型发展(以下简称"三个转型")。其中,从单一的交通运输功能向城市综合服务网络转型是高质量发展的核心和关键,是城市轨道交通价值链和功能定位的重塑,是从"服务乘客出行"向"服务市民生活"的转变;建设运营高质量转型是城市轨道交通的基础交通位移功能提质增效的前提保证;运营向经营转型则是城市轨道交通网络财务可持续的应有之义,也是前面两个转型能够顺利实现的物质和经济基础。因此,"三个转型"是互为依托、互为联系、互为促进的有机整体,缺一不可,更不能简单割裂,片面理解。

一、超大城市轨道交通高质量转型发展的基本原则

坚持创新、协调、绿色、开放、共享的新发展理念,积极贯彻交通强国、质量强国和区域一体化发展的国家战略,服从超大城市发展大局,坚定"对标最高标准、最好水平"的卓越发展取向,加大改革力度、加快创新速度、转换发展动能,着力探索超大规模城市轨道交通网络的可持续发展模式,建设形成安全高效、智慧人文、品质品牌地铁,努力满足人民群众对美好生活的需求,在新时代轨道交通行业发展中更好地发挥引领作用,不断增强我国超大城市轨道交通的行业竞争力、影响力、辐射力。

(一)坚持安全发展理念,强化风险防范

根据公共服务类企业的性质定位,超大城市轨道交通运营主体需要进一步做强做大公共交通服务主业,牢固树立安全发展理念。新时代社会经济的高质量发展,要求每一个公共服务类企业提供更好的公共服务品质和运行效率,保障城市运营安全,围绕满足人民群众的高品质需求,谋求社会效益最大化。作为以公共交通服务为主业的城市轨道交通,首先要在安全可靠上实现高质量发展。坚持生命至上、安全第一,以风险隐患管控为核心,在建设、运营和维护等全业务链上把好安全关、质量关,牢固树立安全发展理念。

强化安全底线思维,提高安全价值的向心力,彰显"底线思

维"的渗透力。安全底线思维,是习近平总书记关于安全生产的一系列重要论述中,特别强调的重要指引方针。贯彻安全底线思维,是树立安全发展理念的核心内容,将保护人民生命安全放到首位,作为做好公共交通服务工作的最高职责。

强化风险意识,树立安全风险理念。树立安全风险理念,防范化解重大风险既是推广安全发展理念的有机组成,又是底线思维的集中体现,也是城市轨道交通安全运行风险治理的重要保障。树立安全风险要以预防为主,把可预知和不可预知的安全风险问题尽可能都纳入可控的风控预案设计中,不仅做好经验上可预知风险的管理措施,对于不可预知的事故隐患发现机制和解决方法也要做好预案。要将超大城市轨道交通建设、运营全体职工的风险意识和责任意识真正落到实处,实现服务安全化,使安全发展理念深入人心,贯彻落实到各项工作。

强化科技应用,建设安全高效地铁。深入推进科技保安全,突破应用一批设备故障监测诊断技术、安全生产信息化技术、工程建设等关键技术和应急处置对策,加速提升安全技术水平。秉持安全发展理念,通过科技保安全推进城市轨道交通跨越式发展,确保城市正常运行和稳定,最终实现社会效益最大化。

(二) 对标最高标准,提升国际化服务能级

超大城市轨道交通运营主体需要站在超大城市发展、行业进步的高度,坚持全方位对标全球城市轨道交通最好水平。随着超大城市功能的不断转型升级,城市开发的发展规划已经开始吸收集约型城市开发,以公共交通导向型和站城一体化开发等先进的

国际城市开发新理念。对标全球发达城市轨道交通建设运营的相关标准，是厘清超大城市轨道交通发展方向、贯彻国际城市开发新理念、提升国际化服务能级的有效途径。强化标准是高质量发展源头的思维，将标准提升作为高质量发展的重要抓手。将最新的发展理念、科技成果、工作方法、质量水平等研究融入规划设计、工程施工、工程验收、网络运营、设备维护、服务规范等相关标准，完善国际一流的高质量标准体系，提高标准的整体水平，促进高质量转型发展。

秉持以民为本、问题导向、综合发展的原则，不断提升网络建设、运营安全和服务水平。超大城市轨道交通发展必然进入超大规模网络运营阶段，针对目前超大城市轨道交通在站点布局、线路换乘、功能设计和开发品质等方面严重阻碍轨道交通网络层面提升高质量综合服务供给能力的相关问题，未来发展必须以解决市民出行的实际问题为导向，遵从宏观网络谋划、区域面上统筹、重要线上聚能、核心点上突破的原则，将满足市民日益增长的高质量生活需求作为超大城市轨道交通可持续发展的主线。

根据国家战略的需要，聚焦面向轨道上的都市圈的发展目标，不断提升网络建设辐射能力。基于实际运营问题，在连接城市人流移动的大通道线路上，全面优化线路重要站点运营安全和高质量便民服务水平，打通目前交通动脉淤塞的"城市经络"。对标国际化标准和发展经验，进一步强化枢纽站点的换乘功能，加快树立城市新地标，推动城市功能综合区站城一体化发展。牢固树立文化与城轨、生活与城轨、社会与城轨融合发展的新理念，依托城轨阵地，加快提升公共文化建设品质，在城市轨道交通自身建设规划、空间设计与项目策划中大力弘扬城市特色文化，聚合社会力量，丰富项目品类，提升文化品质，推进中外文化交流，把城市轨道交通公共空间打造成贴近百姓的艺术殿堂，打造可阅读、有温度、有情怀的智慧人文、品质品牌城市轨道，真正成为城市出行的骨干网络和全球行业发展的卓越引领者。

（三）深入推进改革，创新发展模式

超大城市轨道交通高质量发展必然需要深化改革，争创国际城市轨道交通发展的最高水平。坚决破除影响发展的落后理念、体制、机制和方法障碍。要在研判大势中寻找机遇，在超大城市更新中捕捉机遇，在"交通强国、固本强基"等各项政策中挖掘机遇。不断创新思维方式，创新工作方法，创新体制机制，通过不断创新，开创超大城市轨道交通高质量发展的新局面。

在深入推进改革的过程中，必须兼顾市场导向、市场化方向，坚持价值投资，急市场之所需，运营类工作部署必须依市场而变，投资类工作目标都要依效益而定，确立正确的经营理念和政策措施。通过不断地内调结构外拓市场，真正推动转型发展，提升企业核心竞争力。深入推进改革最主要的是解决活力问题，关键是体制机制的市场化。要创新发展模式，在坚持党的新发展理念指引下，实行决策层和执行层、监督层分离和有效制衡，实现国有资本监管与现代公司治理模式的有效衔接，完善现代企业制度并不断优化组织体系和管控模式，构建运营提质增效新模式，从而进一步推进市场发展激励机制、超大规模网络运营机制、建设投融资机制等重大改革，为转型发展提供体制机制空间。

(四) 转换发展动能，实现可持续发展

超大城市轨道交通高质量发展需要持续增强市场化造血功能、着力打造特色业务。力求与众不同，人无我有、人有我优、人优我特。特色业务要体现超大城市自身的资源禀赋和城市各区丰厚的文化底蕴。超大城市各区有各区实际，根据各区的城市功能定位、居住和产业布局，打造不同的城轨商业圈、城轨文化圈、城轨生活圈，不宜千篇一律，也不宜复制粘贴，要把各区的城轨综合圈做特做优，形成多彩多姿的功能性城市轨道交通网络格局。要着手培育一两个地标性地铁综合体，通过市场化、专业化、集约化等手段，逐步形成具有鲜明全球城市特色的标志性城市名片。加大扶植战略性新兴业务，聚焦价值链创新，延长产业链，以顾客资源为圆心，开发数字贸易新业务，不断拓展服务类型、服务边界以及市场发展潜在空间，创新资本运作可持续发展模式，从而延展顾客资源，扩大收入渠道，提升经济效益，实行超大城市轨道交通企业的可持续发展。

加大科技投入力度，实现高质量服务与可持续发展的无缝对接。未来超大城市将完善以新一代信息基础设施、信息资源开发利用、信息技术产业、网络安全保障为支撑的智慧城市体系框架，建成以泛在化、融合化、智敏化为特征的智慧城市，这就要求超大城市城市轨道必须实现智慧地铁的高质量发展。科学技术是第一生产力，满足超大城市市民日益高涨的高质量生活需求，不能仅仅依靠劳动力和资本等传统生产要素的大力投入，必须提升第一生产力的生产效率和服务水平。通过优化运营生产组织模

式，结合加大对建设工程技术高端化、运营调度云端化、经营管理数字化、维修保养智能化等方面的科技投入，努力从劳动和资本密集型发展模式转变到资本和技术密集型发展模式，在不断推进供给侧改革过程中，实现企业可持续发展。

二、超大城市轨道交通三个转型发展方向互为关联的内在逻辑

超大城市轨道交通三个高质量转型发展方向密切联系、相互促进、相互作用，是一个有机统一的整体，必须贯通起来理解、协同起来贯彻。建设运营高质量发展是"由建向管"发展的高级阶段，是未来超大城市轨道交通高质量发展的基本方向；综合服务的城市轨道交通网络是"由线向网"发展的必然趋势，体现了超大城市轨道交通发展的价值链创新，是城市轨道交通从"顺利出行"到"服务生活"的重心转变；经营城轨是运营城轨转型升级发展的必经时期，反映了超大城市轨道交通企业的经济属性，也是根本保障。总体上看，三个高质量转型发展方向是一个系统完整、逻辑严密、内涵丰富的战略思想。

第一，建设运营高质量发展是未来超大城市轨道交通发展的基本方向，契合新时代交通强国的国家战略导向和人民群众日益追求美好生活品质的需求导向。

以上海为例，城市轨道交通发展经历了前期二十多年轨道线网高速度建设阶段之后，目前已经进入探索超大规模地铁网络高效运营的新阶段。面对市域交通需求巨变和轨道交通规划调整不完善引发的市域快线不快、运能不高、中心城区外围市民早高峰

通勤出行拥挤、轨道交通出行分担率还有提升空间等问题，必须认识到，虽然通过二十多年建设运营的高速增长，上海轨道交通已经获得了举世瞩目的跨越式发展，解决了从无到有、"乘上地铁"的问题，但是离适应上海国际化大都市的发展仍有提升空间。

上海作为具有竞争力的社会主义现代化国际城市和长三角一体化的核心城市，未来集中的人流会越来越多。通常大客流场景，除了恶劣天气大客流，例如节假日大客流、大型活动大客流、演出赛事大客流以及早晚高峰大客流等大客流场景在上海已日趋常态化，对上海轨道交通的日常安全服务提出了更高的要求。譬如说，上海会展业的发展在全国首屈一指，各类大型活动（如进博会等）客运压力持续时间较长，规模较大，会对原有的城市轨道交通客运需求造成全面的影响，很大程度上加大了车站内的楼扶梯、安检、售检票、候车等服务环节的拥挤、拥堵现象，这不仅会降低上海城市轨道交通的出行体验，还可能会造成踩踏、窒息等安全隐患。也就是说，目前在提供便捷舒适服务上不足以论高质量。然而，这个问题并非依靠过去的建设运营方式能够解决，需要依托新理念、新技术和新模式，坚持不懈地将推进建设运营高质量发展转型作为未来上海城市轨道交通战略发展的基本方向。

第二，促进从单一化交通运输功能向综合型城市轨道交通服务网络转型发展是实现轨道交通高质量转型发展的核心内容，是将超大城市打造成"轨道上的卓越全球城市"的关键路径。城市轨道网络已不仅仅是地铁运输网络，而是集出行、生活、工作、娱乐于一体的综合服务网络。

同样以上海为例，在上海城市轨道交通快速发展的早期阶段，规划、设计和建设对轨道交通空间拓展的关注很少，然而随着上海城市建设的大发展，上海土地资源日益稀缺，对于上海轨道交通建设的社会需求已不仅仅是交通建设工程的功能性需求，而涉及上海城市更新和高质量发展建设的一系列综合性需求，因而对空间优化方面的要求越来越高。上海地铁建设加快了上海地下空间经济价值的创造速度，引发了大量人流、物流和相应商业服务设施的出现。充分利用上海地铁的超大网络规模，进一步提供城市轨道商业的综合服务网络，促进上海经济的繁荣与发展，已是现代化国际大都市商业发展的必然趋势。

日本东京、中国香港等城市发展经验表明，轨道交通场站和周边土地综合开发利用，以及与其他交通方式无缝连接可以促进土地资源的集约利用、城市功能结构和空间布局的优化升级，不仅可以缓解上海地面交通拥堵状况，还可以促进沿线区域经济发展，提升城市活力和品质。特别是，由于日本签证发放条件放宽、国际航线扩充及邮轮停靠数量增加，从 2013 年开始，赴日中国游客逐年增加，2017 年中国大陆访日游客比上年增加 15.4%，达 735.58 万人次，其中上海市民的赴日旅游人数不断增长。据上海边检部门的数据，2015 年国庆长假，日本成为中国人出境游首选目的地，前六日上海口岸赴日中国游客占中国人出境游总人数的 21.40%，人数比 2014 年同期激增 68.53%。通过使用东京地铁公司精心打造的车站商铺和沿线的旅游产品等生活性服务，这些访日中国游客一定会感受到东京地铁通过转型发展、成为人们生活的重要组成部分及其所带来的综合服务的便利性。可以说，实际体验日本地铁"舒适便捷"服务质量的上海出行者越来越多，对上海轨道交通服务向综合服务的地铁网络转型的需求也会愈来愈大。

第三，加快从运营城轨向经营城轨转型发展是实现向建设运营高质量发展转型的根本保障，是切实促进从单一的交通运输功能向综合服务的城市轨道交通网络转型发展的必备条件。

东京、香港等城市发展经验表明，城市轨道交通行业不仅能够通过主业以外的各类经营业务获得收入，而且涉及主业的客运服务的车票定价机制还能按照全成本定价原则，确保主业不存在亏损问题。这就保障了城市轨道交通运营主体能够安心做好主业，靠吸引客流量保证主业不亏损，辅业的收入又可用于城市轨道交通基础设施的更新投资。相比之下，上海、北京和广州等轨道交通的票价定价机制不灵活，导致主业票价收入不能弥补成本。应对轨道交通运营主体财务收支可持续能力下降，必须认识到仅仅依靠传统的运营地铁方式和功能定位，是无法走出超大规模网络运营的财务成本困境，从而也不可能持续地加大促进从单一的交通运输功能向综合服务地铁网络转型的财力资源投入，最终无法支撑向建设运营高质量发展转型的可持续发展。

三、超大城市轨道交通高质量转型发展的总体思路

超大城市高质量转型发展总体思路可以概括为"一二三四五"。

一个中心：习近平新时代中国特色社会主义思想。

两个基本点："以民为本""提质增效"。

三个转型方向：从建设运营的高速增长到高质量发展；从单一化交通运输功能到综合服务型地铁网络；从运营地铁到经营地铁。

——从建设运营的高速增长到高质量发展。要从满足超大城市市民出行的需求出发，更加注重从建设至运营的全过程、全链条高品质的出行服务提供，改变仅仅只是基本位移的满足。

——从单一化交通运输功能到城市综合服务网络。更好地发挥地铁作为城市公共交通骨干地位的作用，以智能化、精益化为主要手段，营造"地铁＋工作、消费、娱乐、生活"的地铁生态圈，把地铁空间打造成美丽的城市文明风景线。

——从运营城轨到经营城轨。要深度挖掘超大城市轨道交通的产业链，构建基于地铁的经济产业生态，形成业务结构合理、造血功能强劲、发展方式先进、财务状况良好的可持续发展格局。

四个自信：战略自信、质量自信、管理自信、文化自信。

战略自信：构建国际领先的轨道交通服务体系的战略自信。质量自信：提供世界一流的建设运营质量，品质卓越。管理自信：创造世界一流的标准化管理体系。文化自信：实现服务品牌、公共文化和企业文化完美融合。

五个引领：品质引领、经营引领、创新引领、智慧引领、品牌引领。

——品质引领。安全生产高保障，工程建设高品质，运营服务高品质，维护保障高能级。

——经营引领。实现"网络经营和资源经营"发展模式，适度开展资本经营，挖掘商业资源，创新商业模式，拓展发展空间，使企业经营成本得到有效控制。

——创新引领。形成集"研发、应用、转化、服务"等功能于一体的行业技术创新生态系统，建设"地铁＋"生态圈。

——智慧引领。初步建成"智慧地铁"应用框架，大数据应用形成重点突破，推进"互联网＋业务"集成应用，健全信息安全管理体系。

——品牌引领。加强品牌管理体系建设，聚焦特色品牌服务，丰富超大城市轨道交通品牌内涵，企业文化和公共文化融合发展。

四、上海推进城市轨道交通高质量转型发展的战略目标和核心任务

超大城市轨道交通高质量转型发展总体思路提出的三个转型方向，也是未来上海城市轨道交通高质量发展的基本方向、核心内容和经营方式的转型方向。在新时代国家战略、上海城市功能定位出现新要求、新变化的背景下，上海轨道交通需要将推进从建设运营高速发展向高质量发展转型作为未来发展的指引，必须从坚决贯彻新发展理念的意识高度，领悟指引的必要性，在推进轨道交通发展的过程中发挥指引的重要性和方向性。无论从国际发达城市的发展经验看，还是从目前上海轨道交通的实际问题看，单一的交通运输功能已经无法满足人民日益增长的高质量生活需求，也远远无法支撑未来上海城市发展对轨道交通功能多元

化的现实要求。在向高质量发展转型的指引下，促进从单一化交通运输功能到城市综合服务网络的华丽变身，提供更丰富、更多元、更融入生活的综合服务功能，是推动上海轨道交通高质量发展的唯一路径。

无论任何时候，打造令人民满意的城市轨道交通永远是上海轨道交通发展的唯一目标，也是新时代推进轨道交通高质量发展的根本目标。从目标角度看，实现向建设运营高质量转型发展目标是人民的呼声，党的要求，国企的任务；实现向综合服务转型发展目标是解决需求多元化、高端化问题和完成供给侧结构性改革的充分体现；实现向经营城轨转型发展目标是体现上海轨道交通企业进入全球城市轨道交通行业一流企业的核心标志；这三个转型发展目标既内含了三大方面的分目标，又包括了实现超大城市轨道交通高质量发展的核心任务。只有成功完成这三大方面的分目标和核心任务，才能实现打造令人民满意的超大城市轨道交通的时代任务。遵循三个转型方向，实现三个转型的发展目标，是一个需要改革创新、攻坚克难、持之以恒的过程，既不会一蹴而就，也不会遥不可及。为此，需要有计划、有步骤，且坚持不懈地向着阶段性目标努力奋斗。

（一）第一阶段转型发展圆满达标（2015—2020年）

以打造"国内领先、国际一流的安全地铁、人文地铁、绿色地铁、科技地铁、智慧地铁"为目标，正式提出了"三个转型、品质生活"为特征的远期战略思路，实践推进了"从建设运营的高速发展向高质量发展转型、从单一运输功能向综合服务功能转型、从运营地铁向经营地铁转型"，稳步构建了集出行、居住、工作、消费、娱乐的都市地铁生态圈，为城市提供了高质量出行服务和高品质生活服务。"十三五"期末，"国内领先、国际一流"的战略目标胜利实现，市民享受到了除基本交通出行服务以外超出期望、品质优秀的新体验、新服务、新生活。地铁不仅仅是一种交通工具而是一种生活新方式的理念更加具象、更可触摸、更能感知。

——安全生产稳定可控。通过了交通运输企业安全生产标准化一级认证，一般E类、D类事故逐年下降，全路网实现了33个运营百日安全阶段性目标，地铁工程建设未发生较大及以上质量安全事故，每百亿投资一般安全事故率同比下降58%。

——新线建设任务如期完成。顺利建成了17号线、9号线三期、5号线南延伸、浦江线、13号线（二、三期）、10号线二期、18号线一期、15号线等9个项目，新增线路长度155.3千米，建成线路增至19条、772千米（含磁浮线），较"十二五"期末的617千米增长25%，网络规模稳居世界第一。工程建设质量水平迭创新高，市优质结构工程奖获奖率达到30%。3项工程获得中国土木工程詹天佑奖。

——网络运营服务质量达到行业领先。实现地铁出行占全市公交出行比重由2015年的46.2%上升至2020年的66.9%，稳居国内第一；日均客运量达774.51万人次，居国际第一；日均进站量达437.66万人次，居国际第二。实施周末及节假日延时运营过零点，累计延时运送乘客470余万人次。建立了运营服务标准化体系，成为行业首家国家级运营服务标准化试点单位。成功举办全国首个地铁公共文化艺术节，并推出了手机扫码过闸、语音购票等智能化服务手段，实现了地铁二维码与长三角所有轨道交通城市及北京、青岛等 13 座城市的互联互通。

——经营效益显著增长。推动了资产资源经营发展新模式，实施全家等"百店"连锁计划与传媒广告整体拍卖模式，江湾地下空间太平洋森活天地、南京西路站"太古汇地铁廊"等实现开业。吴中路万象城、汉中路凯德星贸、徐泾停车场天空之城等上盖物业项目顺利建成，成为城市新地标。经营反哺力度逐年增强，五年累计反哺资金达 57.64 亿元，较"十二五"时期的 33 亿元大幅增加。

——信息化和科技应用转化能力大幅提升。行业内首发《上海智慧地铁建设与发展纲要》，初步建成以"云、网、数"为基础的数字地铁框架，实现集团 75% 系统上"地铁云"；试点推广车辆、通号、供电和工务等关键设施设备状态在线监测，建成 15、18 号线一期等全自动驾驶线路，规模居国内第一。累计开展科研项目 382 项，承担市级以上重大课题 27 项，主参编国家、地方、行业、团体标准共 40 项，企业标准《上海轨道交通全自动运行线路运营要求》入选第一批"上海标准"，荣获国家科技进步奖 1 项、教育部科技进步奖 1 项，上海市科技进步奖 25 项，获得知识产权授权 97 项。研发出问询机器人，开发推出"大都会"等应用平台，提升乘客地铁出行服务体验。

（二）第二阶段转型发展目标（2021—2025 年）

以"安全高效、智慧人文、绿色共享、绩效卓越"为目标，到2025年，基本建立与超大城市、超大规模网络及客流相匹配的运营管理体系，建设、运营财务收支平衡机制基本建立，企业自我造血功能得到增强，安全绩效、服务水平、经营规模、运营效率居于"国内领先、国际一流"水平。全面推进安全建设、安全运营服务的高质量发展，深化运营标准与精细化管理的更新，网络供给能力持续增强，服务和运维的智能化水平大幅提升，乘客满意度在交通行业保持前列。完成具有业内引领示范效应的核心绩效指标的构建，且核心绩效指标稳居"国内领先、国际一流"水平。

——安全生产保持稳定可控。安全第一理念牢固树立，安全责任明晰，设备质量可靠，运行高效有序，管理规范严格，安全保障能力明显提升。规划期内，网络运营不发生一般B类及以上安全责任事故。建设、消防安全整体受控。

——新线建设任务全面完成。形成19条运营线路、772千米以上运营长度的"布局合理、结构优化"的城市轨道交通运营网络。工程质量合格率100%，工程质量优秀率20%以上。

——网络运营服务质量保持行业领先。服务设施功能更加优化完善，服务手段更加丰富多样，运营服务质量行业领先，综合绩效位居全球同行前列。

——经营效益持续增长。实行"网络经营和资源经营"发展模式，适度开展资本经营，挖掘商业资源，创新商业模式，拓展发展空间，规划期末票务收入达110亿元，非票务收入实现翻一番达60亿元，努力实现运营收支平衡。

——科技信息融合应用。依托国家级企业技术中心，建成行业技术创新平台，建立"产学研用转"技术创新体系，行业地位进一步增强。制定实施"互联网＋"行动计划，初步建成智慧地铁基本框架。

——人才队伍素质明显提高。着力建设素质优秀、结构合理的人才队伍，实现从"数量增长"到"质量提升"的转型，满足城市轨道交通发展需求。

——企业管理科学规范。全面推进卓越绩效模式，深化内部改革，创新体制机制，深化人性化服务、精细化管理、标准化建设，形成架构科学、权责清晰、运行高效、充满活力的企业运行体制。

——发展成果实现共享。推进企业文化和公共文化融合发展，使地铁文化成为城市文化的亮丽名片。企业员工收入与国民经济、企业效益、生产效率同步增长，生产生活条件不断改善，员工发展成果的获得感、对企业的满意度明显提高。

到 2025 年，新建线路基本建成精品工程，全面形成以地铁站（场）为核心的超大规模网络运营管理模式，人们的出行、居住、工作、消费和娱乐都将以城市地铁为中心辐射；上海地铁"安全高效、智慧人文、品质品牌"的城市名片形象获得多方充分认可；智慧地铁 2.0 版的建设取得实质性进展。市场经营和竞争类业务的反哺能力大幅跃升，"走出去"国际化迈出坚实步伐，轨道交通投融资新模式、财务可持续发展收支平衡机制全面形成，非票务收入在经营收入中的占比稳步提高，与票务收入形成合理比例关系，企业综合实力显著增强，行业引领地位巩固提升。上海地铁的文化功能不断增强；上海地铁品牌体系建设全面完成，品牌效应进一步扩大。

——基本实现现金流平衡。经营总收入 200 亿元以上，运营日常现金流实现平衡。单一向综合转型模式基本成熟，吴中路、金桥等上盖项目成为全国轨道交通发展样板。品牌价值 60 亿元以上。全国运营 10 条以上轨道交通线路。

——运营服务质量持续领先。乘客满意度≥营服分，客运分担率 65%。

——建设任务顺利完成。建成运营线路长度 900 千米以上，工程质量合格率 100%，工程质量优秀率 30% 以上。新线全部通过 LEED 认证。

（三）第三阶段转型发展目标（2026—2035 年）

到 2035 年，科技创新能力不断增强，科研成果转化率取得突破，智慧地铁的行业地位引领全国。地铁管理社会共治能力不断提高，形成以地铁出行、地铁商服、地铁生活为核心生态的城市运行环境。全面建成以智慧为特征的超大规模网络运营模式，充分满足群众的获得感、幸福感、安全感，形成国内、国际两个市场联动的经营发展模式，基本建成卓越的全球城市轨道交通企业，成为世界城市轨道交通行业发展的引领者。

——经营效益平衡运营成本。经营总收入 1000 亿元以上，净利润为正，品牌价值 70 亿元，全国管理输出 3 个以上综合体。全球运营 10 条以上轨道交通线路。

——运营服务质量全球领先。乘客满意度≥营服分，客运分担率 70%，列车运行可靠度（5 分钟及以上延误）≥1000 万车千米/件，对标核心指标全部进入全球前三。

——建设任务全部完成。建成运营线路长度 1000 千米以上，中心城区轨道交通站点 300 米覆盖率 100%。新线全部通过 LEED 认证。工程质量合格率 100%，工程质量优秀率 50% 以上。

第六章　高速向高质量转型发展

作为我国超大城市之一的上海,其城市轨道交通发展经历了前期二十多年轨道线网高速度建设阶段之后,目前已经进入探索超大规模地铁网络高效运营的新阶段,在全世界率先进入了没有现成经验教训的"无人区"。尤其是高起点定位、高标准要求、高质量目标,更使得转型具有极大的挑战性。作为城市公共交通的核心力量,超大城市的轨道交通发展必须将保证城市正常运行、保障城市市民出行、提升出行品质放在首要位置。因此,高质量转型必须更加注重安全可靠、更加注重便捷舒适、更加注重智慧高效。

第一节　力促安全建设、安全运营服务的高质量发展

在全球知名国际化大都市中,城市轨道交通系统是城市大运量的核心交通系统,通过大规模网络承载着城市人流在封闭空间内的移动功能,一旦发生突发安全性事件,无论事件大小都会导致不安情绪和经济损失的网络化扩散。因此,常态和应急条件下

的安全管理不仅涉及乘客的安全心理，同时还事关城市治安、社会稳定等多方面社会公共管理领域，有效防范和管控突发事件的社会波及效应，为乘客提供高质量的安全运营服务，是城轨运营主体提升高质量服务的重中之重。

随着上海城市轨道交通网络化建设和运营管理的日益深化，所面临的建设、运营事故和突发事件已经具有影响范围广、扩散速度快、综合性强、回旋空间小等特征。网络化运营呈现出"系统规模大、结构复杂性高、运营环境复杂、系统关联度高、运营负荷强度大"的特点，将直接影响到网络的安全运营。以"树立理念、事前管理、科技赋能"为前提原则，构建运营安全监控体系，全面监控设施设备状态，有效提升网络运营安全水平，确保上海城市轨道交通网络处于正常运行状态。

一、树立"底线思维"安全理念

安全是城市轨道交通运营企业的核心价值，企业树立"底线思维"安全理念、强化安全文化建设是城市轨道交通实现安全的着力点。将城市轨道交通运营企业作为一个联动的综合体来看，各级员工在安全理念的认知、渗透、执行上都在一定程度上存在差异。这些差异往往会导致安全理念执行力不够、向心力不足、渗透力不强。

什么是安全理念的"底线思维"？习近平主席曾清楚指出，"生命安全至上、人民利益至上是安全生产和服务理念的核心原则，各级党委和政府特别是领导干部要牢固树立安全生产的观念，正确处理安全和发展的关系，坚持发展决不能以牺牲安全为代价这条红线。经济社会发展的每一个项目、每一个环节都要以安全为前提,不能有丝毫疏漏。"习近平总书记还就安全生产发表过一系列重要论述,特别强调"红线意识"和"底线思维",发展绝不能以牺牲人的生命为代价,这是一条不可逾越的底线,实质上就是站在人民群众的角度想问题,让人民群众安心放心,体现了人民利益至上的价值取向。

强化安全理念,严格"三强化、三严禁"安全规范。推动安全文化落地落实,加强安全理念宣传贯彻机制建设,将"强化安全意识自律、强化行为自律、强化安全执行自律;严禁危及安全生产的声音作业行为、严禁涉及安全生产的弄虚作假行为、严禁存在安全风险隐患而不作为"的安全自律规范,在员工入职和岗前培训时作为必备课程进行安全教育,入职后强化安全事故和实践做法的学习,不断提高全员安全意识、安全知识,推动真正让安全生产成为全体干部职工的自觉意识和自觉行动。

通过经常性的安全宣传活动、事故案例警示教育、不同形式和不同层次、不同对象的安全宣讲等多种方法,不断增强员工的安全文化理念,形成员工共同的安全价值观,加强安全理念的执行力,提高安全价值的向心力,彰显"底线思维"的渗透力。在集团内部营造齐心保安全、人人保安全的氛围,在全体职工中大力弘扬"安全在我,安全为我;违章危及生命,细节决定安全"的安全价值观,树立固化"底线思维"的安全服务理念。

二、优化安全风险防控机制

安全风险隐匿无形,却处处相随。树立安全风险理念既是推广安全理念的有机组成，也是城市轨道交通安全运行风险治理的重要保障。坚持做到以全面落实"全员参与，以防为主、防抗救相结合"的原则，全面推进安全风险分级管控和隐患排查治理双重预防机制建设，严防风险演变、隐患升级导致事故发生。

构建安全风险智能认知体系。一是加快推进集团内部违章和事故数据库的标准化建设。安全风险通常隐藏于微末之间，不易惹人注意。在超大规模轨道交通网络运营阶段，各站点、工作单元或班组发生的违章和事故类型和情况必定是形形色色，但也必然潜伏着安全风险。因此，通过构建标准化的内部违章和事故数据库，有利于集团进一步利用信息化手段，探查藏匿于超大规模轨道交通网络中的各类安全风险。二是加快建立安全风险专业分析小组，抓住目前大数据信息化手段高速进步的有利时机，以每年年初的既定安全目标为抓手，将安全理念建设落实到完善体系、预控风险、辨识危险源、评估高风险、建设安全文化等阶段性目标中去，逐级分解，层层落实，稳步推进。三是力求安全运营服务保障机制建设先行。及时完善和修订安全运营服务标准，以加强信息化建设促进安全风险智能认知体系优化，从而加快安全风险管控手段多样化、深化以施工总承包单位"险长"为核心，建设、监理、勘察、设计、监测等参建各方协同防范的建设安全责任体系。以客流组织、设施设备、行车组织、公共安全为重点，推进运营致命风险管控，建立清单，动态监管，加强安全生产检查评估机制高效性，全面提升安全风险精细化管理水平。

三、强化防灾应急体制机制

防灾应急已成为城市轨道交通安全运营的日常服务内容。目前，《城市轨道交通工程设计规范》对于地震、风、雷击、暴雨、大风等自然灾害在设计规范中规定了相关建筑结构与系统设备的设防等级。根据上海市自然灾害的发生规律，应按照"提升预警装备能力、完善应急设备配置、强化社会联动机制"的目标原则，采取相应的对策措施，有效应对各种自然灾害。一是提升灾害预警防御能力。对于影响安全运营且能以通过气象预报进行精确预警的自然灾害，进一步提升预警防御能力，包括在高架和地面路线适时安装风速仪等设备，提升沿线大风预警的准确性；对于防雷击设备，选择更为可靠、先进的技术等。二是完善防水设备设施配置。一方面对车站与区间必备的防水栅栏、排水泵等应急设备的配置数量、配置位置等内容从规划设计阶段不断完善、优化，适应实际应用需求；另一方面，针对极端天气，可采用自主购置与社会共享相结合的方式配置抽水车、清雪机等大型专用设备，提高防水处置效率。三是强化社会联动机制。与气象局和地质局建立联动机制，强化防灾预警信息传输互联网系统，及时获取准确的台风、暴雨、高温、大雾、大风、冰冻、寒潮等天气预报信息，实现及时预警。加强对超大轨道交通网络地震敏感点的监测装置布设，纳入城市地震检测网，并建立信息化的地震预警互联网系统，利用信息传递速度快于地震 P 波传导速度的优势，提前进行区域地震预警，降低地震造成的危害。

针对突发大客流的应急安全风险，应按照"均衡客流分配，提高预判能力、完善运营组织、保证公交配套"的目标原则，强化相应的应急体制机制。一是均衡客流分配。发生突发大客流事件时，通过及时的信息发布提示乘客通过换乘节点利用其他通畅的路径到达目的地，减轻对事发线路或车站的客流压力。二是提升预判能力。根据历史客流大数据进行深度挖掘，建立突发大客流的预测模型，准确预判突发大客流对其他线路或车站的影响，预制相关线路或车站及时调整行车方案、活用限流和导流措施，降低突发大客流产生的不利影响。三是完善运营组织。根据车站的具体情况，纳入"一站一预案"的管理要求。加大导流功能，对于网络客流，主要通过广播以及其他信息发布系统，引导客流合理、均衡分布；对于事发车站客流，加强智能化信息导向系统建设，加强站内交通灯建设，依托清晰的导向信号，引导客流安全、有序地疏散到站外，确保乘客人身安全。四是保证公交配套。在规划层面，充分考虑城市轨道交通发生突发事件时的公交替代需要，避免由于城市轨道交通线路的分流作用而进行过度的公交线路退线或改线，确保城市轨道交通部门与市公交部门建立畅通的联动机制。

四、更新智能安全设备系统

深入推进科技保安全，突破应用一批设备故障监测诊断技术、安全生产信息化技术、工程建设等关键技术和应急处置对策，加速提升安全技术水平。

按照"强化火灾报警能力、提升火灾处理能力"的目标原则，更新智能火灾防控安全系统。一是升级火灾报警系统。在列车和超大网络空间内提升自动火灾报警系统的可靠性,加大温感、烟感等自动触发火灾报警设备的更新。同时,加大在列车和超大网络空间内设置火灾报警按钮的密度,有效提升火灾的报警预警效率。二是完善智能应急配套系统。在新线建设和老线改造中,进一步加强区间逃生疏散平台和导引系统的设置,提供足够的空间和设备供区间乘客在火灾情况下能够按照准确的方向和预案进行疏散逃生;根据车站和列车区间火灾的不同工况,明确区间与车站事故风机的通风方向,并加强日常维护与演练应用;加快列车应急动力系统建设,保证在失电情况下,列车能行驶至车站,为灭火处理创造较好的处理条件。

优化网络运营安全监控体系。网络运营安全监控体系主要采取"采集—分析—传递—触发对策"的运行机制,以现代化的运营安全监控监测技术装备为基础,以在线联网监控和数据综合利用为主要功能,依托对采集数据的分析,利用信息流的方式,建设网络运营安全监控信息网络,搭建安全监测数据传输平台,将数据与信息传递至相应的管理主体,触发管理主体采取专业化对策和措施,实现多线、多系统、多工况的各类安全监测信息的自动采集、传输与集成,以及监测数据的集中管理和资源共享,并与调度指挥、运营管理、维护保障、应急抢险等系统进行有机融合,构成完整的网络运营安全保障体系。

五、加强网络化建设安全管理

随着地铁线网建设工程进入网络化发展阶段,上海车站深基坑开挖深度和盾构隧道施工深度越来越深,建设风险全面进入高峰，受制于周边环境及施工工艺的制约，轨道交通建设在中心城区面临着"螺蛳壳里做道场、瓷器店里耍武行"的困境。车站深基坑施工、盾构推进、盾构始发与接收、旁通道施工等环节都会导致生承压水突涌发生，一旦发生承压水突涌，救援及后续补救措施难以开展，不但影响工程安全与环境安全，而且往往会带来致命性的经济损失及社会影响。

构建内外联动的安全防控机制。建设安全涉及内部技术中心、设计院等单位和外部施工、监理、城市治理等多家单位。建立由公司高层牵头、内外相关单位组成的安全防控组织，定期和不定期从技术、管理等方面研究地铁建设设计、施工、工艺工法、技术、应急突发情况等各方面的安全风险问题，尤其要与建设施工单位强化日常的沟通协调，形成安全管控的共同体，并建立安全措施，落实督办制度，强化安全考核机制，切实保证建设安全有序可控，突发事件应对有效。

加强现代化安全监督科学技术，抓好源头治理，落实风险防控事前控制。狠抓前道工序质量。前道工序的质量问题就是后道工序的风险问题，围绕"基坑围护质量、盾构进出洞加固质量、盾构穿越重大风险和复杂环境的技术措施、旁通道冻结帷幕质量、重大管线保护方案和大型设备安全管理"等方面进行重点监管，严抓现场管理制度和技术方案的落实。强化远程监控功能。探索风险智能监控。继续深化集团风险管控六项制度，优化监测数据、全球眼监控、冰冻温控传输、盾构管控平台在风险管理智能化上的作用，打造全时段、全覆盖、常态化的风险动态管理体系。进一步研究旁通道、基坑开挖、盾构推进等工作面的监管措施，考虑增设照明、视频监控、自动报警等装备，提升风险预警预报能力。研究监理行为管理的信息化、全球眼自动识别、智慧工地建设等研究，通过技术手段，解决渗漏水等高风险隐患的自动识别与发现机制。

增配施工现场应急装备，优化紧急抢险力量布局，提升重大险情应急处置能力。明确现场险情自救阶段应急物资配置，细化提升应急物资配备标准。例如，盾构及旁通道风险节点施工前，通信条件需完备。每个土建标段配置适量的聚氨酯、注浆泵和米字撑等应急物资。全网络统筹，增配大功率注浆设备、大功率水泵、阿特拉斯钻机、隧道内水平快速运输、隧道开孔设备、应急通信和视频传输等专用应急装备，以满足中心城区对应急处置需求。优化应急救援布局，提升快速应急响应速度。研究落实关键应急抢险装备、材料和关键抢险人员动态配置，要求应急队伍根据工程施工风险状况跟随配置和值守，并加强巡视，确保出现险情能及时处置。

第二节　建设运营标准与精细化管理高质量发展

标准是衡量质量高低、水平优劣的基本尺度。强化标准是高质量发展源头的思维，将标准提升作为高质量发展的重要抓手。将最新的发展理念、科技成果、工作方法、质量水平等研究融入规划设计、工程施工、工程验收、网络运营、设备维护、服务规范等相关标准，提高标准的整体水平，促进高质量发展。持续推进"三化（人性化、标准化、精细化）建设"，以超大网络实际运营问题为导向，全面提高员工服务规范性和主动性，始终坚持"以人为本"的安全服务理念，通过不断满足安全、舒适、准时等多元化的高质量服务需求；夯实管理基础，延伸管理深度，挖掘管理潜能，实现管理标准化，以推进精细化管理高质量发展为抓手，最大限度提高工作效力、控制资源消耗、降低运营成本，从而获得更强竞争力、更高效率、更大效益；充分把握安全、绿色、智慧发展趋势，依托既有轨道交通基础设施和运载工具，不断提高建设标准、运营标准、经营维护管理标准、信息安全标准，加快建立标准体系建设。

一、树立"三个转型"的新标准理念

上海城市轨道交通"三个转型"发展战略，是与上海构建卓越全球城市的远期目标一脉相承的，也是和提升上海城市发展能级与核心竞争力协调一致。要推动超大城市超大规模地铁网络的高质量发展，必须有系统完备、先进适用、科学合理的标准给予有力支撑。因此，标准制定必须紧紧围绕"三个转型"发展战略，将引领上海轨道交通从建设运营的高速增长向高质量发展转型、从单一的交通运输功能向综合服务的城市地铁网络转型、从运营地铁向经营地铁转型作为标准制定的新理念，按照高定位、高水平、高质量的高要求，全面构建符合上海轨道交通"三个转型"发展的新标准。

标准化建设的高质量，要将工作重心放在提升"体系性"和"标准质量"上来。必须对现有标准的体系性进行全面审视，补齐空缺，拉长短板，增强体系的完整性和系统性。将超大规模地铁网的成功实践通过标准的形式进行固化、转化，并推动形成团体标准、行业标准，从而形成全国同行可以借鉴的经验。同时，要加快制定提升运营服务标准、设施设备运用和维护标准、数字技术融合应用等关键领域的标准，将之提高至与"三个转型"相匹配的程度。在目前体现建设和运营方面成效的原标准上，加强构建能够体现高质量发展的建设、运营和经营一体化的标准体系。紧紧围绕"人性化服务、精细化管理、标准化建设"的工作方针，坚持面向安全运营、面向优质服务、面向新线建设、面向创新管理，形成"集团主导、组织推动、全员参与"的标准化工作新格局；建立"突出安全、全面覆盖、科学合理"的运营服务标准体系；健全"问题导向、持续改进、追求卓越"的标准化新机制。未来应进一步注重服务和经营标准与技术标准相结合，以全球城市的高质量公共服务企业功能定位为前提，聚焦新线建设、运营服务、经营发展、技术创新等重点领域，加快组织标准新编，完善标准分级管理和标准复审机制，落实现有标准体系内与安全、服务和经营关联度较大的标准、同类型交叉重复的标准、碎片化不成体系的标准以及作业指导书进行整合精简工作，以三个转型发展为目标，形成符合高质量超大网络运行的建设、运营和经营一体化的标准体系。

二、探索超大网络地下空间建设设计新标准

地下空间利用是城市拓展和技术水平发达的重要标志，目前地下空间管理遵循地上行业管理的基本原则进行。我国城市地下

空间的管理并没有专门法，相关条款散见于一些法律法规、部门规章、政策文件之中，如《城乡规划法》《消防法》《土地管理法》《城市房地产管理法》《人民防空法》《土地登记办法》等，部门规章仅有建设部（现住房和城乡建设部）发布的《城市地下空间开发利用管理规定》。

在具体管理部门的划分界定上，又因依据不同，有多种方式——产权部门和无产权部门（根据产权属性分）；硬件管理和活动管理（以管理内容分）；规划、建设和运营管理三阶段（按管理过程分）。

上海地下工程适用的标准有国家标准、行业标准、地方标准和中国标准化协会标准，地下工程这一行业分类大多是在人防工程、建筑工程、城镇建设工程、电力工程、交通工程、铁路工程等行业标准中有所涉及，彼此之间相互交错。这是由于行业标准的制定受行政管理的影响，往往自成体系，对同一技术问题的规定由于各行业技术角度、经验积累的不同而存在一些差异。值得注意的是，上海关于地下工程的专用标准较多，如基坑工程技术规范、盾构法隧道施工与验收规范、旁通道冻结法技术规程等，现状主要是根据工程建设的需要出发，标准制定没有建立科学合理的体系。

从现实情况看，上海地下空间的开发正由单一用途向多用途、由少量向巨量、由城市建设的配角向重要的组成部分转变，其开发和管理水平决定了上海的安全程度，科学管理、效率运行。根据《上海市工程建设标准体系表》，上海地下工程的相关规范集中在人防和地铁隧道领域，但是目前上海进入了地下空间开发高潮阶段，除了地铁隧道以外，逐步进入轨道交通超大网络的地下商场、地下交通枢纽等投入建设和营运，对于这部分民用地下建筑的设计缺少相关规范，这与目前地下工程建设的现状极不协调。目前，在地下空间开发利用方面，各部门和利益相关者的目标存在巨大差异，有些甚至相互矛盾。这主要是因为各部门各自为政，缺乏有效沟通，尚没有一个主管部门或协调机构有能力解决这一系列矛盾，相关部门可以探索如何发挥协调主体和建立协商机制、完善地下空间规划建设管理的决策议事制度、就地下空间管理的集中问题有针对性地提出具有可操作性的解决方案，在管理体制机制上作出创新性实践，从而在构建超大网络地下空间建设设计新标准过程中获得相应的话语权。

三、推进高质量运维服务的新标准

城市轨道交通行业属于服务性行业，标准体系理应遵循国家服务业组织标准体系的要求，并充分体现出上海轨道交通超大网络化运营管理的特点。GB/T 24421《服务业组织标准化工作指南》中规定了服务业组织标准体系的总体结构与要求。超大网络化运营管理体系主要由通用基础标准、运营服务标准和运营保障标准三类标准组成。上海城市轨道交通服务对象包括乘客、社会和公众，其中主要服务对象是乘客，兼顾社会与公众。服务乘客主要涵盖在乘客进站—售检票—候车—乘车—验票—出站的全过程中，服务工作量较大；而服务社会和公众这是从便利性角度出发，在车站范围内提供银行、信息查询等具有社会服务功能的商业设施等。

在提高运营服务标准方面，一是进一步完善和提升客运服务规范和便民服务规范两类标准。对《上海市轨道交通运营服务规范》《上海市轨道交通乘客守则》《上海市轨道交通运营服务信息管理办法》《上海城市轨道交通车站公告栏规范及管理办法》等一系列客运服务规范和对《便民信息分发管理办法》《英文翻译管理办法》《智能查询系统管理办法》《车站商业网点管理规定》等规定，以推进三个转型为目的进行优化修订。二是优化客运组织管理标准、票务组织管理标准、行车组织管理标准、客运设施设备标准和运营人员标准。以《客运组织规程》为基础，对能够体现高质量服务的重要规定进行细化，形成相关具体标准，包括优化车站运营设备相关标准、广播管理标准、客伤处置标准等。加快提高车站专用通道管理标准、自动扶梯使用管理标准、无障碍电梯使用管理标准、车站服务设施设置标准、客运服务人员通用服务工作规范及岗位工作标准、"窗口"员工佩戴服务标志和着装标准、运营岗位工作标准等标准的高质量水平。三是强化运营评价和控制标准、乘客不满意的处置标准和预防性措施的要求标准。聚焦客运服务质量标准、服务评定管理规定、服务监督管理规定等运营评价和控制标准的高质量化提升，完善乘客满意度测评管理规定和服务质量投诉管理规定，切实发挥标准为推动三个转型的核心监管作用。

在提高运营保障标准方面，一是加快增补安全与应急标准中的相关内容。对于突发事故（件）报告/发布/处置标准、应急预案管理标准、各专业根据自身特点编制的本专业应急预案等，进一步增补有助于应急能力建设的高标准内容。根据新安全理念的要求，进一步补充车站日常巡检标准、治安保卫管理标准、消防安全管理标准、动用明火作业管理标准、登高作业管理标准和动车调试安全管理标准等相关安全管理类标准中能够反映安全运营服务高质量发展的内容。二是确保设施设备的运用与维护保养规范高质量发展，提升相关设施与设备标准。对于通用、车辆、通号、供电、工务、车站机电、物资后勤和维修器具等专业设施设备的技术管理标准，运行操作、维修和验收的规程，进一步增补有助于网络化动态管理建设的高标准内容。为了保障网络化设备安全运行，保持良好的网络化综合服务工作效率，根据新安全理念和高质量发展的要求，进一步补充操作人员正确运行操作智能化设备和软件系统的有关规定和程序，细化运用操作人员需要掌握运用操作智能化设备和软件系统技能的技术性规范。增补车辆"状态修"，主要设备网络化检修内容、检修计划、备品配件采购、检修组织工作和检修周期等维修规程标准。

四、完善全业务流程精细化管理的新体系

面向未来全业务高质量发展、综合性服务和经营效能提升的三大转型，需要集团将精细化管理的理念、手段、要求落实到轨道交通建设运营管理的各项工作中，以绣花般的耐心、细心、巧心，积极推动粗放、碎片管理向精细、科学管理转变。要以创新全业务财务信息化网络建设为抓手，在目前使用的用友财务专业软件的基础上，加强会计集中核算网络管理、全面预算信息网络管理、成本费用实时网络管理、资金筹集运营网络管理、风险监督网络控制中心、资产动态监控网络管理、投资分析与决策网络

管理等财务基础支撑功能嵌入集团建设、运营和经营一体化网络管理系统的兼容性，最大限度提高工作效力、控制资源消耗、降低运营成本，从而获得更强竞争力、更高效率和更大效益。

加紧完善网络管理信息化架构建设与实际业务功能和组织管理体系的协调性。随着轨道交通网络物理规模体量的增长，管理对象同步增多、业务内容逐渐复杂化，同时不同业务模块之间的协同运作要求更高，促使运营管理呈现出"顶层管理重要性凸显、协调联动难度大"的发展趋势。对于未来面向三个转型的业务功能的网络管理信息化架构建设，可以理解为基于网络化信息新技术，对于传统三大功能板块中各业务管理信息化集成度的提升，可以概括为网络建设管理板块、网络运维管理板块、网络资源应用板块的一体化运营。同时，网络管理信息化架构建设应充分考虑现行的组织管理体系作为未来网络管理业务运作的管理主体，根据不同的业务类型、构建运作实施的模式、清晰与线路管理业务运作管理主体的工作界面和互联机制，真正发挥网络管理信息化建设对集团全业务流程精细化管理的核心指挥作用。

加快推进全业务领域的网络化管理模式的细化落实。从管理模式角度看，轨道交通行业的线路式发展与网络化发展的管理模式的根本区别在于，是否形成了足够规模体量的网络级管理业务，以及是否发挥了网络级管理功能。针对各类业务的网络化管理，在管理模式上，主要存在着两级管理和三级管理两种模式。例如，对于客运服务业务领域，两级管理模式为"网络—车站"，三级管理模式为"网络—线路—车站"；对于运行保障业务领域，两级管理模式为"网络—现场"，三级管理模式为"网络—系统—现场"；对于建设管理与资源应用业务领域，两级管理模式为"网络—现场"，三级管理模式为"网络—项目—现场"。两种网络化管理模式互有长短，应根据业务类别细分落实。可以针对供应商甄选业务，运营安全保障业务、设施设备维护业务、列车运行业务、客运服务业务等核心业务，加快细化设施设备源头网络化管理、动态跟踪网络化管理、网络化精准维护，配置列车运行间隔和运能计划网络化管理的模式；从而推动全业务流程精细化管理的有效实施、全面提升综合性服务的高质量水平和全业务经营的经济效应。

探索依托全业务矩阵管理网络化新路径，优化网络化线上线下管理协同运行机制，应对三大转型所需的综合性协同作战能力。在明确网络管理信息化架构和全业务领域的网络化管理模式的基础上，还需要建立与之相匹配的内在运行机制，即网络化协同运行机制，以确保线上管理架构能够高效稳定运转，支撑整个网络系统的有效运作。网络级管理工程项目的构建涉及整个网络系统的运转和管理运作，不专属服务于某条线路、某座车站或某个专业系统；从资产归属来看，属于整个网络共有，不宜纳入某条线路的资产范畴；同时，网络级管理工程项目推进通常需要各个职能部门通过功能协作，对集团全业务逐一实行信息化的功能集成，从而提高集团整体网络化管理的运营效率。因此，可以大力探索依托全业务矩阵管理网络化新路径。大型项目系统工程管理通常使用具有先进性特性的矩阵管理模式，将宏观控制与微观管理有机联合起来。全业务矩阵管理网络化，是主要作用于跨职能部门的横向与纵向管理，使内部信息有效流通，优化各项业务的信息化和网络化发展。目前要考虑的是，集团如何利用好矩阵管理网络化，从而最大限度地发挥人、财、物的效率。

第三节 技术创新与智慧地铁高质量发展

科学技术是第一生产力，创新是引领发展的第一动力。随着全球新一轮科技革命浪潮来临，从世界发展格局到人类生产生活方式都被深刻影响和改变着。特别是城市发展获得技术创新不断赋能，城市生活的信息化水平大幅提升。上海将逐步建成以泛在化、融合化、智敏化为特征的智慧城市，其中智慧地铁的高质量发展是事关上海智慧城市建设成败的核心领域。

一、加快高端建设工程技术新突破

城市轨道交通多为地下工程，且伴随着上海城市建设的高速发展，留给上海城轨交通的修建空间正不断压缩，大深度、急曲线、复杂立交、多重交叉等困难情况不断涌现，这对城市轨道交通的施工工法、施工装备、施工状态监测与控制等提出了巨大挑战。目前，上海城市轨道交通从以建设为主向"建养"并重转化，地质条件的复杂性以及土壤情况等因素都会导致上海轨道交通系统的安全隐患，其中包括建设板块的工程事故和运营板块的运营事故。例如，在城市轨道交通建设施工中遇到过塌陷、渗水、爆炸、火灾等事故，这些事故的发生，说明上海城市轨道交通发展还需要在高端建设工程技术领域不断追求新突破。

一是进一步提升在复杂地质环境下地铁深基坑建设工程安全

控制技术。基坑事故往往是各类事故中发生频率最高的一类。这主要是因为地铁基坑施工过程中,受到复杂的地质条件、密集的地下管线,以及地铁周边建筑物情况不明等原因的影响,基坑工程的不确定性和不稳定性增加。其中最易发生的三类事故是渗流破坏、坑内滑坡和机械伤人,又以渗流破坏为首要。因此,需要不断加强施工中的排水处理能力,健全支撑施工方案及安全控制机制,注重周边地表的沉降和墙体深层水平变形监测,提高信息化控制方式的利用效率,深入思考施工安全控制模拟机制,运用适用性良好的控制措施应对,杜绝地铁深基坑施工作业中的安全隐患。

二是提高地铁盾构施工水平,进一步完善大截面盾构隧道施工技术。上海城市建设密度较高,城市轨道交通的施工环境越来越苛刻,建设过程中不可避免地出现近接既有铁路、下穿站场、毗邻古建筑等情况,近接施工面临着复杂的工程挑战。例如,如何在抵御既有结构影响(如铁路行车荷载、货车动力作用等)的前提下,减小对既有结构本身的干扰,防止既有结构发生倾斜、变形、破损等。相对于明挖方案或传统的上下行分离式单洞单线小隧道盾构施工方案,大直径盾构方案具有造价低、风险低、工期短的优势。上海老城区道路狭窄,道路下管线密集,旧建浅基普遍。大直径盾构主要布置在道路中心,距离地面建筑较远,各种安全措施更易于实现,更适用于未来的城市更新的施工方案。

二、创立动态智能维修新模式

当前的技术发展(包括5G网络、数字化技术和物联网等)

给轨道交通行业各个应用领域提供了新的发展机遇。这一趋势正越来越深地影响到轨道交通车辆和基础设施的维护流程和策略，即遵循固定时间间隔或者走行里程（车辆方面）的传统维护理念正逐渐转变为基于状态的预测性维护理念。根据地铁车辆的实际需要来进行检修的状态修，有利于发挥出地铁车辆各零部件的工作能力，从而提升检修过程的精准性，优化维修计划，既节省检修材料又缩短检修时间和工作量。状态修需要一定的信息技术提供支持，对车辆的故障情况进行追踪，重点跟踪一些大型的重要的零部件故障情况，然后进行检修设备的提前预备，确保检修工作中不会出现设备的缺失。面向"三个转型"的战略目标，可以通过推进以下几个方面的工作，逐步创立动态智能维修新模式。

一是大力推动分布式光纤声学传感技术在状态修中的应用。利用分布式光纤声学传感技术对基础设施进行连续声学状态监测，是一项非常重要的新技术。利用该技术，可以连续、实时地监测轨道交通网，并且可以监测大量不同的设备、准确地提供基础设施状态及其变化的信息，显著提高轨道交通网的可用性，满足"状态修"解决方案的核心要求。安装该系统的优势是，所需的用于通信的光纤电缆通常已经铺设在轨道旁。由于使用的光波导体几乎不需要维护，因此在长距离轨道上，可以对其进行低成本的有效改造。实践表明，在最佳情况下，单个分布式光纤声学传感装置可以覆盖单线铁路40千米的光纤，双线铁路折算下来为80千米。监测基础设施的新方法不会取代既有的测量系统，而是进一步的补充。最重要的是，这些新方法将通过对连续状态变化进行高精度的早期检测，改变维护过程。

二是加快实现 5G 技术的全网络覆盖，优化车辆智能化系统功能。车辆智能化系统对影响行车安全的关键系统与部件进行动态监控，根据所获得的列车及主要部件数据，对列车自身状态进行评估，给出预警和报警信息，并通过"车—地"传输网络将数据传输到地面数据中心。车辆智能化系统功能通过网络传输及数据存储实现，其中网络主要包括两个部分：车载网络，即实现列车与地面之间的信息传递和数据传输，通过车载网络将列车上的实时数据传输到地面；地面网络，即通过地面的服务器向地面维修中心传输数据，管理人员利用上传过来的数据对列车进行综合性评估，从而发现列车中的故障或潜在故障，做出相应的报警或预报警处理。

除此之外，全面应用基于 5G 移动互联网的维修新方法，积极推广移动点巡检、应急抢险、单兵视频等移动信息系统。5G 技术的全网络覆盖将大大提升"车—地"传输网络的效率，有助于强化实时分析核心部件运行状态和展开应急抢险的机动能力，有助于管理人员综合评估高速列车的运行状态以及对车辆的相关维修维护提出指导意见，实现以高技术手段保证地铁车辆安全运行的目标。

三是进一步完善网络化维护保障管理体系，线上线下贯彻落实 RAMS 指标管理。以目前维保公司为主体，各专业分公司为支撑的专业监管构架的基础上，加紧落实网络层面设施设备状态监管（寿命、趋势与预警），设施设备管理生产任务及大修更新改造项目的计划监管，设备维修与作业流程的界面协调管理，运能和服务设施的配套目标管理，生产模式与维修策略的指导管理，设备运行与设备生产活动的体系标准化指导管理，设施设备应急抢险抢修的资源、队伍、能力和实施方案的指导管理等功能的上线运行，完善网络化维护保障管理体系的功能建设。以目前可行的 RAMS（可靠性、可用性、可维护性、安全性）指标为抓手，加快对已建成、投用的系统和设备进行数据统计、分析和研究。完善 RAMS 管理体系，包括 RAMS 管理程序文件和可以作为指导其他项目 RAMS 工作的各级文件；进一步梳理、细化产品/项目的 RAMS 要求，并将要求标准化；同时，通过项目实践和锻炼，培养一批能开展 RAMS 工作的专门人才。通过 RAMS 指标对网络化维护保障管理体系来进行系统后评估，为设备大修更新改造提供可量化的依据；对设备维护情况建立量化分析，寻找欠维护和过维护的环节，通过维护规程以及作业指导书的修订来提高设备的维保水平，降低设备的维保成本。

三、构建超大网络运营智能调度系统

随着上海全球城市建设的发展进程和超大型城市轨道交通网络的迅猛发展，高速增长的客流与不均衡分布的程度加剧，运能与客流量之间矛盾也日益突出。在出行方式的选择日益增多的情况下，如何吸引客流应成为城市轨道交通运营企业研究的重中之重。在基于城市轨道交通快捷、准时的优点下，提升乘坐舒适度，是吸引客流的重要途径之一，也是推进"三个转型"发展的重要绩效体现。可以通过推动以下几个方面的工作，进一步研究如何构建和完善超大网络运营智能调度系统。

一是通过优化自动售检票系统和旅客信息系统对超大网络大

客流动态变化的预测辅助能力，提升运行图功能与客流需求的匹配度。自动售检票系统是通过对计算机、统计、财务等专业知识的综合运用，用来实现轨道交通的售票、检票、计费、收费、统计、清分结算和运行管理等全过程的自动化系统。智能化发展是该系统未来的发展趋势，但是目前功能升级的主要方向聚焦于支付方式的应用领域，事实上该系统未来可以更加精准地自动记录特定乘客进出站的时间、地点等信息，结合未来旅客信息系统和RFID技术统计的相关数据，基于多种原始数据，优化网络结构变化条件下轨道交通站间客流量分布预测模型的实时辅助能力。在考虑列车调度能力约束下，构建客流与列车交互模型，得到载客量、满载率、留乘人数、平均候车时间等微观指标，设计色阶列车运行图从时空维度可视化展示客流与列车的作用结果，并在量化乘车舒适度、候车满意度和企业满意度的基础上，计算运行图与客流需求的匹配度，将结果反馈给调度中心。

二是进一步提升列车自动监控系统实时调整运行图/时刻表功能。列车自动监控系统负责监视和采集地铁系统中列车和轨旁的运行状态信息，并对列车和轨旁系统发出行车命令，使得列车可以自动高效地运行，为行车调度人员的指挥和人工干预提供接口。目前国内地铁主要采用国外的信号系统，存在系统造价高、技术支持周期长成本高、超大型网络中的各线之间无法有效形成互联互通等缺点。事实上，国内自主研发的信号系统在结构功能上已经能满足用户的需要，并更符合中国国情，是具有中国特色的城市轨道交通信号系统。虽然国产化的列车自动监控系统需要进一步提高其系统的可靠稳定性，但是通过加大投入使用力度，将提高上海轨道交通信号系统的技术水平，从长期的运营成本看，应投入资源逐步掌握和优化列车自动监控系统实时调整运行图/时刻表的核心技术，这不仅有利于构建面向未来的超大网络运营智能调度系统，对智慧地铁建设事业也至关重要。

三是加快完善地铁车辆段控制中心综合信息系统功能，提升超大网络运营智能调度系统集成度。一般而言，行车调度管理体系主要包括四个部分：运营技术管理部门、控制中心行车调度、全线车站和车辆段。其中，车站和车辆段的行车安排遵从控制中心的行车调度指挥，执行控制中心发来的调度指令。但是，车辆段有车辆段行车调度，负责整个车辆段的行车作业，包括列车上线运行和车辆段内施工检修、调试作业等。相对于高度自动化的地铁正线运营管理，粗放的管理模式仍是目前地铁车辆段生产组织调度的主要模式，在这种模式下经常出现调错车、人员触电等事故，因此调度所需关键信息的实时性和准确性亟待提高。完善地铁车辆段控制中心综合信息系统能够实现段内生产运营组织调度的信息化，将提高调度效率和准确率落到实处，这有助于构建超大网络运营智能调度系统，对于上海轨道交通运营具有较大经济和社会效益。

四、赋能上海地铁建设运营"云"智慧

近年来，智慧交通体系建设已成为相关公共交通政策制定和实施，"互联网+交通"作为专项行动早已开始推行实施并得以不断深化。相对于智能交通，智慧交通是属于社会服务范畴，为公众发布有效数据信息，提供便民交通服务，改善出行环境。以

公众出行、政府管理和行业运营的高效性为目标，智慧交通的建设归根结底就是要提升大众的获得感和幸福感。借助到站提醒、出行时间预测、交通安全预警等方面给受众获得感知。智能交通与智慧交通最大的区别，在于前者着力于从供给侧提升交通系统运行效率，而后者则着眼于从需求侧提供便民交通服务。显然，赋能上海地铁建设运营"云"智慧的目的是，既要从供给侧提升集团全业务链运行效率，也要从需求侧提高综合服务质量。

引入云计算、大数据和人工智能等新技术，加大信息化、网络化和智能化领域的投入是未来赋能上海地铁建设运营"云"智慧的主要路径。目前地铁生产类业务系统主要包括列车自动控制系统、供电系统、自动售检票系统、监控系统等多个子系统。尽管包括列车自动驾驶系统、自动防护系统和列车自动监控系统等在内的部分生产类业务系统自动化程度相对较高，但是大部分数据分散于各个子系统，在数据联动方面存在较大困难，网络层面各业务系统之间智能化程度不高，大量采集的数据利用效率不高。"十三五"期间，集团信息化发展战略已经明确提出探索构建企业地铁云，基本建成涵盖基础设施、网络运营、企业管理、公共服务、网络安全等业务的大数据中心，形成"1+5"平台格局，实现平台间数据共享、业务融合。从目前情况看，地铁网络级层面的系统智能化欠缺，无法实现从数据中学习用于不断提高运行安全性和效率，对各子系统实时高效智能联动存在困难。因此，需要在原有战略推进基础上，进一步聚焦以下几个方面的信息化、网络化和智能化研发。

一是加快推广BIM技术在智慧设计和智慧建设领域的引领

作用，深化BIM技术在业务运营领域中的财务和物资管理功能。由BIM正向设计结合多项目、多专业系统集成云平台来实现智慧设计。正向设计要求直接通过BIM的三维模型生成设计图纸，大大提高出图效率，并在第一时间发现问题，提高设计质量。多项目、多专业是指每个项目、每个专业都建立BIM模型，都在同一个云平台上进行协调整合。13号线淮海中路站是上海迄今为止基于BIM技术设计建设得最深的地铁车站，基于13号线建设中应用BIM技术的经验积累，已经实现了PIP的应用。PIP是将设计、投资、进度、现场、远程监控、视频监控等多个系统整合在一起的项目信息门户，未来需进一步完善PIP的应用功能。另外，通过BIM模型与维护信息、管理信息的交互，在业务运营领域中加快形成更多更好的"BIM＋"的智慧功能设计。

二是加紧提升网络级数据平台系统的核心支撑功能，完善以智慧服务为中心的"城轨云"建设。数据体量大、数据种类多、要求运算速度快是大数据时代的典型特征。在当下信息技术不断推陈出新的发展趋势下，数据越来越发挥出作为核心生产要素的重要作用。集团的全业务链可以粗略分为三大板块，即设计建设板块、运营维护板块和资源经营板块，其中运营维护板块，特别是交通线网综合运营协调指挥中心（COCC）的信息化、网络化和智能化发展最能直接体现智慧服务的成效。

目前，既有的两个COCC系统建成时间较早，线网运营规模较小，线路间的关联性较低，因此职能定位、功能实现能力和系统集成能力等与当前需求极其不匹配。对此，需要做到：一是统一线网对象编码，编制线网各类车站、处所、设备、对象的编码标准规范，作为COCC与OCC各系统及外部系统的数据交换接口规范，以满足COCC作为数据中心角色的对象服务和模型服务功能，构建数据采集汇总模型，对数据进行一体化整合，实现对全线网信息的长期存储。二是加强提供分布式数据服务功能，通过向OCC分布式采集，汇总到COCC网络级模型和数据中心后，再向线网指挥中心的上层提供分布式应用的系统架构，针对不同需求的用户群以及不同地点的系统部署要求，细化需要提供专业的分布式应用服务功能。三是基于前期依托"城轨云"方案，加快融合大数据处理技术、可视化分析技术、地理和空间信息技术等新技术创新功能。

三是全面强化车站站务的智能化功能，提升乘客利用地铁出行的便利度和舒适度。智能车站是在高质量服务理念和云计算、物联网、大数据、人工智能、机器人等最新信息技术基础上，以乘客便捷出行、车站温馨服务、生产高效组织、安全实时保障、设备节能环保为目标，实现地铁车站的智能出行服务、智能生产组织、智能安全保障有机统一的新型生产服务系统，是实现"城轨云"高质量服务的核心物理空间。具体来说，可以从以下几个方面着手完善：第一，增加自主补票功能设备。目前，在车票出现无法进出闸时，乘客只能前往客服中心由地铁工作人员处理。利用自助补票设备，可以减少服务人员的业务量，也可以提升乘客体验度。第二，全面优化车站无线网络建设方式。目前，WLAN凭借其优势，在应用领域已经起到了很重要的作用，智能车站的搭建既需要依托于Wi-Fi的5G频段和2.4G频段作为网络通道，又需要考虑未来5G通信方式的应用，不仅仅用于传输所需的数据，还能通过无线网络通信的定位系统完善智能车站的功能。第三，推广手持服务终端（BOM）的应用。为站务人员配备手持服务终端，配置车站巡视智能报修系统以及乘客服务信息平台等系统。工作人员可使用手持服务终端，随时扫描各巡视片区的二维码，实时汇报巡视情况。当车站设备出现故障时，工作人员可通过扫描片区二维码，点选片区内对应的故障设备及对应的故障类型（BIM管理系统），实现远程报修。同时，将预留远程接收乘客求助功能，未来车票更新、免费处理及车票的发售等基础功能，以及多元化支付功能都可在手持服务终端实现。第四，完善客运服务管理系统。通过与其他既有运营信息系统建立数据接口，从其他运营系统读取必需数据，同步在本系统上查询显示；其他不从既有运营信息系统获取的数据，由系统用户录入或导入。通过完善客运服务管理系统，车站及各业务管理人员实现信息共享，可保障客运服务管理工作信息畅顺。日常需要统计的项目由系统完成，降低日常繁多的工作统计量。台账实现数据化、多点联动、同步更新，可加强各服务管理单位的联系，提高工作效率。

第七章 单一向综合服务网络转型发展

从20世纪90年代地铁实际进入上海城市运营体系以来,地铁作为高效便利的大运量交通运输载体,早已成为城市出行必不可少的交通方式之一。随着上海城市功能的不断转型升级,城市开发的发展规划开始逐步吸收集约型城市开发、以公共交通导向型和站城一体化开发等先进的国际城市开发新理念。面对上海建设用地的日益稀缺、城市制造业布局的变迁、住宅和商业形态的现代化发展,地铁建设已不仅仅发挥着传统公共交通运输的功能,其超大规模网络化发展为城市发展提供了更多的物理空间、数据空间和艺术空间,且不断孕育出上海城市发展的新空间。如今,"建地铁就是建城市,运营地铁就是运营城市"的理念被愈来愈多的城市所接受。因此,在新时代上海城市建设全面迎接高质量更新的发展趋势下,上海轨道交通的运营战略必须从单一运输功能向城市综合服务网络转型,为全国城市高质量发展树立新发展理念的引领标杆。

第一节　面向轨道上的都市圈的发展目标

2019年2月国家发改委《关于培育发展现代化都市圈的指导意见》中首次正式提到"建设面向轨道上的都市圈这一宏伟的新目标"。站在长三角一体化发展的国家战略高度来看，《指导意见》中提到的在有条件地区编制都市圈轨道交通规划，推动干线铁路、城际铁路、市域（郊）铁路、城市轨道交通"四网融合"，探索都市圈中心城市轨道交通适当向周边城市（镇）延伸，探索都市圈轨道交通运营管理"一张网"，推动中心城市、周边城市（镇）、新城新区等轨道交通有效衔接，加快实现便捷换乘，更好适应通勤需求等这些未来现代化都市圈轨道交通网络互联互通的发展方向都给上海目前超大规模轨道交通网络的高质量发展提供了更多的发展空间。放眼未来上海都市圈交通体系现代化发展，在以下几个方面需要获得特别重视，尽早谋划，完善相关可行性研究。

一、重构以轨道交通为主基调的上海外围新城和周边城市（镇）区域开发

深入研究城市功能布局的新动态，把握上海城市更新的新情况，参考现有城市规划，针对上海外围新城和周边城市（镇）区域，重构以公共交通导向型城市开发为主基调的可行性方案。市郊传统城镇化模式往往存在土地利用斑块化严重、配套设施滞后的问题，这种粗放型、外延式扩张的土地开发模式使得轨道交通

处于被动配套的尴尬局面。建设面向轨道上的都市圈对未来上海外围新城和周边城市（镇）区域的房地产市场、交通结构、空间结构、人口和就业岗位分布乃至产业布局的优化调整将创造千载难逢的重大发展机遇。为了实现上海城市轨道交通的可持续发展，未来必须抓住以轨道交通的综合开发建设为主基调的新时代发展契机，综合性地对相关地区的城市空间规划进行调整、对周边城市开发策略进行策划、提出一体化整合性的研究策略，最大程度吸收轨道交通建设产生的综合外部效应，为轨道交通与城市现代化融合发展夯实基础。

一是基于宏观视角确定轨道交通沿线及站点周边地区的功能定位和整体发展战略，梳理线路、站点与区域发展的关系。通过对全线的整体策划和站点的整合设计，为形成更好的城市结构和轨道交通运营绩效创造条件。二是做好换乘站点周边综合开发区域空间形态的概念规划。既要引导城市建成区改造升级、改变老城区城市风貌，还要引导外围新建地区城市沿轨道交通呈集聚式发展，避免低密度蔓延。三是确定换乘站点功能定位、细化开发规模及物业结构，对换乘站点周边用地性质及容量提出调整方案，指导换乘车站设计以及控规的完善工作，从规划、设计层面提升集团在建设面向轨道上都市圈发展机遇上的主导权。

加大对交通一体化规划设计的研究，挖掘轨道交通沿线交通衔接需求，提升与周边区域综合开发方案和相关交通规划的协调性。在轨道交通供给上，基于轨道交通的公共服务属性与市场机制呈现博弈困境，上海外围新城明显滞后于中心城区，线网不足、站点覆盖率较低和平均发车间隔较大的问题比较突出。而且，在大交通系统中，各种公交方式缺乏整合，存在接驳不畅的问题，进一步导致轨道交通缺乏客流吸引力。未来可形成以常规干线公交为主体，构成郊区内部公交架构的前提下，集团可以尝试以轨道交通换乘车站和地面公交大站为主线发展自营的地面接驳公交辅助体系，统筹不同公交服务的时刻表，构建高效明确的换乘方案，结合充分发挥换乘车站周边综合开发的功能提升之利，培育上海外围新城和周边城市（镇）区域的客流进入超大规模轨道交通网络的消费习惯。

二、完善与市域轨道交通一体化发展的战略规划

加快研究未来都市圈内多制式轨道交通互联互通的可行性方案，聚焦与市域轨道交通一体化发展的战略规划。随着上海中心城区人口转移向郊区，通勤乘客明显增加，虽然上海城市轨道交通系统建设规划中明确提出市域快轨的规划，但是在修建和组织运营时多半参照常规的地铁系统方式，把市中心轨道交通线与市域快轨规划成一条线，例如目前的2号线、9号线和11号线，都在一定程度上出现客运输送能力不足。同时，上海城区各组团与都市圈内其他城市组团之间也开始出现同一问题。为了提升缩短市域（郊）线路高峰运行间隔、降低郊区和市区之间的通勤时间，为了实现长三角区域"多网互联、换乘便捷、一票通行"高效出行，未来市域快轨如何与目前的地铁实现互联互通，从而共同打造轨道上的都市圈值得加快研究。

一是优化现行地铁设计规范，在新线一次性建设中适当提高固定设施目前120千米/小时的最高时速设计要求。基于市域快

轨与对外交通枢纽的点状换乘功能需求完全可以用现行地铁轨道与铁路轨道点状换乘来进行衔接替代，未来城市管理者一定会偏向考虑市域快轨网与现有地铁轨道网的网络结合，最大限度提升郊区和市区之间的通勤便利性。然而，与地铁相比，市域快轨的最高速度和旅行速度都将快于目前地铁的旅行速度，基础设施初期建设的基础最高运行速度一经确定就很难改变，为了今后长远发展，应该加快优化现行地铁设计规范，留好面向未来的发展冗余量。

二是加快研究未来与市域快轨网的衔接模式，为换乘车站设计预留好衔接端口。网状结合的多点换乘是郊区线路深入中心城区，或者与中心城区线路贯通运营，与中心城区线网进行多点换乘的衔接模式。通过比较东京和伦敦世界大都市市域快轨系统与其他层次轨道交通的衔接模式，可以看出，目前国外大城市的市郊线与中心城线网的衔接都采取市郊线深入城市中心或直接穿越整个城区，形成多点换乘的模式。未来上海大都市圈市域轨道交通网或可直接与城区地铁系统贯通运营，郊区线列车直接进入城区地铁系统，形成多点换乘，这样做不仅可以避免将换乘客流过度集中，以减少换乘站运营压力和安全隐患，还可以减少乘客换乘次数，有利于乘客出行。

三是完善既有市域地铁线单条线路的运营组织，减少单条线路上的列车运营时间。为了满足未来跨线和本线客流出行需求，应该着重研究在有长距离通勤或商务客流量的既有市域地铁线上采用前后列车错开停靠车站或隔站停靠等非正常的行车组织措施，以提高列车旅行速度。加快研究在既有市域地铁线的部分车站上设置到发线，在选定站上布设越行线，组织特快、大站快车、慢车等不同类型的列车。具体可参考日本京都—大阪—神户走廊上的3条并行的轨道交通线路的运行模式。

三、加强长三角城市地铁企业间运营合作机制

加强长三角城市地铁企业间运营合作机制，深化长三角区域交通运营一体化发展。一是在移动支付、物资集中采购、产品检测、车辆大修、新能源开发、资源经营等方面，促进优势互补，共商共建统一的共享平台、模式方法和技术应用。二是发挥先行优势，推广云端一体化理念，将上海地铁云升级推广为区域性的地铁行业云，覆盖至长三角地区所有城市地铁企业，成为城市地铁企业的共享公共平台，促进轨道交通发展。三是依托和用好长三角城市地铁联盟平台，扩大交流，共谋对策，扩展交流沟通渠道，促进行业成长。

第二节　优化网络站点高质量便民服务能力

地铁设站无疑提升了车站所在地皮的价值和所在区域的经济竞争力，集聚了大量的人流、物流，相应商业和服务设施出现，地铁商业由此而生，并且已经成为现代大城市商业重要的组成部分。然而，从过去的发展经历看，上海轨道交通开发运营方未分享轨道交通带来的巨大商业利润，站点内的商业设施也是站点建成后的"填空式"小型店铺，并未形成规模效应。尽管如此，未来发展地铁商业，充分利用地下交通网络系统，促进地区的繁荣

与发展，已是现代国际化大都市商业发展的必然趋势。在上海城市轨道交通建设步伐加快的今天，充分挖掘地下空间商业的发展潜力，实现交通畅通、商业发达的双赢局面，仍然面临较多的挑战。

一、把握乘客站内服务消费需求升级大趋势

作为上海都市圈首位度最高的国际化大都市，上海消费升级基础条件雄厚、高质量需求提升潜力巨大。2020年上海人均GDP升至15.58万元，社会消费品零售总额15932.5亿元，最终消费支出占GDP比重低于50%。随着全面建成小康社会目标的逐步临近及网络信息技术的迅猛发展，大众消费呈现出向品质型、便捷型、享受型发展的新一轮升级趋势。其中，一些趋势特征为：一是青年、白领群体的消费方式已深度互联网化。随着互联网应用领域的不断扩张，外卖、旅游、游戏、直播、教育、医疗、出行、理财等领域的"互联网＋"印记不断加深。二是中高端消费群体热衷体验式消费的趋势已初步显现。相关调查发现，上海月收入越高的受访者选择"实地体验"和"享受购物过程"的比例也越高，10000元以上选择两者的比例分别为54.0%和35.4%，比2500元以下高出17.8个和20.7个百分点。月收入在10000—15000元的受访者选择商业综合体比例高达71.6%，超越菜场、超市、百货等传统消费场所，位居首位。三是青年群体对休闲食品、在外餐饮和服装鞋帽的需求旺盛，中老年群体对旅游和养生保健需求提升。相关调查发现，休闲食品、在外餐饮和服装鞋帽上的需求多集中于18—25岁年龄段，其比例分别是

23.0%、36.0%和33.8%；旅游（17.3%）和养生保健（9.3%）需求度最高的则是51—60岁的群体；而到61—70岁时他们对养生保健需求度更上升为11.5%。值得关注的是，80后、90后群体正处于工作、家庭双重压力的高峰期，26—35岁样本群体的养生保健和健身美容需求度出现了负数，分别为－5.1%和－0.6%。四是70后和80后对儿童产品、子女课外辅导需求较强。26—50岁群体的子女基本在幼儿园至高中的学习生涯阶段，因此这个年龄段是儿童产品和子女课外辅导的主要受众，其需求度高达5.4%和22.1%。五是便捷服务成为广泛性需求。从相关调查的全体样本情况看，便捷服务（包括外卖、快递、网约车、共享出行等）需求火爆，需求度为18.2%，高居所有类别之首。而家政服务和上门服务需求较为冷淡，为－0.9%和－4.1%。

一般而言，受通勤条件、收入、生活习惯等影响，地铁建设初期阶段，搭载地铁及在地铁商业空间进行消费的人群以18—35岁年龄层为主，随着出行习惯的逐步深入，地铁商业的消费客流呈全年龄化特性。结合目前上海市消费升级的相关调查情况结果，可以判断，在当前地下车站超大规模网络化发展阶段，进一步展开地下车站商业业态配置，需要把握乘客站内服务消费需求升级大趋势。一是车站商业配套需要融入互联网元素，迎合青年、白领群体基于网络信息获取的消费习惯，二是利用车站网络格局，尽可能在局域网络上提供多样化的便捷服务，在局域单个站点上突出便捷服务的功能特色，力争在车站网络中满足一定空间范围内全年龄段对便捷服务的广泛性需求。三是应探索培育健身美容和儿童玩具的地铁车站连锁店品牌。

二、提升满足新需求的综合服务能级

未来随着智能化设备逐步投入线网车站，智慧车站的消费者体验度一定会相对上升。与此同时，超大规模网络应按照"以乘客为中心"的导向，结合各站点所处的社区格局、风俗习惯和周边区域商业化开发程度的不同，强化舒适、人性化而又有特色的地下商业功能，只有通过不断的变化以及创新，优化网络站点高质量便民服务能力，才能拥有持续不断的生命力，地铁车站、通道等地下空间商业才能拥有长远的发展。因此，需要进一步完善广通商与新线建设、网络运营的协同机制，提前预设或合理安排经营性资源空间和接口，实现广通商布局与车站总体融合协调，千方百计提升满足新需求的综合服务能级，结合既有车站的空间优化，不断提升乘客出行消费体验。

在未来的车站功能升级和空间形态设计中，加大便捷服务类商业空间的开发力度。一是通过技术创新、管理创新，不断推动车站地面部分有效整合、站厅设备用房和管理用房压缩，增加站内可利用开发的商业资源。根据港铁车站商务收入的变化趋势，商业零售收入已成为车站商务总收入增长的压舱石。2009—2018年的10年间，香港车站商务收入结构持续优化，广、通、商三大核心收入中，车站零售设施收入占比区间为 [55.7%，69.3%]，平均 62.5%，是车站商务收入的第一大业务；广告收入占比区间为 [17.9%，27.2%]，平均 22.6%，是第二大业务；通信业务收入占比稳定，平均 10.8%。商店数量增加和面积扩大带动租金收益上升是商业零售设施收入增加的主要原因。

二是在满足出行需求的基础上，挖掘客流的特征性和综合性消费需求，丰富地铁站点提供的商品和服务种类，提升乘客消费满意度。优化商户组合，提升顾客服务和新订租金水平是港铁车站商业零售收入持续增长的重要原因之一。港铁持续强化车站商店"时尚便利"的品牌定位，线上线下携手宣传互动，推出车站商店租赁套餐并借助港铁品牌优势制定特惠活动，打造更具吸引力的租赁条件并推动商店租金上涨。可以借鉴港铁经验，改善各地铁站的人性化空间设计，导入地铁咖啡、茶屋等饮品商业、地铁便利店战略合作伙伴，提供理发、按摩、美容美甲等健康美容商业设施点，在网络站点上布局配钥匙、修鞋、洗衣和文化产品等便民服务功能，优化地铁车站的商业业态配置。

合理控制广告点位资源，探索研究智屏项目，提升地铁广告服务的经济效应。一是整合地铁车站出入口、通道、站厅、站台、列车等各类显示屏的运营服务、商业服务功能，合理控制广告点位资源。港铁公司为了适应香港广告市场环境变化，做了两个方面的大调整，一方面合理控制广告点位资源体量、努力提升广告媒体品质，另一方面陆续推出创新的媒体形式和创意的广告套餐及模式。2010年对站厅电视机进行全部更换，并将轨旁广告的电视屏幕由63寸扩大至103寸，广告点位减少2727个；2011年翻新200余个广告牌，改造170个四封灯箱、32个十二封灯箱外观，广告点位减少105个；2012年在沙田、旺角东站设置离子电视屏幕圈，将数码广告扩展至东铁线，在观塘线引进列车新闻，广告点位减少82个。自2013年起，广告点位开始出现不同程度增长，2018年广告点位总数量为47105个。可以借鉴港铁经验，有效控制广告点位，提升点位平均广告收入。另外，可以加强人性化、情感化元素植入，美化地铁广告投放空间。上海申通地铁集团有限公司应借助整合后的各类显示屏网络化演示功能，将人性化、情感化元素植入广告，令广告成为乘客打发地铁里无聊时光的最优选择，提升地铁广告服务的文化认同附加值。

二是推动轨道交通区域所有运营和经营信息一体化视频系统工程，实现运营信息和经营信息的有机结合，推动研究智屏项目，将数字化科技融入广告投放。以娱乐性、互动性和参与性为特点的AR技术能有效地吸引消费者注意力并产生互动。例如著名的伦敦街头的"虚拟玻璃"就是百事公司利用AR技术的成功案例。智屏技术的融入，必将使地铁广告为人们带来全新有趣的互动体验。

完善社会多方应急联动机制，与社会力量共同营造安全、安心、有温度、可阅读的整体运行环境。一是推广"四长联动"机制，确保全市地下轨道交通公共空间的安全和安心。针对全市具有枢纽换乘功能的所有站点，大力推广地铁车站站长、城轨公安警长、属地派出所所长及属地街镇长，共同处置，迅速解决突发事件或综治难点的有效机制。

二是深化"四长联动"的工作内涵，确保充满社区人文艺术情感的地铁空间"长时保温、永续可读"。探索地铁车站站长、文明同则共建、属地宣传部部长及属地街镇长定期展开座谈的工作机制，围绕打造具有社区特色人文地铁空间的创意内容和推广形式，总结经验、发现问题、更新文创内容和形式。

第三节　聚焦城市功能综合区站城一体化发展

过去的20年，上海城市轨道交通建设经历了前所未有的高速发展，与此同时，规划建设与城市发展的不协调现象，部分建设项目与城市空间的需求不匹配等问题日益凸显，并衍生出更多矛盾。如果说以公共交通导向型城市开发（TOD）模式还存在以轨道交通为导向，抑或以道路交通为导向的选择性问题，那么，站城一体化开发模式无疑是以轨道交通车站为中心集约化开发城市功能的模式，也是未来在上海城市更新过程中改善城市空间舒适度与便捷度的重要手段。

2018年4月，"促进站城一体融合发展"被正式写入了国家发展改革委、自然资源部、住房城乡建设部和中国铁路总公司联合发布的《关于推进高铁站周边区域合理开发建设的指导意见》，"站城一体"的概念首次出现在部委正式文件。事实上，"站城一体"的开发模式在日本已经十分普遍，在步行可达的轨道交通车站范围内实现居住、就业、购物、娱乐等多种城市功能，使轨道交通出行成为最优的绿色出行方式，最大化提升城市空间效能，实现集约化城市发展。因此，为使上海轨道交通实现多种功能空间的高度综合，加快单一交通运输功能的地铁建筑融入到随新时代更新的城市空间中，成为未来城市生活的一部分，集团的"战略高地"应放在如何将枢纽车站融入到上海城市空间，全面推进站城一体化开发项目必将是集团不得不配置战略资源的"大战区"。

一、加快树立城市新地标

了解一座城市最深刻的方式,就是感知地标。上海的城市发展宛如一部史诗般的交响乐章,其最跳跃的音符是留在人们印象中的城市建筑,而地标就是这些建筑的主角。从东方明珠到金茂大厦,从环球金融中心到上海中心,不断被刷新的高度改变着上海的天际线,似乎向天上索取空间更容易被认为是上海的地标或城市的名片。然而,上海"站城一体"的"站"注定将深埋地下,要依靠"站城一体"树立城市新地标,必然是向地下索取空间,打造大型地下城市综合体将是轨道交通创立新地标的不二法门。

加快培育地铁企业在城市地下空间规划上的制定设计功能。如果未来要采用"站城一体"的发展模式,首先轨道交通规划和城市规划就必须实现一体化,这就对现行的城市规划理念和城市规划流程不适应轨道交通发展的顽疾提出了变革要求,而地铁企业的战略发展和功能提升需要应对这个变革要求。例如,在香港,港铁需要向政府提供相关城市开发规划,政府在审核通过规划可行性后,会调配土地资源协议出让给港铁供其一体化开发。从目前中央部委推出的指导文件思路来看,香港轨道交通的发展模式很可能成为我国特大城市轨道交通发展的主流趋势,因此集团需要具备站在上海城市开发的宏观层面,为城市地下空间总规的完善建言献策的能力。

一是提供大型地下城市综合体生长的孵化点。上海地铁的建设打破了原先低效、均质的空间结构,初步形成了"点—轴"的商业框架。围绕地铁站这个"集聚点",以大型地下城市综合体为发展"引擎",以地铁轨道交通线为生长轴,城市地下空间开始迅速扩张,最终构建出结合地铁网络而形成的地下空间发展的网络形态。值得一提的是,城市地下空间是一种非连续的人工空间结构,要形成连续的空间形态必须经过系统的规划和长期的发展。因此,向政府提供大型地下城市综合体生长的孵化点对制定城市地下空间总规至关重要。

二是培育制定城市地下空间控规的能力。在我国现行法定城市规划体系中,控规是连接城市总体规划和建设实施之间的具有衔接作用的关键性操作指引。考虑到我国地下空间规划刚起步,对地下空间控规的编制基本参照地面控规中较为成熟的操作方式。建议集团以《上海站地下空间控制性详细规划》为战略抓手,基于持续发展、公共利益优先和地上地下空间协调发展等原则,自行组织力量培育集团制定城市地下空间控规的能力。

三是借鉴研究国内外大型地下城市综合体分步实施的有效运作机制。大型地下城市综合体集城市多样性、功能综合化、建设主体多元化等特征于一身,在多种因素的相互作用和影响下,开发建设大型地下城市综合体是一个阶段性的、复杂的、动态的决策和实施过程。例如我们熟悉的加拿大蒙特利尔地下城之所以能获得全球地下城的桂冠,很大一部分要归功于当地政府通过"开发协议"等运作机制,促使开发主体来建构真正的多方合作关系。这种模式产生的激励与开发效力,有利于和地铁站的连接、有利于和主要商业街的连接、有利于和具备大型开发机会的空地在未来的连接、有利于和主要的公共机构设施的连接、有利于与饭店和会议设施的连接等,值得集团在推进大型地下城市综合体项目时学习借鉴。

向城市设计创新服务商转型，打造上海地下城市综合体开发综合服务的高质量品牌。未来以长三角一体化发展为国家战略的新时代中，公共交通导向型和站城一体化新发展理念，无疑将成为上海都市圈各城市开发指导的主旋律。上海轨道交通运营主体若无法在城市规划和城市设计端完成功能升级转型，那么势必无法脱掉长久以来扮演城市单一运输功能的建筑和运营商的"帽子"。根据发达国家的国际化大都市能级提升的历史经验，改善城市交通、扩大城市空间容量已不再是大型地下城市综合体的开发目标，更多是要着眼于创造城市社会活动场所，与其他地上地下城市要素共同构成立体化的城市公共空间系统。同时，为促成上述开发目标的实现，三维形态将取代二维形态成为城市规划设计的首要方式。

一是加大对城市核心要素创新建设的研究积累，促进大型地下城市综合体与城市核心要素创新融合。10号线四川北路站地区城市设计是一个宝贵经验，其中引导人流的5个下沉广场设计成功整合了地下空间、商业、交通和历史保护等城市要素，达到空间形态的整合。未来的大型地下城市综合体的建设都可以借鉴该成功案例，实现地下建筑之间的整合、地面设施与地面城市环境的整合等多个核心要素。

二是加快大型地下城市综合体，促进城市区域空间形态优化的研究积累。城市地面部分用地根据传统的城市规划，被人为地分割，城市地面景观呈现出"碎片化"的现象。城市地下空间开发具有天然的空间整合能力和优势，进而也能扩大到区域与区域间的空间整合。目前，上海地下城市综合体往往以小型地下城市综合体或小型地下城市综合体群组为多，其整合对象包括城市综合体、CBD等，大型地下城市综合体通过城市地下空间总体规划，城市设计将地下、地面和地上的建筑、城市环境、周边区域等形成活动与视觉的关联，从而促进城市区域的共同发展。

日本在这方面的经验可供学习借鉴，例如，日客流量超过300万人次的新宿站是东京最大的车站，其周边地区是东京乃至于整个日本最著名的繁华商业区。从1963年开始，以车站为中心的立体化再开发依次形成了东口、西口、歌舞伎町、南口四个地下商业街，总建筑面积约11万平方米，将地区打造成为重要的商业购物区。

新宿站西口广场通过四个标高层次进行交通组织，这一立体的地下空间的立体化设计与地下步行系统有效地实现了人车流的有序组织，地面人车混杂问题得到很大的缓解，并达成新宿站与

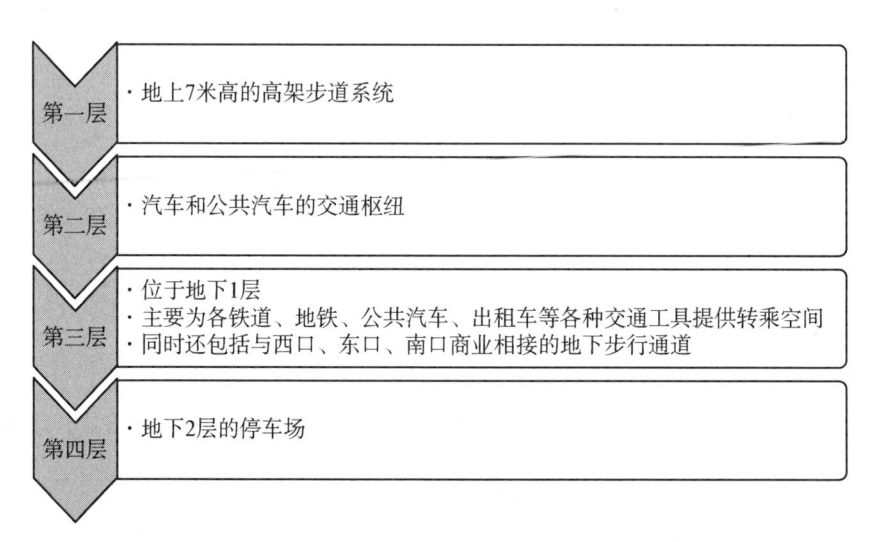

第一层	·地上7米高的高架步道系统
第二层	·汽车和公共汽车的交通枢纽
第三层	·位于地下1层 ·主要为各铁道、地铁、公共汽车、出租车等各种交通工具提供转乘空间 ·同时还包括与西口、东口、南口商业相接的地下步行通道
第四层	·地下2层的停车场

图7-1　新宿站西口广场层次分布

周围城市区域之间有机整合。其他还有东京站的丸之内和八重洲两个地下城市综合体形成的区域整合，大阪梅田区的大型地下城市综合体，等等。

二、强化枢纽站点换乘功能

城市轨道交通枢纽站主要位于城市的商业中心和商务办公地区，是城市重要的空间节点。所谓城市轨道交通枢纽站，是以地铁为主要交通方式，包含两种及两种以上的交通方式进行换乘的场所。城市轨道交通枢纽站在城市轨道交通网络中占主导位置，并能促使其他各种交通方式相互协调。随着我国城市地铁建设的不断发展，地铁不同线路间的换乘车站将越来越多。换乘车站数量多、换乘客流比例高、总客流量大将成为上海超大规模城市轨道交通网络的重要特征之一。

值得注意的是，枢纽站点换乘功能不仅包括地铁不同线路间的换乘功能，还需兼顾与其他交通方式的换乘功能。通常，城市轨道交通枢纽一般由以下几个系统构成，包括：城市轨道交通、常规公交、出租车、换乘空间、停车场、服务设施等各类功能系统。强化枢纽站点换乘功能的关键在于优化换乘空间的组织与配置。

做好换乘车站的综合研究，开展"一站一案"优化升级项目。一是细化换乘车站的功能分类，因地制宜地设计换乘空间。影响各个枢纽站换乘功能的因素很多，如乘客的特性、交通功能的规模、交通形式的布局、换乘方式，等等。因此，需要针对每个换乘车站做好综合研究，包括乘客的行为特征、换乘方式比例，交通空间规模和各种交通方式的配置等，根据综合研究成果对枢纽站进行分类。例如，可以定义超大型枢纽站、大中型枢纽站、小型枢纽站等不同等级的类别内涵，为确定各个枢纽站的换乘空间设计界定大框架。

二是优化轨道交通间的换乘方式，减少换乘的步行时间和结点拥堵。对于目前上海的枢纽站换乘空间存在的不足，值得进一步总结。例如上海虹桥站，扩大了换乘空间的规模，形成了一个较为集中的大空间。虽然满足了大人流的换乘需求，但是地铁换乘的出入口仍然人满为患，空间利用率还有提升的潜力。又如上海虹口足球场站，对于交通功能集中布置的枢纽站来说，提高了空间的利用率，但换乘空间的层次不够清晰。轨道交通换乘空间应该紧紧结合换乘方式进行选择，在不受设计限制的情况下，优先选用同台换乘模式，即便是垂直型同台换乘模式，在充分考虑解决结点拥堵的设计下，其换乘效率较高。总而言之，优先选用同台换乘模式，聚焦核心换乘空间，围绕空间集约化发展优化换乘大厅的组织设计，为未来后续发展预留空间是提升轨道交通间换乘功能的关键。

三是重视换乘空间环境设计，优化地下换乘空间的绿色环境品质。一般来说，由于地下换乘空间客观原因，其舒适度也较为欠缺。许多站点内部空间布局单调，让人休憩、交流的场所不足，不利于快速定位和寻路，空间设计缺乏艺术性、地域人文气息，使得站点识别度低。在三个转型的推进过程中，第一，需要进一步重视枢纽站的标识系统设计。完善地铁空间的商业标志系统，有利于提高识别率，提升乘客观感。配合统一的设计风格，通过不同的颜色区分标识的功能，对导流效果也有帮助。第二，需要进一步创造地面化自然环境。可通过空调系统置换通风和物理或化学除臭的措施，有效组织气流，改善地下空间空气质量和嗅觉环境。在热湿环境控制方面，利用热调节设备及蒸汽加湿设备控制送风口空气的温度和湿度，保证恒定、舒适的热湿环境。第三，需要进一步营造空间历史传承和艺术性气息。在换乘物流空间的侧墙面赋予文化标示的载体，设置一些所在区域文化方面的信息，既能丰富墙视觉效果，又使人们了解该区域以及对人所在地理方位起到普及的作用。如伦敦地铁站的侧面采用不同材质和颜色处理，使空间更加开阔，不同空间更具独立性。加强创造城市记忆场所，换乘空间宜在地标性区域和博物馆等具有特别意义的地点采用城市记忆为主题的手法，来引起各个年龄层的兴趣，使换乘空间与历史文脉相结合。

加强既有轨道交通车站通道换乘改造更新关键技术开发。随着城轨网络化建设程度，各路线间换乘节点的问题愈发凸显。控制开挖对既有车站变形的影响、新老结构连接、既有结构改造等问题已成为此类工程中的重点与难点。在未来地下空间开发建设迈向高质量发展阶段，地下空间的连接性和通达性要求势必会进一步提升，加大力度研究控制不均匀沉降技术、控制冷缝渗漏水技术、新老结构连接改造技术和信息化施工监测技术等近距离临近车站施工的岩土工程建设技术至关重要。

加快枢纽站无障碍环境系统的优化升级。强化枢纽站点换乘功能关键在于优化换乘空间的组织与配置，其中不仅包括设计理念、建设技术的优化升级，而且需要关注到社会人口结构变化，即上海人口老龄化对地铁综合服务需求的影响。上海老龄化时代来临，社会对无障碍环境需求增加，无障碍环境的建设也提上日程。

日本是发达国家中老龄化程度相对较高的国家，早在1973年，日本就开始考虑建设无障碍设施，为残疾人和老年人提供社会福利。从1994年起，日本对建筑等设施提出强制性无障碍设施建设的要求。在2006年通过了无障碍设计的法律法规。目前，上海中心城区内的部分枢纽站由于建成年限较远，其在无障碍环境的构建方面相对较差。在"三个转型"推进过程中，需要着力改善枢纽站无障碍环境系统的优化升级，从而达到强化枢纽站点换乘功能的目的。第一，提高无障碍设施建设要求，优化无障碍设施环境。提高对无障碍设施的建设要求，不仅要保证无障碍设施的数量，增设残疾人坡道、无障碍直升电梯、无障碍升降平台等设施，更要保证质量，消除轮椅使用者在通行路线上会遇到的障碍点；在建设无障碍设施时，做到轮椅使用者能够自主推行前进，条件允许的情况下，最大程度降低坡道坡度，取消不必要的台阶，多设置无障碍直升电梯等较为便捷的无障碍设施。第二，完善无障碍标志系统。对轮椅使用者的通行路线要做特殊规划，并进一步完善无障碍标志系统，增加无障碍设施分布图，设置明确的引导标志，保证轮椅使用者能够迅速找到最为便利的通行路线，提高轮椅使用者的通行效率。第三，运用信息化技术宣传无障碍知识，提升乘客的无障碍意识。利用互联网技术对轮椅使用者介绍无障碍环境的相关信息，对与其自身息息相关的无障碍环境做到心中有数，方便日常出行，同时培养地铁乘客的无障碍意识，引导乘客多一些换位思考和人文关怀，营造良好的社会氛围，鼓励轮椅使用者进一步融入到社会生活中。

三、搭建地铁社区综合服务商联盟

地铁社区综合商业以便民、利民为特点，满足和促进居民综合消费为目标，核心辐射人口通常在5万—10万人。地铁企业可以利用自身的资源禀赋优势，在业态设置方面以满足社区刚需为主，围绕购物、修理服务、餐饮、综合服务四项基本功能，积极搭建地铁社区综合服务商联盟。可以借鉴JR East发展生活式服务业务的思路，通过整合Suica里反映出来的大数据资源和地铁原有的站点和线网资源，在原有的车站商业网点的基础上，通过开发车站空间利用、购物中心和办公楼等业务（旅馆酒店运营、广告和宣传等服务），积极参与地区合作，充分配合市政当局的根据"紧凑型城市"的理念，为城市带来新的活力，并帮助集中发展购物中心、办公室和酒店，以及医疗、儿童保育、护理、大学和车站周围的文化设施。

第四节　提升大数据运营软服务效率

打造智慧地铁离不开信息化、网络化和智能化技术的大发展。尤其是在当前信息化和网络化硬件技术大发展的支撑下，以大数据与人工智能技术为发展方向的智能化技术，未来将迎来一波应用的大热潮，这股智能化技术的革新必将带动传统地铁行业进入智慧化发展阶段。换而言之，智慧地铁既是地铁行业新的研究方向，也是人工智能和大数据技术的一个应用领域。上述的内容中，我们已经涉及人工智能和大数据技术在地铁建设运营领域中的应用内容和发展方向，不仅论述了地铁网络化发展中"点—线"上智能硬件上的更新发展，而且还涉及了网络级层面数据中心建设和相关控制系统等软件层面的更新发展。简而言之，主要是内向型智能化发展研究，即地铁企业如何通过内部组织优化在地铁"点—线"的建设、运营、维护上做好智慧地铁的建设工作。本节主要涉及外向型智能化发展研究，即地铁企业如何借助人工智能和大数据技术在地铁"点—线"的乘客服务上做好智慧地铁的建设工作。

一、扩容人工智能地铁应用场景

一是提升安检机和闸机多模态生物识别功能，实现乘客无感乘车。多模态生物识别是指通过整合或融合人体多种生物特征进行身份识别、验证及判断的技术，它能够充分利用不同人体生物特征识别技术的特点和各自独特的优势，使得身份认证及识别过程更加精准、安全，从而提高整体系统的性能，满足不同应用场景的需求。目前通过一台人脸识别安检机和一台人脸无感支付的地铁闸机，完成"刷脸"进地铁已在广州实现。通过人脸识别分类安检技术，现场安检机摄像头抓拍的人脸与已实名认证的乘客人脸特征的大数据库进行对比，配对成功后可快速完成安检进站乘坐地铁。

二是加快在大型枢纽站中增设机器人的安保服务功能研究。在 2019 中国国际大数据产业博览会上，12 台安保服务机器人

AnBot 和安保巡逻机器人 APV－S 负责大会安保辅助工作。未来站内站岗可由安保服务机器人负责，为乘客进行专门的讲解、广播提示、问讯服务和道路指引；巡逻可由安保巡逻机器人负责，通过感应自身四周的异常热源、烟雾等进行预警提示，同时在巡逻过程中抓拍的人脸与公安系统进行数据比对，对网上在逃人员、异常人员进行提前识别预警，并在遇到紧急情况时对可疑人员进行警示。

三是构建地铁站周边道路、重要设施和内部视频数据智能分析网络。利用深度学习技术对地铁站周边道路、重要设施和内部视频网络数据进行分析，分析这些收集来的视频信息可以作为安全防护一个有力的工具，在发生紧急情况，需要疏散人群时，可以在一个区域层面做好预测性维护，进行更加快速、智能的应急处理，真正发挥人工智能和大数据技术在地铁网络层面提供高质量服务的优势。

二、扩大 Metro 大都会数字功能

完善精准出行便捷服务能力，固化乘客地铁出行的使用习惯。一是根据日常乘客出行习惯，个性化定制出行提醒和运行实况。对于地铁通勤的日常乘客，可根据其每日高峰时段乘坐地铁的时刻，提供个性化定制出门提醒和地铁站运行实况服务。二是针对非日常通勤乘客，加大出行路线组合推介功能，强化大型枢纽站内的导航功能。近年来，来沪商务、旅行和就医的国内外乘客呈上升趋势，面对日益发达的上海地铁超大网络运营体系，这类乘客群体愈发需要智能化导航服务。加快提升数字化精准导航

服务功能是未来上海地铁发展的必然方向。三是升级 Metro 大都会智能客服和自助票务处理功能。目前，乘客乘坐地铁绝大多数仍然利用磁卡，遇到磁卡中途丢失、刷卡失误或余额不足等情况仍需到服务中心人工处理，在上下班高峰时期，这类情况往往会加剧站内拥堵或通行不畅。通过升级 Metro 大都会智能客服和自助票务处理功能，配合以上两点功能升级，不仅可以缩小日常乘客通勤的时间成本，而且可以大幅改善上下班高峰的站内拥堵，以至进一步降低安全隐患。

丰富 Metro 大都会商业优惠券推介功能，厚植 Metro 大都会会员利用黏性。一是加快沿线美食、美容和美景等具有人气的经营性设施的优化筛选入库工作，强化免费的美誉度饱满的生活化服务信息的生产能力。在当下各行业同质化竞争进入常态化，消费者在追求高品质消费时，易陷入选择困境，这项工作将会收获多赢的功效。不仅有助于向地铁乘客提供高品质的游玩、享乐的价值信息，而且有利于与经营性主体商谈推介优惠券的发放，从而促成使用 Metro 大都会 APP 的实际价值，增加 Metro 大都会 APP 的活跃用户。二是积极推动客户全貌分析，构建智能化乘客消费行为分析库，创新 Metro 大都会 O2O 商城功能。大数据时代，客户的消费行为数据必然成为核心生产要素，可以说 Metro 大都会数字功能没有乘客消费行为分析库的支持，就无法维护 O2O 商城的经营效率，从而各项功能将无法成功孵化，最终导致核心生产要素的流失。利用实名制，实名旅客可以有 20 多个维度，由此可以生成很多种"凭证"，比如根据老年、通勤、喜好，发行特定的优惠或推送商业服务等。因此，该项工作应成为扩大 Metro 大都会数字功能的重中之重。

第五节　塑造海派时尚的地铁文化

面对信息化、网络化和智能化高质量发展不断深化，追求高品质生活水平的加速升级，加快提升地铁文化（包括企业文化和公共文化），可以促进城市文明发展。企业核心价值观是企业的灵魂、向导和旗帜。在现有企业文化文字表述的基础上，围绕现阶段"三个转型"新发展理念，厚植以人为本的人文理念，进一步深挖核心价值观的内涵并着力构筑具有时代特征、上海特点、地铁特色的企业文化核心价值体系，并利用地铁公共空间的特性建设公共文化，提升地铁文化的公众认知度、美誉度和影响力，实现企业与员工、社会、自然和谐发展，塑造适应新时代发展的海派时尚地铁文化。

一、塑造具有全球动感的地铁企业文化

塑造适应新时代发展的海派时尚地铁文化，必须具备觉察全球城市高质量发展动态变化的感知能力。积极吸收全球一流地铁企业共有的文化元素化为己用，围绕"三个转型"新发展理念构建集中统一、上下联动、纵横覆盖、全员参与的企业文化建设工作机制，完善以企业理念、行为规范、视觉形象等内容为框架的企业形象识别系统，塑造具有全球动感的国际地铁企业文化。

构建贯彻"三个转型"集团战略意识于工作实践的上下联动、纵横覆盖、全员参与的企业文化宣传机制。要自上而下地贯

彻以人为本的理念，必须构建上下联动、纵横覆盖、全员参与的企业文化宣传机制。使员工在更深层面理解和认同企业文化，进一步统一领导者的发展理念，统一各职能部门、业务中心的利益关系，统一员工的价值观念，从而以统一企业价值观引领集团顺利实施"三个转型"发展变革。

嵌入全球一流地铁企业共有的文化元素，完善集团公司企业文化理念体系，使企业文化国际化，便于提升企业国际形象。在全体员工中贯彻落实不断学习的思想，组织各部门、各层级的骨干干部参加国外地铁企业文化学习和交流的活动，总结国外地铁企业在"三个转型"发展方向上的成功经验和失败教训，强化干部向各级员工宣讲全球地铁企业推动智能型、效率型、绿色型地铁综合服务发展的分享机制。力求使集团所有方面以一种国际化高质量的形态呈现于社会大众面前，产生良好的企业国际形象，增强社会对上海地铁的认可度。通过多样化、国际化文化建设，转型发展文化理念深入人心，企业国际形象与企业国际品牌大幅跃升，企业凝聚力与向心力进一步增强。

进一步强化制度建设和"三个统一"，确保集团企业文化建设推进集中统一、步调整齐。强化管理，增强制度保障机制，使企业文化通过制度获得更强的执行力，得到基本的组织保障、资源保障与执行保障，增强企业文化对企业战略的影响，在企业文化建设推进中，要继续注重建设"三个统一"，即统一价值理念，基层单位的价值理念和价值观要在集团的核心价值观、经营理念等六大理念框架内，不能和集团的价值理念有根本性的违背；统一形象展示，规范使用上海地铁标志标识、司标、司旗、司歌，严格执行集团 VI 视觉识别系统；统一实践平台，即基层单位必须在集团的统一实践平台（如党建主题教育、文明创建、班组建设、立功竞赛、劳动竞赛等）下进行个性化操作，使企业文化成为企业核心竞争力的内核。

二、塑造充满社区人文艺术情感的地铁文化

塑造适应新时代发展的海派时尚地铁文化，必须提升充满大上海社区人文艺术情感的地铁文化品质。地铁艺术是一座城市的微观体现，展示着城市独有的历史文化风貌。作为城市宣传的平台，全球城市地铁都会借助公共艺术的形式表现出该城市的文化品位和精神追求。在新时代的高质量发展中，上海地铁需要加快提升公共文化建设品质，在地铁自身建设规划、空间设计与项目策划中大力弘扬海派文化和江南文化，依托地铁阵地，聚合社会力量，丰富项目品类，提升文化品质，推进中外文化交流，把轨道交通公共空间打造成贴近百姓的艺术殿堂，将单调的地铁出行变为"可阅读、有温度、有情怀"的文化之旅，打造更具人文特质的城市"第二空间"。

以社会共建、共治、共享为基本理念，坚持"开门办地铁"，加强各社区特色在地铁公共艺术建构中的体现。一是向各社区基层管理组织和居民征集体现社区特色的文化主题，以共识度最高、显示度最亮的内容和形式，凝聚居民喜爱社区、关注地铁的动力。二是募集有意愿在地铁公共空间施展人文艺术才华的艺术家。例如，在上海美术学院、上海视觉艺术学院和上海音乐学院等全市专业人文艺术类大专院校和科研院所设立城市地下空间设

计师志愿者团体，通过市民公开投票、专家评审等形式，甄选符合各社区特色文化的志愿者创意作品，让地铁的公共空间真正成为社区居民欢心、来沪游客感念、艺术大师入眼的文化创意殿堂。

三、塑造感知红色传承的地铁文化

红色基因造就了具有中国特色国际化都市的伟大发展，上海进一步迈向高质量发展和高品质生活离不开红色基因的薪火相传。上海地铁既是城市功能的发展动脉，也是上海市民锐意进取的精神纽带。塑造适应新时代发展的海派时尚地铁文化，需要发挥好上海地铁的动脉和纽带功能，弘扬让民众感知、传承和发扬红色基因的地铁文化。聚焦以红色文化资源，加强上海地铁文化建设；着力以我党优良的政治文化，牵引广大群众向上向善，加快从"心头"到"地头"，从"关键少数"到"最大多数"的红色文化宣传，红色基因就一定能在一代又一代上海市民的奋斗中传承下去、发扬光大，上海地铁就能为同心共筑中国梦凝聚起最磅礴的力量。

持续拓展党建联建的内涵和外延，带动更多市民群众维护地铁运营文明秩序，积极推动地铁文明引领城市文明。一是挖掘各个社区的红色基因，在相关地铁公共空间讲好上海红色故事。特别是做好三个主题聚焦，即聚焦中国共产党在上海创建的故事，聚焦中国共产党在上海革命的历史经验和优良传统的故事，聚焦上海改革开放的故事。围绕三个主题聚焦，积极与各个社区党建宣传组织合作，丰富红色文化宣传资源，创新宣传载体，改进宣传形式，完善弘扬红色文化功能的点状布局。二是基于上海红色文化地图，开发红色文化特色专线，激活上海红色基因动脉。2018年上海红色文化地图正式发布，上海的红色文化资源和红色带宽、红色风貌一目了然。对照红色文化地图的资源分布，研究上海地铁最具红色文化资源的运行线路，在上下班高峰，开通红色文化地铁专列，塑造感知红色传承的动感文化。

第八章 运营城轨向经营城轨转型发展

第一节 构建运营提质增效新模式

2016年工信部、发改委等11部门联合印发《关于引导企业创新管理提质增效的指导意见》指出，为企业创新管理、提质增效等指明了方向。城市轨道交通运营企业应结合自身实际，找准制约提质增效的短板和瓶颈问题，积极与国内领先企业进行全面对标，确定有针对性的主要路径进行突破。针对城市轨道交通企业在运营中出现的各项问题，本部分从深化劳动用工改革、创新供应链管理模式、优化资源配置机制三个方面入手，提出切实可行的解决方案，提升企业的经营效率，降低企业的经营成本，实现企业运营的高质量发展。

一、深化劳动用工改革

上海轨道交通日客流量已超过1000万人次，承担着城市日常公共交通运输的绝大部分客流量，对城市公共交通的正常运行和整个城市的生产经营活动都具有不可替代的位置。城市轨道交通企业作为服务性企业，其组织结构呈现典型的扁平化，且员工的整体文化教育水平较低，占企业员工总数最大部分的一线基层服务人员对企业管理的参与度较低，企业对基层员工职业生涯规划的关注度不够，因此需制定针对性的劳动用工制度改革方案。

深化城市轨道交通运营企业的劳动用工制度改革，必须树立以人为本的管理理念，以"总量控制，优化结构，人尽其才，提高生产率"为目标，建立完善的企业职级体系、绩效考核体系等机制，达到员工能进能出、管理人员能上能下、收入能增能减的管理要求。第一，根据"因事设岗，按岗选人，人尽其才"的原则，优化员工队伍。扎实做好优秀人才和紧缺人才的招聘引进、培养培育工作，轨道交通新一轮建设和运营提高了对人才的要求，需要加大力度引进和培养熟悉轨道交通建设全过程管理和运营需求、掌握新技术创新应用的复合型专业技术人才，精通专业技术、擅长项目管理的复合型管理人才，网络规划和运营总体研究类人才，具有投融资交易运作经验的专业人才，以及物业开发高级管理人才，等等；优化人才培养基地，继续推进高层次专业技术人才培养工程等人才培养项目，拓宽专业技术人才的职业发展通道，注重青年人才队伍建设，提升技能人才尤其是运营一线员工的技能水平。

第二，深化劳动用工改革，提高劳动生产率。探索轨道交通路网调度指挥体系的"集控"模式，明确职责、优化流程，综合考虑作业数量、作业难易、作业时间等因素，优化劳动用工配置；优化排班，探索轨道交通路网调度指挥体系"集控"模式，再造调度指挥业务流程，优化调度员定员标准，精简调度人员配置，推进岗位复合，试点打破专业之间、岗位之间的壁垒；积极探索轨道交通偏远车站客运服务业务外包模式，扩大高峰时段"小时工"等非全日制用工模式的覆盖面，充分利用市场资源和专业优势，进一步加大设施设备委外力度，实现降本增效。

第三，改善奖励机制，加强经济成本的效用，从根本上提高工作人员积极性。建立健全与工作业绩紧密联系、充分体现人才价值、有利于激发人才活力的激励保障机制。完善体现市场化水平，向关键岗位、优秀拔尖人才倾斜的薪酬分配体系，突出劳效激励导向，探索列车司机、设施设备维修岗位计件工资制度，加大薪酬绩效考核激励力度；研究增强人才市场竞争力的薪酬配套政策，探索协议工资制、人才津贴、股权制和期权制等以短期激励和中长期激励相结合的分配制度。

第四，打造统一的职工服务信息化平台，加快应用大数据、云服务技术，全面推进"互联网＋"职工服务。联网发布政府和企业政策的政策信息以及企业、社会技能培训等服务信息。全方位推进信息数据向上集中，实现跨部门信息共享和动态管理。推进职工人事档案信息化建设，建立完善基础信息资源库和管理服务运行平台。同时，建立网络化的信息沟通渠道，设置投诉机制，给予员工匿名反映问题的机会，对员工所反映的问题，要及时核实，处理的结果要在网站上和企业内部及时公开。

二、创新供应链管理模式

供应链管理是现代企业生产经营的重要手段,通过采购资源的优化管理,优化开展生产及营销等活动。供应链管理考验城市轨道交通企业对商品、资金、信息在供应商、分销商以及消费者组成的网络中进行流动的管理能力,供应链上的各个节点均为不可分割的整体,若进行管理模式的创新,则需进行整体优化,使供应链上的各个企业分担的采购、生产、分销和销售的职能成为一个协调发展的有机体,从而提高整个链条的竞争能力。城市轨道交通企业需要供应的物资具有专业多、品种多、规格多的特征,涵盖了投资、建设、运营、资源开发和专业咨询服务五大板块。考虑到其公益类性质及技术更新换代快等特点,在物资采购管理方面存在特殊性。

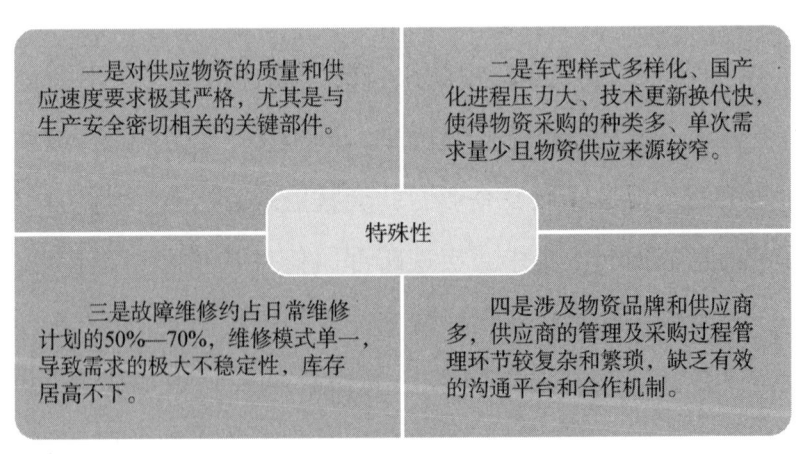

特殊性	
一是对供应物资的质量和供应速度要求极其严格,尤其是与生产安全密切相关的关键部件。	二是车型样式多样化、国产化进程压力大、技术更新换代快,使得物资采购的种类多、单次需求量少且物资供应来源较窄。
三是故障维修约占日常维修计划的50%—70%,维修模式单一,导致需求的极大不稳定性,库存居高不下。	四是涉及物资品牌和供应商多,供应商的管理及采购过程管理环节较复杂和繁琐,缺乏有效的沟通平台和合作机制。

图 8-1　物资采购管理特殊性表现

针对以上特征,城市轨道交通企业须创新供应链模式,基于大数据平台框架建立一体化的供应链创新平台,整合订单协同、供应商管理、电子采购系统、质量协同等相关工具，对接企业数据管理系统与风险管理系统，并提供供应链金融、工业品物流运输及仓储服务、制造企业信用服务等业务，助力城市轨道交通企业优化供应链流程、共享供应链信息、建立跨组织双赢的业务流程结构，实现供应链整体价值的最大化。

第一，整合协调优势板块，打造完善的供应链业务集中管控体系。整合集团在投资、建设、运营、资源开发和专业咨询服务五大优势板块，组建集团供应链业务群；利用工程建设、运营管理、维护保障、资源经营为主体的业务信息化体系和技术平台，构建分散经营与集中管控匹配协调的管理体系、绩效评价指标体系，提升供应链战略的全局领导能力，形成供应链一体化管理创新框架。

第二，发挥和扩大阳光采购平台的带动作用，推动供应商平台报价透明化、可视化。基于上海申通地铁集团有限公司供应商信息管理平台构建供应链数据库，打破集团内部、集团与运营商之间的壁垒，实现物资需求计划信息共享，供应商产品信息类型及技术参数、库存量和生产能力等信息共享，以及需求信息和供应信息职能匹配等，有效提升沟通效率，加强合作深度；应用供应链运作参考模型（SCOR模型）创建供应商可视化平台，建设共享开放的行业数据资源，鼓励供应商和客户深度参与供应链运营管理。

第三，以"互联网＋"为支撑，构建长三角地铁智能供应链生态圈。在集团内部，构建计算、网络、安全和数据仓库的"地铁云"核心。基于"互联网＋"通过独立核算、内部市场化等手段，实现内部跨组织的库存物资共享、联合打包采购，以及库存管控等，降低运营成本和风险；增强上海轨道交通供应链的辐射能力，建立面向长三角的地铁供应链服务合作网络，通过联合采购，实现库存物资共享；利用联合议价、联合采购和分批到货等手段，提高采购规模，从而降低成本，实现售后、维修、技术攻关一揽子解决方案。

第四，健全供应链安全管理体系，防范供应链风险。全面加强供应商风险预防、运营管理风险控制和供应链信息安全管控，形成供应链一体化风险管控机制，增强安全风险主动防御能力，提高集团供应链运营的可靠性；注意识别关键路径，综合分析供应链的风险源，随时备有合理的应急计划。

三、优化资源配置机制

在市场竞争环境中，城市轨道交通企业通过资源配置，可有效地保证项目建设的正常进行，做到资产结构的合理性、资金回收的及时性，以及资金使用的计划性，可以充分利用情报信息资源，做出快速正确反应，用以把握企业经营的正确方向。同时，建立一套合理的激励制度，优化人力资源，最大限度地发挥人员的创造效率和效益的潜能。

第一，利用全面预算管理优化企业资源配置。全面预算管理是现代企业管理的重要工具，作为企业经营战略的载体，关系到企业管理各层面的运作，是借以预测未来期间的经营成果和财务状况的系统工具。城市轨道交通企业应围绕长期战略目标，通过选择预算主体、确定预算目标、编制预算、预算执行控制、预算分析和改进这一流程，实施全面预算管理，合理规划企业资源，并在预算执行过程中不断根据企业经营管理实际情况调整资源应用的过程，完成资源配置与预算目标的匹配，从而实现企业价值最大化。

第二，合理配置企业资产，创新资产管理方式。城市轨道交通企业目前主要采用目录式静态管理作为资产管理的主要方式，这种管理模式的弊端在于忽略了资产的全生命周期，缺乏完整的标准体系，对资产的精细化管理重视不足。城市轨道交通企业应引入资产管理全生命周期管理理念，通过信息化手段，对城市轨道交通系统设计与建设、设备维修维护、设备设施更新与升级等阶段的管理模型与方式进行，寻找成本最小化的管理途径，使得城市轨道交通资产价值实现优选化。

第三，探索中长期管理人员股权激励计划。借助股权的分类管理，差异化激励作为一种有效的激励机制在公司治理中广泛应用，对进一步完善现代公司制企业的分配制度，创建良好的任期制激励约束机制，提高企业管理水平和经济效益具有重大意义。企业可以建立股权激励基金，激励对象为高层、中层管理人员和技术骨干，制定科学合理的任期制股权激励计划，协调团体利益，避免委托—代理关系中存在的利益冲突。

第四，积极争取政府的财税政策支持，全力争取地方政府对城市轨道交通企业的财政投资、财政补贴项目以及政策优惠，参与地方政府对城市轨道交通企业的补贴机制设计，接受地方政府对财政补贴的引导和监督。

第五，加强整体税务筹划，降低税赋支出。在企业税赋方面，城市轨道交通企业应尽可能采用建设、运营及资源开发一体的模式，申请将运营公司的进项与销项在集团总部汇总后进行增值税缴纳，最大限度增加进项税抵扣，减少税务沟通环节，实现增值税专业化管理，若运营公司为子公司，则可按照有形动产租赁或出售的方式，把车辆、设备等有形动产租给或者卖给运营公司，开具增值税发票，运营公司作为进项税实现抵扣，改善进项不足的局面，同时还能通过调整租赁费控制运营公司的经营成果；在供应商合作方面，需对应税项目取得的增值税发票进行科学、规范的管理；在合同签订方面，需明确对标的价中是否含有税价进行明确，并在合同中予以明确表述，并将供应商提供专用的增值税发票作为重要条款列入合同内容。

第二节　加大扶植战略性新兴业务

传统企业拓展战略性新兴业务，需在自身战略发展需要的基础上，聚焦价值链创新，将整条价值链中某一个已经积累了一定技术基础的优势环节独立出来，形成一个独立的业务。拓展新业务的途径可以通过纵向发展和横向发展两个脉络展开，纵向业务扩张的含义是在企业自身能力的基础上延长整个产业链和价值链，在多环节叠加后形成结构性优势，例如试行培育混业发展新增长点，深入挖掘城市轨道交通运营企业在全产业链条上的分工角色。横向业务的扩张在于搭建大数据平台，在平台上形成多元化业务模式，例如运用目前的互联网技术和数字平台技术，开拓地铁传媒发展新空间，加大扶植数字贸易新业务。值得注意的是，城市轨道交通运营企业需要在建设及运营环节，以用户资源和用户体验为核心，寻求新的经济增长点，依托清晰的企业发展战略、高效的组织内控体系、扎实的执行力、领先的数据服务系统，不断培育核心资源和核心能力。顾客资源是城市轨道交通运营企业的服务内核，企业应以顾客资源为圆心，不断拓展服务类型和服务边界，从而延展顾客资源，实现经济效益的提升。

一、开拓地铁传媒发展新空间

目前全国城市轨道交通建设与运营的跨越式发展，地铁乘客群体快速扩大，地铁媒体越发显示出它在传播上的优势性，城市轨道交通传媒经营迎来了黄金发展期，城市轨道交通媒体业已成为城市广告媒体中最具影响力和竞争力的媒体。对比香港地铁占据香港户外广告市场过半份额的事实，上海地铁媒体广告花费约占总额的23%，地铁传媒市场仍然有较大的发展空间。因此，促进城市轨道交通企业与传媒经营领域的深度合作和交流无疑具有重要的现实意义。地铁传媒涵盖内容广泛，主要包括依存于城市地铁的运行空间内（即站台、站厅、通道、出入口、轨行空间，以及地铁车内及车身空间等）或直接针对轨道交通乘客进行传播或服务的各类媒体。如今，地铁广告的形式呈快速分化的态势，一些更新潮的数字媒介形式异军突起：移动互联网时代，消费者节点和触点都是分散的，数字媒体的营销策略可以精准投放广告，并将平面广告、电视广告等传媒形式有机整合在一起，通过多种形式刺激目标受众的感官，实现更好的广告效果。

开拓地铁空间新媒体，应按照"以乘客为中心"的导向，不断提升乘客出行消费体验，推动地铁传媒由规模扩张向规模扩张与效益提升并举转变。第一，城市轨道交通企业应将线路布局与媒体开发进行匹配，完善地铁传媒与新线建设、网络运营的协同机制，提前预设或合理安排经营性资源空间和接口，实现传媒空间布局与车站总体融合协调，针对地铁途经的重要商圈、住宅区、高校区等不同区域以及车站内部建筑结构，分别制定媒体开发计划，与地铁站出入口连接的地面公共与商业设施相配合；在空间利用方面，通过技术创新、管理创新，不断推动车站地面部分有效整合、站厅设备用房和管理用房压缩，增加可利用开发资源。

第二，扩展广告发布渠道，创新多样新颖发布方式。开展与媒体经营商合作时，需以"科学化、专业化和高度协同"为合作理念，破除旧的经营思维和技术限制，掌握上下游广告产业链的创新思维和想法，在技术和创意上推陈出新，尤其应加强新兴媒体跨界融合发展，扩大新媒体移动视频平台内容提供、终端受众，在满足乘客视觉享受的同时拓展地铁传媒的发展新空间。

第三，构筑沉浸式、微互动的场景营销，相比过去广告营销的以一般性的客户需求为导向，场景营销最大的特点是消费者在某一环境、场景下的需求体现。因此，可以进行车厢全包广告投放、隧道动态媒体等创意数字媒体的深度开发，做到影像的动静结合。基于大数据分析，根据消费者所处的地铁空间位置与地域环境等场景精准投放广告，注重人与人之间的关系所产生的心理体验，在地铁空间内产生"围观效应"的微互动。

第四，提升地铁广告技术，例如在感官形式上，除了视觉的冲击，还可以利用 AR 和 VR 等技术为消费者带来听觉、嗅觉等形式的广告方式，例如在地铁站搭建 3D 广告位，使受众有身临其境的感觉；同时可以使用扫描二维码技术，与线上画面相结合，投放 AR 广告，让广告变得更加丰富多彩。

二、加大扶植数字贸易新业务，打造数字经济发展引擎

数字贸易依托互联网，以数字交换技术为手段，为供求双方提供交互所需的数字化电子信息，实现以数字化信息为贸易标准的、创新的商业模式。城市轨道交通企业的数字化升级，不应仅仅停留在互联网的技术层面，而是应该上升到设计层面，任何企业都无法回避用互联网思维来审视所在行业，尤其对于城市轨道交通企业这类公共服务单位而言，因为地铁能够把人流、物流、商流有效的聚合起来，然后集中性地获取海量城市交通、商业信息，大数据技术可以为城市轨道交通企业提供客户关系管理、加强轨道交通市场分析和预测、提高运输收益管理等服务，具有极其重要的商业价值。这一特性使城市轨道交通企业更应注重数字贸易理念在经营活动中的渗透，不仅要开发好 Metro 大都会等 APP 功能，更要多渠道开拓数字贸易平台，积极发展基于轨道交通的大数据产业。

发展基于轨道交通的大数据产业，集团需开展轨道交通大数据等海量信息的研究和应用，适当向社会开放数据资源，探索引入社会力量参与轨道交通信息资源的开发利用，深度挖掘其社会

价值和经济价值。第一，整合和完善城市轨道交通大数据平台。完善城市轨道交通大数据业务架构和技术架构平台，业务架构包含整体安防、智能调度、线网优化、精细化运营、应急处置、舆情分析，技术架构层包括VPC专有网络、机器学习、基础服务ECS等轨道交通运营技术，从而在多个层次反映城市轨道交通运营的大数据信息；整合社会其他数据资源，如市政、通信网络运营商数据，建立多维度的综合数据平台，进行数据整合与应用、智能生产与服务、公共安全与预防、商圈价值挖掘等应用；深入挖掘技术，实现大数据平台的可视化，可将系统自下而上分为数据层、建模层、分析层以及图标层，以层层递进的关系对大数据结果加以清晰描述和展现。这个整合工作是未来智能交通从理念到实践发展的牛鼻子，集团必须全力以赴将纤绳牢牢掌握在手中。

第二，深入挖掘大数据平台的应用价值，将技术沉淀和应用价值高效转化为经济效益。通过对客流分布、行车、地铁卡等多种数据进行深度挖掘，可以为城市轨道交通的规划、建设、运营提供全方位的数据决策依据，可以及时发现人口流动变迁规律，找出运力矛盾突出的区域，对城市轨道交通管理运营、人口疏导和新线规划起到指导作用；通过综合利用设备运行状态、故障信息、联动控制等数据，实现能耗数的分析和展示，对于地铁能耗的预测、节能减排的改进做出指导。除传统功能外，还可开发大数据平台新功能，如通过人群密度检测和人脸检测识别技术，构建地铁整体智能安防系统，建立机车及轨道设备故障预警模型，通过智能调度数据优化调度系统，通过标签技术和在线分析技术实现消费者群体全景画像和在线查询数据服务。未来一段时间，全国各大城市的地铁基建和运营将进入一个快速发展期，集团应发挥好上海地铁的先发优势，将设计、规划、建设和运营中的数字化优势全面展现，以推动上海地铁全业务链数字化技术"走出去"为抓手，打响上海地铁在我国轨道交通行业中的品牌，同时为集团挣得市场化的经济效益。

第三，深入挖掘大数据平台的多元化发展模式，推动基于轨道交通的大数据产业全面发展。城市轨道交通数据平台可为政府部门提供轨道交通行业的规划、城市监管以及票价票制改革的数据依据；也可开发 APP、微信公众号或者小程序，为乘客提供路径查询、信息发布以及周边资源检索等便民服务；又可将数据平台的开发与技术经验打包为运营课程，为其他省市的城市轨道交通企业提供运营管理和技术咨询服务；同样可为房地产开发商提供丰富的客流信息，分析潜在消费者群体，为商圈的设计与规划提供数据支撑。未来大数据平台的发展模式必然是形式多样和与时俱进的，有些业务的可行性已然被世人认知，但是更多的数字贸易的潜在形态尚未显现其变现价值，是埋藏在数字矿山下的金脉。集团要有把握金脉勘探权、开采权的超前发展理念，孵化一批主业放在开拓城市轨道交通未来业务数字化发展的中小型企业，积极与国内外高校和研发机构合作，发掘专业人才和创新项目，尝试以风险投资、天使基金和孵化器等多样化投资渠道，做大做强基于轨道交通的大数据产业，推动"轨道交通＋大数据产业"的良性融合发展，打造好未来轨道交通行业数字经济发展的新引擎。

三、试行培育混业发展新增长点

地铁公司普遍亏损如何才能建立起可持续的发展和盈利模式，已经成为整个行业面临的普遍性难题。从国内外地铁企业看，大多采取"墙内损失墙外补"的方式，维持盈亏。以此经验看，城市轨道交通企业应尝试探索混业经营，培育新的业务增长点，选择有盈利的模式，整体提升企业价值，实现可持续发展。城市轨道交通企业需要在建设及运营环节，借助企业在建设、运营过程中形成的技术积累，做到以客户为本地拓展新型经营业务，依托清晰的企业发展战略、高效的组织内控体系、扎实的执行力、领先的数据服务系统，不断培育可以在行业外市场化经营的新产品、新技术、新模式、新服务。

第一，主动发现地铁建设市场机会，积极发展车站周边工程代建业务，努力增加经营收入。模仿香港地铁"轨道+物业"的经营模式，依托地铁站点商铺或沿线物业，系统化开展地铁物业项目，打造集房地产、广告、通信、商贸等为核心的组合模式，形成经济效益最大化。同时，打造更多高端环保、绿色节能的物业，以塑造独特的地铁地产品牌，使地铁的资源开发特许经营形成特色并获取巨大的回报。

第二，设计行业领先的金融产品，提供金融服务定制化业务。地铁客流相对稳定，地铁公司具备为其提供金融服务的基础，可联合金融机构将城市一卡通加入公用事业支付功能与小额资金投资理财功能，丰富城市一卡通功能，同时，乘客也可以选择使用大都会APP或地铁Wi-Fi享受定制化的投资理财等金融服务，运用大数据平台的数据追踪分析技术，为乘客量身订制个性化金融产品。

第三，输出运营管理技术，城市轨道交通在票务运营等方面积累了长期的丰富经验，在行业内有较高服务水平，可进一步拓展培训类和咨询类业务，建设专业的培训和咨询中心，利用企业内有丰富运营组织经验的技术人员资源，面向后续组建的同行业内企业，进行运营技术培训、地铁运营管理咨询等。

第四，开发设计、勘测与监理业务。由于这类业务需要大量专业技术人员和设备投入，故在初始状态下的城市轨道交通企业并不会在线网建设工作紧张的状态下开展。通常由城市轨道交通企业选择并委托专业的设计、勘测和监理企业进行。但随着城市轨道交通企业业务的不断发展，企业可以通过组建自己的设计院，可有效降低委托成本，实现收益更优化。

第五，试水接驳公共汽车运营业务。结合自身在技术、工艺、销售渠道、市场营销以及产品等方面的优势，将地铁、轻轨与公共汽车业务整合成一个完整的公共交通系统。将剩余资源充分利用，与其他业务单元共享这部分资源，扩大经济效应。

第三节 拓展市场发展潜在空间

轨道交通技术的百年发展，带来了更安全、高效、便捷、精准的出行保障，地铁已经完全融入了城市生活，对绝大多数人来说它熟悉又陌生。全球越来越多的城市，都在探索地铁传统交通功能以外的可能性。目前，相对典型发达国家的相关案例而言，我国地铁经营领域仍然较窄，应当逐渐增加地铁经营开发领域，加速转换经营发展新动能。本书提出的途径主要有：加快构建知识资产管理体系，推进"上海地铁"服务走出去，开创商业经营新格局。

一、加快构建知识资产管理体系

城市轨道交通企业在地铁修建与运营阶段，培养了大批优秀的科研人员和管理人员等优质人力资产，积累了大量的科研技术、管理技术、服务技术等知识产权，以及宝贵的社会关系资产，因此对知识资产进行管理具有必要性和迫切性。

企业应认真总结提炼城市轨道交通全产业链、全价值链、全生命周期的人力资产、顾客资产、知识产权资产和基础结构资产，形成知识资产管理体系。首先，建立多层次、复合系统，管理人力资产。将团队划分为外部用户、内部知识仓库、研究环境三个层次。第一层次包括个人和组织，第二层次包括团队成员、研究成果和研究源数据，第三层次包括各种专业数据库、仪器设备、网络服务等，各个层次具有一定的自治性，又在整体上交互合作。管理者需制作不同层面的活动规则以及各个层面的交互和合作机制，使其成为一个知识可以流动的有机整体，使团队成员有效获取、转化和共享团队内外知识资源。在这一系统下，团队成员可以迅速获取知识，实现快速的成长。另一方面，这一运营模式较为规范，可以有效防止知识资产的流失。

第二，运用区块链技术管理知识产权资产。互联网的发展使得贸易结构逐渐从以商品为主的有形贸易向以数字知识资产为主的无形贸易转变，具有在线虚拟性、互联网沉淀性、非消耗性和无国界共享性等特点，管理过程复杂、管理难度高。区块链作为一种共享式分布数据库，按照时间顺序将数据区块以链条的方式组合成特定的数据结构，并以密码学方式保证其不可篡改和不可伪造的去中心化、去信任共享总账，存储简单安全，并能在系统中自我验证的数据。因此，有必要将区块链技术纳入知识产权资产管理体系，对资产进行注册—版权认证—资产交易—侵权追踪等全过程保护。

第三，促进知识资产向商品的转化。将知识资产商品化是企业的一个新经济增长点，也是企业保护知识资产的一项重要举措。城市轨道交通企业可以通过转让专利或者许可，以及提供软件、设计、咨询、教育培训等商品和服务，经营知识资产，将其纳入多元化战略的举措。

第四，不断更新顾客资产管理能力平台。城市轨道交通企业需将乘客作为战略资产进行管理，分别从乘客知识管理、乘客赢利分析、乘客识别和获取、乘客定制、乘客挽留以及乘客赢利开发等方面设计多层次能力平台，引入全面顾客参与的理念，达成企业与乘客的价值融合，鼓励乘客主动参与到城市轨道交通的运营和管理中，培育优质顾客资产，为顾客资产的价值提升发挥战略作用。

第五，全面管理企业的基础结构资产，整合企业组织结构与其他管理能力。加强企业学习型文化的建设，促进企业内知识的自由流通，对企业网络和信息系统进行系统管理，规范与投资商、银行间的金融关系。

二、推进"上海地铁"服务走出去

近年来，国家鼓励重大装备和优势产能"走出去"，这对促进国内产业转型升级意义重大。在积累了丰富的市场化投融资、建设管理、运营服务及地铁物业开发等管理经验后，积极推进"上海地铁"品牌经营，实施全产业链"走出去"战略三部曲，在拓展巩固长三角区域市场的基础上，逐步走向国内市场，大力开拓国际市场，为企业品牌价值提升打好基础。

第一，组建实施全产业链"走出去"战略和承载核心竞争优势的企业主体，通过建立内部购买服务的模拟市场机制和板块联动发展激励机制，将企业内部各个单元的产品、劳务与服务加以市场化，把内部市场化管理与全面预算管理、全员业绩考核、全面对标管理等管理模块有机结合，提高员工的市场意识和价值创造能力，实现该主体与集团各业务板块的业务沟通、资源联通、人员流通和经营融通，为全产业链"走出去"打好基础。

第二，通过市场化、专业化、国际化运作，探索实施设计施工总承包、委托运营管理、PPP等多种形式的全产业链"走出去"模式，通过建设—经营—转让等合作方式与合作方建立长周期合作，风险共担、利益共享，加快国际轨道交通建设、运营市场的拓展步伐。

第三，运营管理咨询服务"走出去"。运营管理服务方面，在取得当地政府委任的情况下，组建运营管理企业直接承担当地轨道交通运营组织任务，输出运营管理技术；提升咨询服务业务能力，充分发挥企业地铁咨询服务在全国的领先优势，探索建立地铁咨询服务平台，以当前上海地铁为昆明地铁、宁波地铁等提供的咨询服务为抓手，成立国内第一家专业咨询服务公司[①]，输出上海地铁咨询服务的先进经验，积极构建面向长三角辐射全中国的地铁咨询服务合作网络。运营咨询服务方面，可向其他地区甚至海外提供运营和维护管理服务，按照培训—咨询—管理—移交的程序为其量身订制系统化的运营管理方案，派遣专业技术人员，帮其建立一套完善专业的城市轨道交通运营管理科学体系。

三、开创商业经营新格局

地铁作为一种公共品，具有很强的外部性，虽然政府的财政资金有较大一部分用于城市轨道交通投资，但是普遍的行业性、政策性的巨额亏损仍难以避免，更有甚者出现建成通车的越多、亏损越严重、企业负担越重的情形。在这一背景下，城市轨道交通运营企业必须抛弃单纯依靠销售地铁票来维持经营的发展方式，转变商业经营模式，设计未来轨道交通出行新服务。通过产品与服务设计的方式，优化交通出行体验，探索地铁流量变现的新服务，最终提升非票务收入的占比。

大力推行"网络化、连锁化、品牌化、差异化"的全新经营管理模式，根据车站特点丰富产品种类，应用多种虚拟支付方式，创新智慧零售等商业业态，重塑地铁商业价值链，着力提升

[①] 目前，MSCP（Metro Supply Chain Platform）地铁供应链平台由上海地铁维护保障有限公司物资和后勤分公司负责经营管理，主要功能包括信息发布与统计分析、供应商管理、供应商秀场展示等。

地铁商业服务空间的市场价值。

第一，充分发挥资源整合效应。地铁发车频次高，具有巨大的运载能力，地铁运送大量的乘客，客观上凝聚了巨大的消费需求，"市区网络＋郊区放射线"的普遍模式，让市区的商业点形成网状辐射模式，由点及面，由线带串，通过地铁的人流输送也凝聚了资金流、区域网和产业链。通过规模化、集成化的系统开发，实现品牌化、专业化和连锁化的经营模式。活跃地铁商圈，促进经济区域的催生，最大限度地挖掘轨道交通商机。

第二，在满足出行需求的基础上，挖掘乘客的综合性消费需求，丰富地铁站点提供的商品和服务种类，提升乘客满意度。通过物流的整合、信息流的整合、客流的整合、商流的整合，纵深开发地下和地铁上盖商业潜能，满足不同消费人群的偏好与效用，从而刺激消费的同时也拉动了商业发展和经济增长。

第三，实体经济与虚拟经济双轮驱动，利用线上线下新零售模式促进地铁商业模式的转变，开拓虚拟经济发展空间，打造地铁 Wi-Fi，推出相关 APP，借助免费接入的首页页面推送或应用控制，以植入广告和流量分成获得盈利，充分提升内外部资源的价值，满足地铁乘客、地铁企业、广告开发商等不同群体的个性化需求。

第四，由传统的地铁经营模式转变为"地铁＋生活"的发展模式，借鉴香港的"地铁＋物业"开发模式，打破资源约束，充分挖掘地铁沿线已开发物业的巨大利润升值，将地铁建设与运营带来的巨大外部效应内部化，通过"地铁建设＋物业＋运营"一体化的整合、设计和实施，进行组织结构、业务板块的优化整合，通过管理机制、体制的优化，实现物业开发前置、运行设备需求前置，实现资源共享和综合效益的最大化。

第五，拓展贸易的交易模式，在地铁内打造数字化零售平台。数字技术带来全渠道、全产业链营销模式，体验消费、线上线下、社交电商、无人零售等新业态、新模式将越来越占据重要作用。近年来地铁无人货柜进驻了我国各大城市的地铁站，即是数字贸易的一个重要应用。城市轨道交通企业可以借助数字化贸易平台，使用专业化的商户管理与营销系统，将线下零售渠道与线上店铺结合，将地铁用户流量导入电商，实现流量变现。

第四节　创新资本运作可持续发展模式

借助市场法则，实现资本本身的技巧性运作，将资本增值和效益增长最大化是企业的核心目标。通过创新资本运作模式，可以建立起可持续发展的企业核心能力，提高资本运用效率和效益，实现资本有效增值。城市轨道交通企业的资本运营必须以企业核心能力为基础，将自身经济实力与上海地铁品牌这一优质的无形资产相结合，实现企业规模扩大和效益提高的同步运行。同时，企业应注意低成本扩张和资本收益的有机结合，企业在资本运营过程中，根据计算、分析投入和产出比，最大限度地降低单位产品的劳动生产率，寻求效益的最大化。以下分为三个部分展开论述：探索市场化投融资新模式，优化超大网络运营票价机制，开辟国际资本运作新路径。

一、探索市场化投融资新模式

城市轨道交通运营企业需拓展融资渠道,加快融资方式市场化,为企业发展提供稳定安全的资金保障。企业可通过发行各类票据、债券或通过上市等多元化方式筹集资金,融资方式更加灵活多样,也更加高效规范。主要融资途径包括银行信贷、债券融资、票据融资和股票融资等。

第一,债券的融资成本低,发行的条件较股票宽松,适合城市轨道交通运营企业的融资需求,同时又可以规范公司运作。

第二,稳步探索股权运作模式,促进国有资产合理配置,优化国有资产投资结构,提高国有资产运营效率,实现公司股权价值不断提升。

第三,推进竞争类企业重构、经营性业务整合、股权结构调整、业务模式优化,对竞争类经营性业务进行梳理,适时推动优质资产证券化,扩大资本市场融资平台功能。

第四,积极探索网络资产证券化的途径[①],研究新兴经营业务独立上市的可行性。资产证券化对于城市轨道交通企业非常重要,一方面可以创造条件,整合优质资产,积极推进企业上市,通过上市筹集大规模资金,有效满足基础设施项目的资金需求,另一方面可以加快企业市场化步伐,遵循市场规律进行公司运作,适时推进股份制改造并使之符合公开上市要求,努力培育新的上市融资平台。

---

① 轨道交通的网络资产价值,包括超大网络耐久性基础设施和信息数据的存量经济性、超大网络客流和即时信息传输的流量经济性等。

第五，稳步推进融资租赁业务，积极引导融资租赁公司根据客户需求，提高放款速度以及产品结构、租金安排环节的专业性，增强业务创新能力；寻找新的资金来源，通过融资租赁、信托基金等方式引进外资和先进设备，扩大融资渠道，增强利用外资的规模和能力。

提倡使用创新融资工具和融资渠道，加大直接融资力度。要充分利用客流资源本身，发展地铁会员，集中会员资金，投资地铁建设和物业开发项目。针对地铁乘客人群具有年龄较轻、学历较高和收入稳定的特点，不仅对新鲜事物有较强的理解和接受能力，也具有较强的消费欲望和消费能力，要充分利用该资源开发潜力市场。

在投资方面，企业宜发展股权投资，通过合资合作的方式，拓展新业务，进行产业链布局，并获取投资收益。同时，可以转变投资思维，适当引导资金流向，围绕城市轨道交通运营业务，不断拓展产业链，实现产业链的延伸，在土地一级开发、城市房地产、物流运输、轻轨和公共汽车等方面进行产业链延伸，改善企业的业务与资产结构，提升融资能力、营业能力以及抵御风险能力。

二、优化超大网络运营票价机制

城市轨道交通网络是一个复杂的空间网络，它由作为轨道交通网络上节点的车站以及连接轨道交通各站点的线路构成。目前，城市轨道交通网络的发展具备以下特征：运营规模和辐射范围不断扩大，网络功能地位进一步凸显、运营保障要求更高，城市轨道交通网络运能增大，交通网络拓扑结构复杂、呈环+放射性，管理难度较高。支持这些功能特征发挥社会价值和经济价值的是，对于轨道交通建设、运营的巨大资本投入，既包括固定资产投入，也包括人力资本投入。目前，实现这些超大规模资本经济价值的主要机制依赖于票务收入，然而基于我国轨道交通服务定性偏向于公共服务领域的实情，票价机制很难完全实现市场化运作。未来超大网络建设运营资本的经济价值实现机制，需基于顾客需求，弹性建立优惠定价模型，实现高峰期有效转移客流，以降低满载率，平峰期吸引其他交通方式客流乘坐地铁，以增加客票收益并提高系统资源利用率。

第一，完善分时段计价体系，扩展车票种类着力动态调整，实现资本收入增值。借鉴国内外成功经验，以分时段优惠积分机制，打造更具吸引力的折扣优惠政策，吸引客流量，以增加运营收入。例如，包月通票、常旅客优惠等方式，鼓励市民选择地铁作为出行首选项。一旦地铁轨道交通形成规模经营、效益进入良性循环，不仅将大大降低市民出行成本，其积累的积分可以运用在地铁商城、商圈和业务合作中。

第二，创新分路段计价体系，实现特定拥挤路线和客流不足路线的在高峰以及非高峰时段的引流优化。加快新线和郊区线路客流以及低峰时段客流培育，推动网络运营增运增收。同时可考虑将乘车距离、时间以及乘客年龄等因素纳入分路段计价体系。例如，针对全网拥挤线路建立工作日早高峰分时定价双层规划模型，根据全网进站客流量分布和地铁满载率分别划分低谷期和高峰期，每段设置不同的折扣率或涨价率以增大低谷时段和高峰时段的差距，上层规划描述城市轨道交通企业在政府规定的范围内制定各时段最优折扣以实现总收益最大，下层规划描述乘客在各种交通方式和出行时间做出选择使得出行费用最低，通过该模型制定的分时分路计价，能够转移高峰客流并有效增加客票收益。针对某一线路区间发生的早高峰拥挤，建立早高峰时期拥挤路段定价模型，基于随机效用理论，以企业收益最大和乘客广义出行成本最低为目标，建立多目标规划模型，得出缓解拥挤的高峰最优票价提高率。

第三，建立公共资本合理经济价值实现的民意主导型长效调整机制。争取和推动市人大每三年开展轨道交通公共资本经济价值实现听证会，培养使用者付费的公共服务获益理念，在广泛采纳社会各界对轨道交通公共服务计价体系调整意见和政府制订轨道交通成本规制办法的基础上，决定计价调整幅度。依赖民意，推动政府建立轨道交通计价动态调整机制，实行轨道交通公共资本价值实现与人工成本、能源价格、物价指数和劳动生产率等因素的动态挂钩。可参照香港、北京地铁的经验，即针对人工、物价等因素变化，采用公开、透明及可预测的计价调整机制。

三、开辟国际资本运作新路径

中资企业进行国际资本运作的意义重大，是企业实现国际化和全球战略的重要途径，可以推动企业资本资源的整合重组，将"引进来"与"走出去"相结合。城市轨道交通运营企业应适应"走出去"战略国际化步伐和节奏，依托集团在设计、建设、运营、资产经营等方面的产业链整体优势，以大巴黎快线项目为突破点，不断拓展国际业务空间，探索打造国际资本运作平台。企业可通过公私合营PPP、建造运营移交BOT、运营及维护O&M等形式，参与国外轨道交通建设，将上海地铁成熟的地铁建造及运营经验、资金和融资优势、新兴业务模式等内容带至当地。

第一，积极参与其他国家的轨道交通TOD项目，通过"运营＋维护"等新兴建设模式对合作地的城市轨道交通项目进行管理，成立项目公司，利用国内地铁建设和运营领域的装备、技术、资源、服务优势，承担城市轨道交通的运营管理、技术管理、体系建设、机电设备的维护及对业主指定的维护承包商进行管理和监督，积累海外市场的项目运营管理经验。

第二，参考香港地铁公司经验，以低投资额的策略在海外私有化的市场上争取资金需求较低的城市轨道交通运营专营权合约。争取公私合营PPP合作投资地铁项目，与当地政府以及第三方投资公司建立合作，建设并经营当地城市轨道交通线路；通过"建设—运营—转移"的BOT模式兴建及运营目的地的城市轨道交通线路，引入上海地铁"地铁＋生活"的设计理念，帮助合作城市开发地铁内和地铁上盖商业发展项目，争取地铁沿线的物业开发机会。

第三，从交易形式上看，还可以通过海外上市、机构收购、建立合资企业、管理层收购、分拆、参股等投资方式进行国际资本运作，与海外的地铁运营商、地产开发商、培训机构实行跨界合作，建立长期战略合作关系，发挥协同效应。

中资企业海外资本运作过程中需监控风险，保证企业的正常运行，尤其是向海外输出技术和管理服务的过程中，城市轨道交通运营企业会面临当地政治动荡、人文以及法规等风险，企业需积极应对地缘政治风险，这需要对出口对象国国内政治环境和生态进行全面分析，把握其走向，重视当地媒体、利益集团等民间力量。

第九章 面向"三个转型"的支撑

城市轨道交通领域"三个转型"的战略目标是明确的，这需要运营主体真正成为"产品卓越，品牌卓著，创新领先，治理现代"的世界一流企业。全面推进"三个转型"的各项重要任务，其实是一个庞大复杂的系统性转型发展战略的实施过程。转型发展战略的实施，需要综合利用内外部资源，并按照既定的战略进行全过程实施，与战略的科学制定与适时调整密不可分。转型发展战略成功的保障要立足于企业自身实情，通过不断健全精细化管理体系、全方位推进标准化建设、优化全面质量管理体系、全力提升数字赋能和完善与社会共治机制等系统性措施，为转型发展战略的有效实施创造有利条件和前提保障。简而言之，就是要从"强党建、求精细、刷标准、抓质量、融数字、谋共治"等方面入手，有效搭建符合新时代发展的、面向"三个转型"的支撑。

第一节 坚持和加强党对企业的全面领导

"坚持党对国有企业的领导是重大政治原则，必须一以贯之；建立现代企业制度是国有企业改革的方向，也必须一以贯之。"

坚持和加强党对国有企业的全面领导，是巩固我们党执政基础的必然要求，是新形势下推动超大城市发展模式转型的根本保证，是推进城市轨道交通行业全面从严治党向基层延伸的迫切需要。在推进"三个转型"的过程中，首先要充分发挥党组织领导核心和政治核心作用，发挥党员领导干部"头雁作用"，才能把准方向、管好大局、保住落实；其次要建强"战斗堡垒"，全面推进新时代国有企业基层党组织建设落地见效，实现党的组织和工作全覆盖，确保政令畅通、执行有效；再则要坚持"示范引领"，充分发挥党员先锋模范作用，既当好党的创新理论"宣传员"，又当好推动国企发展"指导员"。

一、抓好政治建设的组织实施，以创新方式引导党员干部职工

国有企业作为中国特色社会主义经济的顶梁柱，必须旗帜鲜明讲政治，把党的政治建设摆在首位，始终成为党和国家事业发展的重要依靠力量。城市轨道交通的"三个转型"需要企业在政治建设上，力促组织实施到位，建设讲政治、重公道、业务精、作风好的组织体系，以社会主义核心价值观引领企业文化建设，主抓干部职工的思想政治教育，以理想信念教育为先导，将引领企业发展方向与主动融入服务国家战略结合起来。不断扩大"两个覆盖"，确保企业中凡是有党员的地方就有党支部，确保凡是有职工群众的地方就有党的工作。坚定落实企业各级党组织党管人才主体责任制度，坚持将党管人才融入企业法人治理结构，并不断践行党委统一领导、干部人事部门牵头，各单位、各部门分

工协作推进的人才培养模式。

运用新媒体做好青年思想政治工作，可以优化传统的组织覆盖和引导方式，充分运用互联网和无线通讯的新技术，着力建设"微信公众平台"，运用"红包"思维，就行业内关注的热点、发展前沿讨论话题展开，提供行业内有品质的原创"干货"内容，实现理论简单化、信息生活化。

二、优化党建工作的制度保障，以丰富实践促进与生产深度融合

党的建设是国企发展的"动力源"。必须坚持建强国有企业基层党组织不放松，确保企业发展到哪里、党的建设就跟进到哪里、党支部的战斗堡垒作用就体现在哪里。围绕参与决策、保障监督、带头执行、服务型党组织建设，创新"量化有效型"党建工作体系。探索基层党支部书记担任管理者代表机制，通过强化基层党支部书记的参与权、决策权，进一步巩固对企业管理的监督权，实质性运用对员工绩效考核的评价权以及对管理体系的维护权，有助于党建工作者尤其是国有企业基层党支部书记回归本职，专注于党务党建工作，将党的基层组织和基层党建人才队伍重新壮大起来，夯实党组织的战斗堡垒作用。另一方面，书记担任管理者代表，搭建党建工作和企业管理的"中介"，将有利于破除党建工作和企业管理两班人马和互不联动的局面，有助于将企业党建工作和企业管理工作深度融合。

以"党建＋"思维推动企业主动求变。例如，面对行业"三个转型"发展，企业党总支可以以"党建＋"思想引领，科学应

变，主动求变，通过思想赋能组建"党员创新先锋队"，锻造"敢担当、多担当、会担当"的铁肩膀，锤炼"愿作为、能作为、善作为"的真本领。例如，可以深化学习型党组织建设，推进学习活动的深入化、全员化、多样化。举办党建知识竞赛，内容涵盖综合管理、建设、运营等全业务线条，通过以赛促学的形式把学习成效转化为工作动力，促进党员干部对新兴业务知识的学习。大力借助情感赋能，让党组织氛围"暖"起来。例如，通过党建工作建立起党组织和党员干部之间、公司和党员干部之间，以及党员干部相互之间的情感联系纽带，培养"主人翁心态"，满足员工精神文化需求。此外，可以加强党对群团工作的领导，不断深化党建带群建，落实职工群众和团员青年宣传教育引导工作。完善坚持正确导向的宣传引导工作机制，带领广大职工群众和团员青年围绕"三个转型"发展目标，与企业共同发展。

三、强化从严治党的管理机制，以狠抓实效护航管理高质量发展

国有企业党风廉政建设和反腐败工作事关城市轨道交通企业"三个转型"发展全局，事关党的形象，事关党执政的重要物质基础和政治基础，必须以永远在路上的韧劲和执着，持续推进国有企业正风肃纪反腐。在实际工作中，应全面推进党委主体责任、纪委监督责任、党委书记第一责任和班子成员"一岗双责"的"四责协同"机制，进一步完善领导班子内部监督和深化纪检体制改革，在体制机制层面营造风清气正的政治生态、铲除腐败思想滋生的温床，落实"对党忠诚、勇于创新、治企有方、兴企

有为、清正廉洁"的国企领导干部标准，让所有干部的思想精力都集中到企业高质量发展的事业上来。

加快形成以积极防范为核心，以意识形态领域教育为引导，以强化管理为手段的科学防控机制，有利于稳定助推企业的高质量发展。例如，公司党总支可以实施廉洁风险联合防控工程，联合精细化治理体系、内控体系、质量管理体系、标准化管理体系建设及党风廉政建设，构建廉洁风险联防联控新模式。并且，可以将廉控工程与质量、内控体系相融合，建立一体运行、相互制约的工作机制，完善质量管理体系，以"强内控、防风险、促合规"为目标，持续强化内部控制及风险管理；可以以廉控工程为支撑，形成推动高质量发展的文化力量，使得生产成本、产品质量、售后服务和运行效率等方面取得实效，促进"管理制度化、制度流程化、流程表单化、表单信息化"，提升管理水平。

第二节　健全精细化管理体系

针对轨道交通运输服务行业点多、线长、专业复杂、管理面广等特点，其企业管理必然是系统化和复杂化的，需要具备特有的模式和方法论。随着社会对城市轨道交通发展的要求提升，城市轨道交通管理体系经过长期改进和优化已进入精细化管理时代。精细化管理是一种管理理念和管理技术，是通过一系列规则的系统化和细致化，运用程序化、标准化、数据化和信息化等手段，使组织管理精确、高效、协同和持续运行。面向"三个转型"的战略要求，城市轨道交通企业需要通过加快现代企业制度建设、加强企业运营管理和企业文化品牌等系统化管理建设，从而健全精细化管理体系的内涵和外延，日益提升城市轨道交通行业的高质量服务能级和经济效应。

一、加快中国特色现代企业制度建设

现代企业制度是以市场经济为基础，以企业法人制度为主体，以公司制度为核心，以产权清晰、权责明确、政企分开、管理科学为条件的新型企业制度。其中，企业内部控制制度是现代企业制度的内核，加快完善企业内部控制体系对企业规范管理、防止风险和提升管理效率有着重要意义。

中国特色现代国有企业制度，"特"就特在把党的领导融入公司治理各环节。必须全面理解和落实"两个一以贯之"，确保城市轨道交通国有企业党委（党组）把方向、管大局、促落实，实现党建工作写入企业章程，做实党组织研究讨论企业重大问题的"前置程序"要求，落实党建与改革同步谋划。例如，上海城市轨道交通企业坚定实施两级党委议事规则和"三重一大"决策制度，切实推进"双向进入、交叉任职"领导体制，加速深化党建督导机制，带头推进企业改革发展取得新突破，实现体制对接、机制对接、制度对接。

法人治理结构是企业内部控制体系中的核心问题，而企业法人治理结构的核心是通过配置企业的权力，建立有效的监督和激励机制。城市轨道交通行业主体需要突出企业法人治理结构和工作制度，可以参照《中央企业领导人员管理规定》进行科学任职配置，在国有企业集团加快建立"外部董事过半数的董事会＋内部经理层＋内部党委（党组）"为内涵的相关中国特色现代企业制度。其中，依法落实董事会六项职权，严格董事履职责任，董事会中外部董事应多于半数，避免内部人控制是十分关键的制度安排。同时要外派财务总监或总会计师，由出资人机构统一管理，考虑不纳入契约化经理层，建议其进入董事会，更好发挥其国有资产的"守门人"、财务真实状况的"报告人"、财务风险控制的"预警人"作用。另外，也可以通过强化董事会专门委员会功能、健全董监事管理机制等方法，进一步完善企业合规管理工作。

二、加强企业运营管理体系建设

一般而言，运营管理体系包括运营战略的制定、运营系统设计以及运营系统运行等多个层次的内容；把运营战略、新产品（服务）开发、产品设计、采购供应、生产制造、产品配送直至售后服务看作一个完整的"价值链"，对其进行集成管理。对城市轨道交通行业而言，加强业务标准体系和专业管控体系的系统性建设是运营管理体系建设的重中之重。业务标准体系指的是业务执行的技术标准、管理标准和工作标准，专业管控体系则包含了预算控制、成本控制、质量管理、业务流程、审计监控、人力资源和项目管理等。

专业管控体系建设必须要做到从预算和成本控制、质量管理和审计监控等专业领域，对企业内部的业务流程专业化管理，实践中可以从以下几个专业方面，进一步加强企业运营管理体系建设。例如，针对城市轨道交通运营安全保障，首先应进一步细化运营安全生产规章规程。在日常管理过程中，既要重视运营安全生产组织制度建设，充分发挥组织保障功能，又要强调运营安全生产责任制的贯彻落实，将"管生产"必须"管安全"落到实处，还要注意深化完善运营安全风险防控机制和突发事件应急响应机制，在安全风控上做到"见微知著"，在应急对策上做到"未雨绸缪"，更要把运营安全监管考核制度与这些制度紧密结合起来，以"赏罚分明"提升机制实效，牢牢织起运营安全保障的制度防护网。

在健全超大网络运维管理制度体系方面，应完善集中统一协同联动的运营指挥制度，加快搭建调度扁平化管理架构，通过完善岗位职责、优化重点业务流程，形成权责清晰、运行高效的一体化调度管理体系；同样，维保部门应改善设施设备维护保障制度，从网络层面优化专业设施设备修程修制内容，同时通过改进优化设施设备计划—状态维修模式，进一步全面加强维护保障资源利用的成本管控，从而为高速向高质量转型搭载管理优化的引擎。

在推进项目建设管理体系升级方面，应着眼项目全寿命周期，通过不断完善建设标准、施工管理要求，实现建设管理的高质量发展。例如，要在线网规划阶段，统筹考虑轨道交通与城市发展的战略目标，与综合交通相互融合、互通互补，确保建设资金能够顺应未来城市发展的需求，做到安全到位、充分使用。同时，项目建设管理机制需要持续优化，以运营核心指标为引导，多维度统筹考虑、综合设计各类定量指标，全力完善精品工程的工作制度。

在完善经营管理工作体系方面,需要抓住企业可持续发展的"牛鼻子",全力完善运营资金缺口的各项平衡机制。在此基础上,通过建立健全运营单位内部适度竞争机制,不断培育运营维保企业市场经营主体功能,坚实保障城市轨道交通可持续发展。例如,可以健全运营维护委外管理制度降低成本,提高运营维护质量;也可以通过完善资源经营拓展反哺运营工作机制、弥补运营资金缺口等。

三、优化企业文化品牌价值

企业文化品牌价值管理是现代企业精细化管理体系中核心内容之一。企业文化是企业在社会主义市场经济的实践中,逐渐成为全体员工所认同、遵守、带有本企业特色的价值观念、企业精神、道德规范、发展目标的总和。城市轨道交通企业品牌价值,体现的是城市轨道交通企业特有的使命、愿景和价值。例如,"上海地铁"这一品牌,不仅凝结了"申城地铁,通向都市新生活"的企业使命,承载着"成为卓越的全球城市轨道交通企业"的企业愿景,更要彰显出"社会责任第一、安全质量第一、团队协作第一"的核心价值观。企业文化建设对提升品牌价值十分关键,需通过制度建设、激励体系、培训教育和宣传推广等方式,将城市轨道交通企业文化建设落地落实。

城市轨道交通行业的品牌,既是企业文化的标志,也是城市公共文化的重要载体。超大网络时代的城市轨道地下空间,已经成为超大城市使用频率最高、受众最广的公共空间,公共艺术和文化介入这个巨大的公共空间后,自然而然地凸显出一座城市公共文化的底蕴。所以，城市轨道交通企业在推进品牌建设过程中，要利用好自身空间特色传播城市文化，着力发挥站点多的特色，突出区域文化多样性，与周边建筑文脉和功能布局相互融合，推进"文化进地铁"项目，突出公共文化的感知性、可读性和趣味性。例如，上海地铁用文化包装地铁，打造"有温度、可阅读、有情怀"的城市第二空间，形成了文化进地铁的"5M"特色。

总而言之，品牌建设离不开品牌价值管理制度的赋能，应聚焦城市轨道交通的企业文化、城市公共文化、服务和创新等方面的品牌价值提升，加强品牌战略管理，做好品牌形象传播，从品牌强度（市场认知度）、品牌绩效（顾客满意度）、品牌财务价值（品牌建设经费投入）等方面对品牌进行评价，根据评价结果对品牌建设活动进行反馈。积极推进服务品牌认证，像上海16条线路获得"上海品牌"认证一样，要着重从培育决策、标准制定、建设投入、信誉和风险管理，以及口碑传播模式等方面，全面管理和经营好城市轨道交通企业品牌价值。

第三节 全方位推进标准化建设

标准既是经济活动和社会发展的技术底座，也是企业基础性制度的重要组成部分。企业标准体系，是指企业内的标准按其内在的联系形成的科学的有机整体，是建立在以技术标准为主体，包括管理标准和工作标准的企业标准化系统，使企业能够在产品、技术、生产、人事、财务、后勤等各个方面建立起以各自标准为依据的管理体系。企业的标准体系建设在推进现代化企业治理体系建设和企业运营管理体系建设中发挥着基础性和引领性的作用，既是提高企业管理水平、管理效率的有效途径，也是企业运营管理体系中核心关键的部分。尤为重要的是，数字化是时代趋势，企业标准化建设要顺应数字时代潮流，应加快标准数字化进程，完善数字基础设施标准，全面支撑数字轨道交通建设，让标准化向数字化、网络化、智能化的方向迈进。高标准是高质量的保证，"三个转型"要求"城轨人"必须把标准成为习惯，让习惯符合标准。

一、建立健全企业标准体系

企业标准体系由一定数量、不同类型的标准组成，这些标准间相互联系、相互制约，形成一个有机整体。标准体系中的标准数量不是越多越好，而是以满足企业实际需要为原则。城市轨道交通企业标准体系，不仅包括运营标准体系，还包含了工程建设标准体系、安全生产标准体系、经营标准体系等。城市轨道交通企业，需要不断建立健全企业标准体系，形成业务完整、专业齐全、作业和岗位全方位的标准体系，切实满足安全生产、运营管理、建设投资等全业务链的各种需要。例如，根据城市轨道交通网络化运营管理的特点，重点聚焦运营标准体系架构来看，运营标准体系内的标准其实可以从类别、模块和层次三个不同维度划分。以类别分类，运营标准体系总体上可以分为运营服务标准、运营技术标准和运营管理标准。再以城市轨道交通五大业务模块划分来看：运营技术标准包括行车组织技术标准、客运组织技术标准、票务组织技术标准、维护保障技术标准和物资后勤技术标准；运营管理标准则包括行车组织管理标准、客运组织管理标准、票务组织管理标准、维护保障管理标准和物资后勤管理标准。

城市轨道交通行业本质上属于服务性行业，标准化建设须参照国家服务行业的标准组织要求，结合自身的运营管理特点展开制定。例如，上海地铁运营服务标准体系首先划分为运营服务通用基础标准体系、运营服务保障标准体系及运营服务提供标准体系。其中，运营服务通用基础标准是后两者的基础，而运营服务保障标准是运营服务提供标准的支撑，运营服务提供标准促使服务保障标准的完善，三个子体分别规范了运营服务开展各项工作流程，全面覆盖了运营服务的各项业务，是运营服务管理工作的有力支撑。值得注意的是，标准化组织体系的建设对建立健全企业标准体系起到至关重要的推动作用。标准化组织体系可以通过简洁的两分法，分为集团、直属单位两级标准化组织，包括集团级标委会和公司级标委分会、集团标准化室和公司级标准化分室，配备各级标准化工作专兼职人员，全面覆盖城市轨道交通的线路、车站的各运营机构和岗位。另外，作为扎实推进标准化建设的关键，在标准实施方面，建立健全"分类推进、计划管理、检查评价、激励考核、日常管理"等标准化实施机制同样至关重要。例如，上海城市轨道交通企业立足基层编制《标准化线路（车间）、车站（班组）创建标准》，标准的规范化管理体系覆盖至全路网车站、班组、车场，可以通过创建标准实施效果评价指标体系，运用指标数据分析评价标准质量和标准实施质量。

二、加速完善数字标准化体系建设

根据城市轨道交通行业"三个转型"的战略任务要求，城市轨道交通的数字标准体系建设须包含通用基础、数据基座、支撑能力、数字信任、数字安全等基础标准以及场景应用标准、评价改进标准等标准体系的建设。搭建城市轨道交通行业的数字基础设施，首先要解决的是城市轨道交通行业数字基础标准的问题。例如，轨道交通行业的数字基础标准中，通用基础子体系应包括轨道交通行业与数字信息行业对应的术语和定义、分类和代码、数据统计和转型导则，这项工作需要轨道交通行业的专业人才（包括建设、运维和经营等不同专业）与数字信息行业的技术人才共同配合完成。同样，数据基座子体系包括城市轨道交通行业的数据产品及服务权益，与城市轨道交通行业建设、运维和经营等相关数据流通合规性评估，各专业板块数据的分级分类，与可经营性数据交易定价和数据资产化评估等相关数字标准化工作，离不开既懂专业业务又懂数字化技术的人力资源融合推进，这就要求城市轨道交通企业不断加强数字标准化组织体系，可在集团、直属单位两级标准化组织中增加数字标准化专委会，并成立数字标准化推进组。

城市轨道交通企业可以在重点业务率先开展数字标准化试点，加快形成数字经济发展合力。以各业务流程和专业板块的标准互联互通能力提升为重点，强化网络统型标准，从统一接口、统一界面、统一尺寸、统一功能等角度出发，推动网络设施设备统型，提升超大网络运营维护质量。例如，上海城市轨道交通企业构建覆盖了"采集、归集、治理、应用、安全、运营"全流程的数据标准体系，形成"建设、运营、设施设备、经营、企管"五大业务集群的数据标准。再譬如，其建立了链接城市轨道交通运营全过程、45个运营应用全场景的智慧运营标准子体系，并形成覆盖城市轨道交通6大专业63项智能监测的"智＋三智"智慧维保平台和系列标准，研发自动扶梯智能安全监视及远程控制系统标准，做到行车车控室智能"监"、远程"控"，数字标准化助力城市轨道交通智慧出行。

数字标准化发展理念要树立，应加大智慧地铁标准的相关培训与宣贯力度，促进数字标准化发展符合国际标准化组织（ISO）、国际电工委员会（IEC）、国际电信联盟（ITU）等国际标准化组织的发展要求，加大科研项目对重点数字标准化实践的支持力度，积极加入国际标准化组织并争取承担相关职务，按照对标最高标准、最高水平的要求，进一步规范研究创新、成果应用、数字标准编制等一系列流程。另外，在加强行业引领方面，应该积极梳理具备申报国家级、行业级、省市级等相关评优项目资格的标准及标准化项目，形成申报梯次规划，着力开发具有独创性、领先行业技术水平的相关标准，争取填补城市轨道交通行业运营建设技术标准空白。

三、全力深化"标准数字化"系统工程

标准数字化，是指将标准体系利用数字技术对业务生命周期全过程管理进行数字再赋能，使标准内涵的规范能够通过数字设备进行读取、传输与使用的运营过程。2019年，ISO提出了一种

名为SMART标准的新型标准概念,依据标准内容与机器的交互程度将标准的演进划分为"纸质文本""开放数据格式""机器可读文档""机器可读内容"和"机器可交互内容"五个阶段。

城市轨道交通行业的标准数字化路径,首先应推动标准数字化进入"开放数据格式"向"机器可读文档"升级阶段。纸质文本无法实现机器交互,只有完成将纸质文本转换成开发数据格式文本,才能初步实现基础检索、在线预览。因此,需要在集团、直属单位两级标准化组织中设立开放数据格式文本推进小组,负责评估考核相关专业标准的开放数据格式文本转换工作的完成度,加快形成向"机器可读文档"升级的前期基础。

其次应重视标准数字化应用生态,以问题导向为原则,探寻更广泛的标准数字化应用方式,更深刻的标准数字化创新。城市轨道交通企业以建立智慧地铁为目标,面向智慧地铁的业务场景与智慧化应用等发展趋势,应加大力度组建企业内部的数字科学研发中心,全力克服进入"机器可读内容"阶段的技术瓶颈,尽早实现按照现场需求寻找标准的数字化发展目标,构建贯穿轨道交通全生命周期、满足建设运营经营等业务管理需求、引领行业智慧化发展的智慧地铁标准体系。

实际上,我国城市轨道交通行业的标准数字化还处于摸索阶段,需结合当前行业标准化水平、研究基础、业务领域需求来整合现有资源。在工作机制、应用研究、国际交流等方面要积极加快行动,筑牢城市轨道交通发展的标准数字化基础。例如,城市轨道交通企业可以在集团层面成立专门的标准数字化转型工作小组,负责企业标准数字化发展规划制定,分工协同、统筹推进相关工作，引导开展行业标准数字化转型共性和关键技术研究，为未来城市轨道交通行业标准数字化转型相关工作提供方向指引与决策建议。

第四节 优化全面质量管理体系

随着市场对产品服务质量的要求越来越看重，企业为提高产品服务质量，建立符合 GB/T 19001 的质量管理体系，已成为现代企业管理的一项最基本的要求。全面质量管理，是质量管理控制工程中的术语，是一种综合的、全面经营和管理的理念，它以全员动员为形式，全过程管理为手段，以质量管控为目标，代表了质量管理发展的最新阶段。其有三个重要特征：一是全员参加的质量管理，二是全过程的质量管理，三是全组织的质量管理。

我国质量管理事业已经进入了"全面质量管理"阶段，质量的内涵外延已经超越产品、服务或者工程质量的范畴，更加关注企业为客户、员工和社会所创造的价值，以提高组织整体绩效和能力、促进组织可持续发展。当前，在质量强国的战略环境下，我国建立了相应卓越绩效评价体系。卓越绩效评价体系是在"全面质量管理"理念基础上发展起来的系统化、集成化管理模式，也是世界级企业成功经验的总结，已成为各类组织践行新发展理念、追求高质量发展的有效途径。城市轨道交通企业需要从组织架构、基本制度、监测评估、数字化工具、激励体系和文化建设等多方面入手，强化数字化时代的质量管理水平，充分发挥全面质量管理的中国式现代化管理优势。

一、完善组织架构和基本制度，加快融合型管理体系更新

全员参与、全组织管理既是卓越绩效模式的一个特点，更是一个优点。只有充分发挥这个优点，才可能真正取得成效。因此，城市轨道交通行业主体应在企业治理总体架构中，设立质量委员会，形成以"首席质量官及其领导的质量总监、质量发展部为核心"的全面质量管理组织体系。同时，在下属公司应安排相应的质量管理人员配备，可以在各业务板块、业务层级设置质量管理专岗，赋予各业务部门质量管理职能，搭建自上而下的质量管理组织架构，将质量管理贯穿条线、深入基层。与此同时，不断完善质量管理基本制度框架，全面涵盖质量组织、质量责任、质量事件分析、质量激励、质量失职追究等多个方面，为质量管理提供制度保障，对提高卓越绩效模式管理效能起到关键作用。值得强调的是，适应"三个转型"的运营管理体系，一定是集精细化、标准化、数字化和高质量化为一体的融合型管理体系。从优化全面质量管理体系角度而言，需要不断创新自我定期评估、贯标成熟度评价等新机制新方式，推进既有质量、环境、职业健康安全、测量等认证体系与各业务的深度整合，建立由质量部门和业务部门共同组成的内部质量协同机制，构建"质量＋业务"问题分析解决形式，对提高卓越绩效模式管理效能也是不可或缺的重要机制。

同样，引入委外供应商、专业质量机构等外部合作方，着力搭建内外联动的大质量协同机制，针对不同层次、不同类别的质

量问题开展不同形式的质量攻关也有异曲同工之妙。可以充分借助外部人才资源，设立相关组织机构，加强与地方质量协会合作，为高质量发展出谋划策，培养质量专家、骨干和人才，共同开展质量发展相关重大问题的交流研究，引入国际国内及行业先进体系标准及认证评价方式，发挥融合型质量管理体系的比较优势。总之，以卓越绩效模式为框架，融入企业管理体系的标准要求、加快融合型管理体系更新，可以有效扩大覆盖范围，使其涵盖企业经营管理的全过程，适应新时代企业管理的需要。

二、强化动态监测定期评估，应用指标推动多层次改进

为了发挥对相关专业业务质量的评估作用，可以积极释放质量监测机制的管理效能，探索建立总体监测与分类监测相结合、质量问题监测和质量指标监测相结合的质量监测机制，及早发现潜在质量隐患。事实上，还可以将质量审核融入质量运行体系的全过程、全周期，形成"滚动性日常审核＋重点性专项审核"相结合的常态化审核组织方式，并通过建立自我审核、二方审核及三方审核相结合的审核机制，不断完善自我评价机制，对关键性指标进行实时跟踪、动态评估，及时发现质量问题，形成项目清单，动态整改提升。例如，搭建和灵活应用由评价指标体系、对标指标体系、监控指标体系和流程指标体系等构成的高质量发展综合指标体系，不仅可以对城市轨道行业总体质量进行综合评价，而且有助于对下属企业进行业务精细化的管控。同时，重视经验总结，并实时改进综合指标体系和手段工具，是切实解决质

量问题的重要方法。实时改善高质量发展综合指标体系的结构和内容，逐步建立"多层次、多类型"的全员质量改进活动体系，对于优化全面质量管理体系十分关键重要。

三、加强数字化质量管理，主抓现场质量提升实效

卓越绩效模式覆盖范围广，内容要求高，管理工具多，特别需要充分发挥数据在质量管理中的关键作用，强化业务指标的数据化转化及数据平台建设，推动质量和业务的双向深度融入，把质量数字化作为推动质量提升的主攻方向，构建数字化时代的质量管理新体系和新方法。例如，服务蓝图、费玛、六西格玛黑带、5S以及因果图、亲和图等多种质量工具，都在实际业务运营管理中发挥着重要作用，既能够发现不少质量上的问题，也会暴露出各种工具的适用性问题。因此，区分行业指挥、运营服务、维护保障、工程建设等不同业务领域，分别选择更为适用有效的质量工具，对业务质量进行数字化构建，搭建科学分析和改进的数字化基础，可以有效提升现代企业治理体系的精细化管理水平。

值得重复强调的是，城市轨道交通本质上是服务性行业，现场服务质量是检验高质量发展成果的核心准绳。须聚焦"业务流程"和"质量数据"相结合，运用全面质量管理的所有方法和工具，包括量化指标、实时监测和分析质量数据，掌握质量状态，不断识别顾客和相关方需求，发现质量问题，制定实施新标准、新举措，跟踪剖析薄弱环节，推进质量、标准和信息化建设同时优化升级，牢牢抓住现场质量提升的实效性。

四、健全质量管理激励体系，加强全员质量文化建设支撑

监测评估、量化考核的有效性离不开科学合理的激励体系。科学合理的激励体系能够调动全员工作积极性，全面推动企业高质量可持续发展。因此，优化全面质量管理体系需要相应建立包括多层次、多类型质量奖项在内的质量荣誉体系，形成物质和精神相结合、集团和子公司级相呼应、综合和单项相协调的全方位质量激励体系。例如，完善符合质量考核的薪酬体系；定期组织召开质量大会，表彰先进，提供质量成果展示平台；创新设立质量工作室，给予质量攻关活动经费支持，提高全员质量攻关的主动性。

全员参加的质量管理需要企业质量文化支撑。企业质量文化建设是现代质量管理理论和实践的发展，是高层次的质量经营战略，需要广泛宣传安全质量第一的核心价值观、通向都市新生活的质量模式、质量发展战略等内容，凝聚内外部的质量共识，形成一致的质量自觉，提高用质量文化指导行动的意识和能力。例如，可以开展专人专项质量培训，还可以创新形成质量活动矩阵，积极开展群众性质量活动，使每位员工通过各种培训和活动，增强质量意识和质量能力，最终形成全员参加的企业质量文化。

第五节　全力提升数字赋能

数字赋能指的是建立在现代信息技术的高速发展以及工业化与信息化深度融合的基础之上，通过强化人工智能、区块链、云

计算、大数据等数字技术在生产、经营、运维和管理等各方面的运用，促进企业和行业的数字化、网络化、智能化发展，提高企业资源配置效率，增强核心竞争力的系统性进化活动。值得强调的是，数字赋能是对企业进行宏观的、全方位的优化改造，并非企业内部如技术或是商业模式等单一层面的变革，其目的不仅仅是提升企业资源配置效率，更重要的是通过数字赋能现有业务流程，从而带动消费者价值重塑与企业价值创造模式的创新，最终实现可持续发展。

一、加快推进数字基础设施建设赋能企业管理体系

以"云网边端协同"为方向，推进数字化基础设施建设。随着计算、存储和网络技术的持续演进，"云网边端协同"作为当前最先进的架构理念，主要通过网络在云、边、端的高效分布和智能协同，实现计算和存储等资源利用的效率和效益最大化，有效平衡整体的性能和成本。网络通信技术是数字基础设施建设领域"基础中的基础"，建好网络通信基础设施才能开展大数据和云计算等相关技术应用，并建立起多样化的数字基础设施。第五代移动通信技术 5G 不仅能够解决人与人、人与物、物与物的连接问题，还能够解决人工智能（AI）所需的数据问题。人工智能的绝大部分数据来源于物联网，数据越多，AI 就会越准确、越智能。因此，城市轨道交通行业的数字赋能须加大在"端"上传感器、报警器等感知终端的投入，大大拓展数据采集的覆盖面；强化在"边"上对节点管理程序及相应的边缘应用的部署，大大提升现场算力的能级；坚持在"网"上基于 5G 的下一代轨道移

动通信、数据通信网、分组增强型光传送网、吉比特无源光网络及相应业务承载网等多种专用通信网络的投资强度，大大增强数字基础设施的可靠度，最终提升在"云"上数据使能、应用使能和人工智能使能等服务能级。

"云计算"建设应以系统为核心，统筹管理工作的运行机制。在虚拟空间中，业务的数字赋能、服务的数字惠民，都有赖于相应算法的合理、有效运用。面对现实世界中不同消费者的多样化需求，以及不同场景下的差异化条件，算法的价值导向、判断标准和计算方式对于数字管理的落地推行至关重要，应给予高度重视。数字管理并不只是特定情境下的数据分析或一些相互独立的功能服务，而是诸多数字应用构成的一整套工作流程和运行机制。从现实世界的信息获取到虚拟世界的协调决策，再到虚实结合的调度执行，加强投资、项目、规划目标的业务互控管理模式，不同层面的数字系统建设为管理工作的高效、有序开展提供了技术保障。在底层，云平台通过数据的汇聚、授权和监管，实现了各部门业务资源的统筹利用；在中层，"城轨大脑"等数字中台通过数据的整合、挖掘和计算，实现了各环节业务运行的统筹优化；在上层，数字驾驶舱和各种虚拟门户通过数据的归结、展示和交互，实现了各场景、各要素业务效能的统筹管理，包括数字化业务决策、规划、执行的治理体系和统筹机制。

二、大力推动业务数字化转型，拓展数字化服务应用场景

一般而言，企业IT架构由数据、技术、应用组成，业务架

构由组织、流程、规则组成，其中包括交易模式、管理模式和生产方式等。通过数字赋能对企业的IT架构与业务架构进行重构，将大大有利于企业开展数字化转型，成为智慧企业。城市轨道交通企业应全力构建以综合指挥平台为依托，资源集约利用、网络智慧联动的"一体指挥，多元联动"机制，并加快研究与区域交通、峰谷期、突发事件等客流波动规律相匹配的智能化网络集中指挥方案，智能分析突发事件类型和等级，统筹协调应急预案和触发处理机制。例如，上海城市轨道企业依据其先进的技术标准及运行标准，建成投用国内第一个通过大数据进行业务智能分析、采用云架构的"上海轨道交通网络运营调度指挥中心"，与城市运行"一网统管"平台形成对接，保障城市运行安全。

通过智慧维保大数据平台建设，逐步搭建数据生产、归集、使用、共享的技术平台和机制，实现多专业数据互联互通。首先，在"边"和"端"上，进一步完善智能化巡检系统，通过智能化设备的视觉图像采集和分析，逐步替代人工作业，大幅提升检修效率，实现降本增效。其次，实现在"云"上，根据各专业的运维数据进行预测模型构建，提供多种智能运维分析模型，并针对系统智能分析的结果，按故障类型开发相应运维控制程序，智能处理设备故障，为运营管理提供决策支持。加速完善大数据协作机制，构建集数据汇聚、智能分析、场景应用于一体的"数据＋AI"的一体化信息集成平台，促进数据和AI能力持续积累。借助智能手机终端和站内智能设施设备的数据，大力推进数据资源的归集，推进指标"数出一源"和数据价值挖掘工作，同步研究开发数据内部虚拟市场和外部资源市场的运作机制。

完善"全覆盖、全过程、全天候"的服务设施管理模式，推行智慧、全过程的设施管理。通过与"智慧城市"的数据共享和实时互通，形成与公交、公安、消防、水务、供电、信息等单位的联动，实现智能化公共资源合理配置，利用数字赋能挖掘高质量服务潜力。同时，加大有效利用视频分析技术＋智能视频监控系统的技术优势，实现全自动、全天候的视频实时监控，对无人驾驶的管理模式进行系统总结、研究和提升，形成全自动无人驾驶管理在体制机构、规章制度、队伍建设、作业模式等方面的整体方案，尽早实现高品质智慧行车体系。

三、强化网络技术确保信息安全

当前我们面临的网络安全挑战既有全球共性问题，如系统漏洞、网络窃密、计算机病毒、网络攻击、垃圾邮件、虚假有害信息和网络违法犯罪等；更有意识形态渗透、社会文化冲击和技术受制受控等特殊具体问题。信息内容安全事关政治安全和财产安全，不能有丝毫松懈。"自主可控、安全可靠"是网络的安全之道。自主，就是在关键的、重要的、核心的问题上摆脱受制于人的局面。可控，就是技术、产品未必是自己的，但能够管控住它。安全可靠，则是靠得住、信得过。大数据时代，计算机网络安全防御系统，并不是简单的连接计算机设备以及进行连接管理控制的计算机软件，其最为关键的是要确保互联网系统之间储存的大量信息安全。

第一，确保网络安全性能，应运用信息数据技术，加快建成覆盖各专业的双重预防机制信息化管控平台，从数据安全框架的管理视角出发,构建网络安全管理标准,包括数据安全规范、数据安全评估、监测预警与处置、应急响应与灾难备份、安全能力认证等。

第二,在基础共性标准、关键技术标准、安全管理标准的基础上,结合新一代信息通信技术发展情况,主要在5G、移动互联网、物联网、云计算、大数据、人工智能、区块链等重点领域进行布局,并结合城市轨道交通行业发展情况,扶植培育"伴随服务"的专业队伍和共生发展的战略供应商,保障信息化队伍稳定和质量,逐步覆盖其他信息安全重点领域。

第三,推进"等保测评"、"委外检测"等委外专业化网络安全检测机制,通过模拟网络攻击、病毒植入等网络违法犯罪行为,常态化检测超大网络的安全性,不断完善网络安全事件应急预案,制定网络与信息安全应急管理办法,建立企业网络信息安全应急管理工作小组,做好网络与信息安全事件分级工作,结合实际情况动态修订应急管理办法,明确突发事件处置流程。

第六节　完善社会与企业协同共治机制

超大城市的轨道交通进入超大网络运营阶段后,企业不仅在内部管理上,还有在综合服务提供上,特别是在公共秩序安全上,面临着一定的复杂系统不确定性风险。在维护社会秩序、保障公共安全、共创城市文化、协调社会关系等领域,需要城市轨道交通企业加强与社会协同共治机制。协同共治是新发展理念的模式体现,也是对打造"共建、共治、共享"社会治理格局的积极响应。共建、共治、共享的社会治理制度，是我们党在长期探索中形成的、被实践证明符合国情、符合人民意愿、符合社会治理规律的科学制度，是习近平新时代中国特色社会主义思想的重要内容。加强和创新社会协同治理，共建城市公共交通安全、舒适的环境是构建和谐企业与和谐社会、实现社会治理现代化的必然要求。

一、以问题为导向促进立法工作

坚持法治原则的社会共治已在我国达成共识，法治边界的建立可以控制社会共治发展中的过度化与形式化风险。将日趋成熟的现代化治理工具运用到公共危机的治理中更应重视法治框架下的制度调试，以确保紧急状态社会治理活动的规范、有序开展。法律界有句名言，"法律的生命不在于逻辑，而在于经验"。在我国，由于城市轨道交通运输属于新兴的领域，具有较强的专业性和特殊性，参与协同共治，应以现实问题为导向，改善社会共治的法律控制。如果不能依靠有效的立法对社会资源进行合理化配置，那么社会共治将丧失介入公共治理的制度理论依据。例如，上海地处长三角淤泥质软土地质区域，地铁结构会随着地层变化而发生变形，可能引发重大安全风险，1993年上海市政府就在《上海市地铁管理办法》中规定了安全保护区范围、作用内容及要求，2018年安全保护区巡查纳入了城市网格化综合管理，实现了社会共治。

未来，随着城市轨道交通高质量发展的提速，相关社会共治的立法需求将更加凸显。城市轨道交通企业应着手研究城市轨道交通发展的客观事实和规律，为新时代交通强国建设中，城市轨道交通遇到的需要社会共治的问题立法，做好充足的准备。例如，上海城市轨道交通企业主动提出立法建议，在乘客乘坐条例、运营安全标准或规范、运营信息保护和公开、违法行为监管等方面都展开相关社会共治法律领域的经验总结和研究，为《上海市轨道交通管理条例》《上海市轨道交通运营安全管理办法》《上海市轨道交通乘客守则》《上海市地方铁路线路安全保护区管理规定》等相关法律的制定做出了重要贡献。

二、促进企业与地方社会紧密合作

城市轨道交通企业应积极履行社会责任，以遵循法律和道德的透明行为，在运营全过程对利益相关方、社会和环境负责，最大限度地创造经济、社会和环境的综合价值，促进可持续发展。党委应充分发挥党建引领作用，从管大局、抓环保入手，策划开展党组织共建，主动融入城市发展，积极履行社会责任，建设与地区发展同频共振的"企地"关系。可以通过"企地"共建联席会议，并建立定期联络机制，互相反馈信息和情况。通过领导定期互访、"企地"联谊、群团组织活动、文化体育展赛等，每年开展各种沟通、交流、观摩活动，持续增进"企地"之间的工作衔接、资源对接和理解支撑。例如，上海城市轨道交通企业以安全文化"走出去"为抓手，加强了与街道、学校等沟通交流，扎实推进地铁安全宣传工作，组织开展"公共开放日"活动。通过开展党建联建和社区合作共建等形式，逐步延伸强化地铁车站与周边社区、单位的互动共建机制。

在共治方面，可以探索建立与街道社区、公安派出所的三方协同机制，定期召开三方联席会议，就突出疑难信访矛盾进行系统研判、协调会商、预案策划。可以发挥企业所属单位的属地管理责任，与市、区政府及各部门多层次对接，与街道党工委保持热线联系，与社区、司法所、派出所保持日常联系，推动联调联处关口前移、重心下移。以"查隐患、提建议""专家市民评地铁"等形式，建立开放式的风险控制和评价管理体系，发挥企业、社会、合作单位工作合力。例如，上海城市轨道交通企业通过深化"平安地铁"等平台功能，建立完善"总队、分队、服务基地、服务站"四级管理架构，不断完善共建、共治、共享的社会治理格局。另外，未来可以以数据为基础，进一步强化治理主体的相互关系。在横向上，未来数据资源的流通共享为商业、交通、公安、城管等多部门协同治理创造了条件；在纵向上，数据资料的分发汇集为省、市、区、县、街道、社区、网格的联动治理提供了支撑。通过数据对接，政府和企业相互协作，共同参与公共治理。

三、抓牢地铁文明社区共建工作

地铁站不单是超大交通网络上的节点，更是每个社区迎接来访宾客的"第一会客厅"。每个"会客厅"的秩序、环境和格调的维护，不仅需要城市轨道交通企业的倾力打造，更加离不开社区周边政府、企业和市民的认同、爱护和参与。例如，上海地铁不断宣传推广"地铁文明、社会共治"的理念，利用各车站主题展览，积极吸引各类团体参与各种演艺活动，为市民自发活动提供环境优雅的公共空间；结合"赏音乐"吸引社区文艺资源加入社区文化共建，结合"观杰作"邀请社区绘画书法爱好者策划"在你身边的艺术展"，结合"长知识"邀请社区学生资源参与"地铁知识竞赛"，共建地铁文明社区。

针对地铁文明社区的公共安全，需要将社会共治从常态化应用推向公共危机的应急治理，既要挖掘早期公共危机治理中蕴含社会共治特征的制度经验，又要借鉴近期关联实施领域社会共治的制度实践。例如，上海城市轨道交通企业通过进一步完善"四长联动"等与公安、消防、交通、气象、卫生以及地区政府的应急联动机制，以提高快速反应、提升协同能力、保障高峰时段运营为重点，加强应急指挥、现场抢修、客运组织、调度指挥各方综合协调，定期定时召开联席会议，编制联合演练预案，推行应急联动演练常态化。

2020年新型冠状病毒疫情的爆发使公共危机与社会共治不期而遇，公共秩序紧急状态的应对考验着新型治理探索的深度与广度。全社会的联动响应、社会共治在新冠肺炎疫情应对中扮演重要角色。例如，上海城市轨道交通企业充分用好志愿者力量，扎牢地铁文明社区抗疫维稳屏障。志愿者服务，已经成为地铁文明社区防疫的重要力量。上海城市轨道交通企业已经进一步加大了"平安地铁"随手公益志愿者的平台功能，着力推动随手公益志愿服务制度化和常态化建设，为弘扬"人民城市人民建，人民城市为人民"提供人人参与的实践平台。

第十章　超大城市轨道交通高质量发展的政策环境和需求

推进城市轨道交通的高质量发展，离不开良好的政策环境保障。从上海城市轨道交通发展的历程和实践来看，超大城市轨道交通要在新时代下推进以"三个转型"为核心的高质量发展，破解突出性、难点性、焦点性的问题，为人民群众提供高质量的出行服务和高品质的生活服务，需要更有力度、更有成效、更加系统的产业、财税、规划、土地、金融等政策的支持，甚至可以在某些领域适度打破相关的政策瓶颈，创新发展一套新的政策扶持体系，激励企业自主高质量发展的内生动力，提高企业高质量发展的积极性和主动性。

第一节　超大城市轨道交通高质量发展的政策环境

一、城市轨道交通建设的相关行政规划

我国关于城市轨道交通至今缺乏统一法律规制，目前法律规

范分散，规划类型众多，线网规划和建设规划实质上指引了城市轨道交通规划的出台。一方面，城市轨道交通作为关系国计民生的城市公共基础设施，其建设依托土地空间的立体使用，离不开"发展规划""城乡规划""土地规划"和"环境保护规划"的任一规划体系。另一方面，城市轨道交通作为城市公共交通的具体类型，其建设目标包含公共交通的功能实现，需要遵守城市轨道交通专门法制中的规划要求。对此，根据《住房城乡建设部关于加强城市轨道交通线网规划编制的通知》，线网规划是指导城市轨道交通近期建设和长远发展的重要依据，是城市综合交通体系规划的组成部分，是城市总体规划的专项规划（与城市总体规划同步编制）；根据《国家发展改革委关于加强城市轨道交通规划建设管理的通知》《城市轨道交通规划编制和评审要点》《国务院办公厅关于加强城市快速轨道交通建设管理的通知》等规定，建设规划以线网规划为基础，提出近期建设方案，作为项目实施的依据。

各类型行政规划分属于不同的层级和主管机关，在程序层面可能产生交错甚至冲突的局面。城市轨道交通建设过程经历线网规划和建设规划，线网规划的具体工作由城乡规划主管部门负责，而建设规划则是由发改部门管理，问题在于二者之间的互动与衔接并不明确。2015年11月，发改委和住房城乡建设部联合发布了《优化完善城市轨道交通建设规划审批程序的通知》（下文简称《优化完善通知》），这是继2013年5月《国务院关于取消和下放一批行政审批项目等事项的决定》下放项目核准权之后，再次下放轨道交通审批权限。至此之后，除了初次申报的城市首轮建设规划仍需由国务院审批,已实施首轮建设规划的城市,其后续建设规划的审批已下放到国家发改委会同住房城乡建设部审批,报国务院备案。同时,《优化完善通知》还强调了初审部门形成意见的一致性,即建设规划及规划调整由省级发改委会同省级住建(规划)等部门进行初审,形成一致意见。在规划环境影响审查意见、社会稳定风险评估完成后,省级发改委签署省级住建(规划)部门向国家发改委报送城市轨道交通建设规划,同时抄报住房城乡建设部。可以说,《优化完善通知》一定程度上提供了发改部门与规划部门的合作机制,但是在实际的城市轨道交通建设中,政府的规划、住建、交通、发改和环保部门之间有关行政规划的权责可能并不十分清楚,在部门意见发生冲突时如何处理仍模糊不清,而且所谓"一致意见"究竟是"全部"的一致,还是"部分服从全部"的一致,上述规定仍存在探讨空间。虽然,城市轨道交通规划的实施过程从"建设规划审批—《选址意见书》核发—项目环评审批—项目可研审核—《用地规划许可证》核发—《工程规划许可证》核发"转变为"建设规划审批—《选址意见书》核发—项目可研审核—《用地规划许可证》核发—《工程规划许可证》核发",但环保部门项目环评审批与土地管理部门土地使用审批、规划部门规划审批呈现并列关系,这种并列关系恰恰增大了规划冲突的可能。

2012—2017年,我国出台了一系列城轨交通政策法规,对城轨交通规划、建设、资金、技术、装备制造具有重要指导作用,同时引领了行业发展方向。

表 10-1　城市轨道交通建设、运营的政策环境

日期	文号	文件名称	主要内容
2012 年 12 月	国务院（国发〔2012〕64 号）	《国务院关于城市优先发展公共交通的指导意见》	将公共交通发展放在城市交通发展的首要位置，着力提升城市公共交通保障水平，有条件的特大城市、大城市有序推进轨道交通系统建设
2013 年 5 月	国务院（国发〔2013〕19 号）	《关于取消和下放一批行政审批项目等事项的决定》	取消国家发改委发布的"企业投资城轨交通车辆、信号系统和牵引传动控制系统制造项目核准"；国家发改委发布的"企业投资城市快速轨道交通项目按照国家批准的规划核准"下放省级投资主管部门
2013 年 9 月	国务院（国发〔2013〕36 号）	《国务院关于加强城市基础设施建设的意见》	加强城市基础设施建设，有利于推动经济结构调整和发展方式转变，拉动投资和消费增长，扩大就业，促进节能减排
2014 年 10 月	国务院（国发〔2014〕43 号）	《关于加强地方政府性债务管理的意见》	提出建立规范的地方政府举债融资机制，建立"借、用、还"相统一的地方政府性债务管理机制；规范城轨交通项目建设的投融资模式，有效发挥地方政府规范举债的积极作用，防范化解金融风险
2014 年 11 月	住房和城乡建设部《建城〔2014〕169 号》	《关于加强城市轨道交通线网规划编制的通知》	提出城轨交通线网规划的编制要求，遵照以人为本、适度超前、统筹协调、因地制宜的原则进行线网规划。线网规划是指导城轨交通近期建设和长远发展的重要依据
2015 年 1 月	国家发展改革委（发改基础〔2015〕49 号）	《关于加强城市轨道交通规划建设管理的通知》	要求超前编制线网规划，提出项目资本金比例不低于 40%，政府资本金占当年城市公共财政预算收入的比例一般不超过 5%；规范规划审批流程，提出坚持"量力而行，有序发展"的方针，按照统筹衔接、经济适用、便捷高效和安全可靠的原则，科学编制规划，有序发展地铁，鼓励发展轻轨、有轨电车等高架或地面敷设的轨道交通制式；把握好建设节奏，确保建设规模和速度与城市交通需求、政府财力和建设管理能力相适应

续 表

日期	文号	文件名称	主要内容
2015年7月	国务院（国发〔2015〕40号）	《国务院关于积极推进"互联网+"行动的指导意见》	推动互联网向经济社会各领域加速渗透，以融合促创新，最大程度汇聚各类市场要素的创新力量，推动融合性新兴产业成为经济发展的新动力和新支柱
2016年7月	国家发展改革委、交通运输部（发改基础〔2016〕1681号）	《推进"互联网+"便捷交通促进智能交通发展的实施方案》	以智能交通发展为引领，增强行业创新能力，培育发展新业态和新模式
2017年12月	国家发展改革委（发改产业〔2017〕2000号）、（发改办产业〔2017〕2063号）	《增强制造业核心竞争力三年行动计划（2018—2020年）》、《重点领域关键技术产业化实施方案的通知》	在轨道交通领域的产业化任务中，要求发展先进适用的城轨交通装备，构建新型技术装备研发试验检测平台；为城轨交通装备领域指明了未来3年技术发展方向，有利于进一步提高城轨交通自主技术装备的核心竞争力

资料来源：中国城市轨道交通协会。

2018年6月28日国办印发了《国务院办公厅关于进一步加强城市轨道交通规划建设管理的意见》（国办发〔2018〕52号），对城轨交通的发展提出了新的要求，涉及城轨交通的申报条件、规划审核、建设速度节奏、资金保障、事中事后监管等内容，为确保城轨交通可持续发展，应坚持量力而行、有序推进的原则，以及应科学把握规模节奏、严格规划审批、强化项目建设和运营资金保障，从而实现严控城轨交通风险的目标。

显然，对于超大城市而言，国办发〔2018〕52号文中规定的建设申报条件不会产生任何壁垒。但是，值得注意的是，52号文中提出，要强化城市轨道交通与其他交通方式的衔接融合，城市轨道交通规划要与国家铁路、城际铁路、枢纽机场等规划相衔接，通过交通枢纽实现方便、高效换乘。如上所述，规划层面的各级部门意见衔接问题，会对现实中的高效换乘产生十分不确定的影响。

表 10 - 2　　2019 年交通运输部发布的行业政策和技术规范清单

序号	文件名称	发文文号	发文部门	发文日期
1	《交通运输部关于印发〈城市轨道交通初期运营前安全评估管理暂行办法〉的通知》	交运规〔2019〕1号	交通运输部	2019年1月19日
2	《交通运输部办公厅关于印发〈城市轨道交通初期运营前安全评估技术规范　第1部分：地铁和轻轨〉的通知》	交办运〔2019〕17号	交通运输部办公厅	2019年2月1日
3	《交通运输部关于印发〈城市轨道交通服务质量评价管理办法〉的通知》	交运规〔2019〕3号	交通运输部	2019年4月8日
4	《交通运输部办公厅关于印发〈城市轨道交通服务质量评价规范〉的通知》	交办运〔2019〕43号	交通运输部办公厅	2019年4月8日
5	《交通运输部关于印发〈城市轨道交通运营安全风险分级管控和隐患排查治理管理办法〉的通知》	交运规〔2019〕7号	交通运输部	2019年7月27日
6	《交通运输部关于印发〈城市轨道交通设施设备运行维护管理办法〉的通知》	交运规〔2019〕8号	交通运输部	2019年7月27日
7	《交通运输部关于印发〈城市轨道交通运营突发事件应急演练管理办法〉的通知》	交运规〔2019〕9号	交通运输部	2019年7月27日
8	《交通运输部关于印发〈城市轨道交通运营险性事件信息报告与分析管理办法〉的通知》	交运规〔2019〕10号	交通运输部	2019年7月27日
9	《交通运输部办公厅关于印发〈城市轨道交通正式运营前安全评估技术规范　第1部分：地铁和轻轨〉的通知》	交办运〔2019〕17号	交通运输部办公厅	2019年10月15日

续　表

序号	文件名称	发文文号	发文部门	发文日期
10	《交通运输部关于印发〈城市轨道交通行车组织管理办法〉的通知》	交运规〔2019〕14号	交通运输部	2019年10月16日
11	《交通运输部办公厅关于印发〈城市轨道交通运营期间安全评估规范〉的通知》	交运规〔2019〕84号	交通运输部办公厅	2019年10月15日
12	《交通运输部关于印发〈城市轨道交通客运组织与服务管理办法〉的通知》	交运规〔2019〕15号	交通运输部	2019年10月16日
13	《交通运输部关于印发〈城市轨道交通正式运营前和运营期间安全评估管理暂行办法〉的通知》	交运规〔2019〕16号	交通运输部	2019年10月16日

资料来源：中国城市轨道交通协会。

同样，要加强节地技术和节地模式创新应用，鼓励探索城市轨道交通地上地下空间综合开发利用，推进建设用地多功能立体开发和复合利用，提高空间利用效率和节约集约用地水平。可以将政府部分的行政职能实质上让渡给城市轨道交通建设运营主体，并从政策上和资金上全力支持城市轨道交通建设运营主体，实实在在把超大城市轨道交通发展的权、责、利下沉统一到单一运营主体。

另外，我国超大城市轨道交通发展阶段与一般城市轨道交通的发展阶段不尽相同，因此在新时代高质量发展的背景下，城市轨道交通建设标准和要求不应一刀切，应该根据因地制宜的原则，选择适宜的轨道交通系统制式和敷设方式，合理确定超大城市的建设标准体系。

第二节 超大城市轨道交通高质量发展的政策需求

一、突出超大城市轨道交通发展的战略地位

目前，在相关国家层级的交通规划中，超大城市轨道交通发展尚未摆到突出重要的战略地位。例如，在《国家综合立体交通网规划纲要》中，虽然提到了推动城市内外交通有效衔接的重要性，要推动干线铁路、城际铁路、市域（郊）铁路融合建设，并做好与城市轨道交通衔接协调，构建运营管理和服务"一张网"，实现设施互联、票制互通、安检互认、信息共享、支付兼容，但是，国家层面的交通规划更加强调京津冀、长三角、粤港澳大湾区和成渝地区双城经济圈四个地区作为极，按照极、组群、组团之间交通联系强度，打造由主轴、走廊、通道组成的国家综合立体交通网主骨架。毋庸赘言，在国家层面的交通规划中，必须以主骨架的构建作为最为重要的战略侧重点，而要实现超大城市内外交通有效衔接，各超大城市要主动在编制交通运输相关规划中，加强与国民经济和社会发展、国土空间、区域发展、流域等相关规划衔接，将有关项目纳入国土空间规划和相关专项规划。事实上，超大城市轨道交通相关专项规划的优化工作依然受制于上述城市轨道交通建设的相关行政规划的约束，建议重点从以下两个方面突出超大城市轨道交通发展在京津冀、长三角、粤港澳大湾区和成渝地区双城经济圈四个发展极中的核心战略地位。

一是以超大城市中心城区毗邻区为重点，大力推进 TOD 模式，针对面临土地空间开发机制的创新问题展开专项研究，解决轨道交通规划在城市空间规划和交通规划中无法发挥主导地位的体制问题。以公共交通为导向的开发模式（TOD）是规划一个居民或者商业区时，使公共交通的使用最大化的一种非汽车化的规划设计方式，是未来超大城市规划和建设需要考虑的重要开发模式。但是由于轨道交通投资建设主体往往与沿线 TOD 模式开发建设主体不同，一定会发生利益诉求相异的问题。作为大多数 TOD 模式开发主体的房地产公司，是以土地开发利益最大化为目标的，所以在对站点周边土地进行规划设计时，不会预留具有社会效益的交通设施空间，而轨道交通建设主体，为了提升轨道交通服务品质，满足乘客对于其他交通设施无缝换乘的需求，则希望规划一定的交通接驳设施用地。二者诉求的不同，就会造成在土地开发规划中，难以确保预留给予其他交通方式无缝连接的土地空间。建议超大城市政府的相关委办联合城市轨道交通开发主体组织超大城市 TOD 发展推进小组，针对 TOD 发展面临的土地空间开发机制的创新问题展开专项研究。可以将交通方面的规划、设计、科研、咨询、评估、检测和校准等专业功能并入城市轨道交通开发主体，加强与政府综合规划部门的沟通协调能力，提升轨道交通开发主体在 TOD 模式中的专业主导性，进一步强化城市轨道交通规划在城市空间规划和交通规划中的核心作用。

二是以超大城市中心城区为重点，加快地下空间管理体制创新和地下空间工程建设标准制定。城市的高速发展、更新迭起是超大城市未来发展的主旋律，发展方向也从"增量扩张"向"存量挖潜"转型。以中心城区大力开展立体化开发，是存量挖潜的主要方向，其中地下空间开发无疑是重要的发展领域。地下空间规划涉及宏观层面和微观层面，宏观层面需要地下空间涉及管理部门的专项规划统筹协调、有序实施，微观层面需要具体产权所有者的发展共识、社会认同。同时建立决策议事制度，制定不同地下空间利用类型发生矛盾的避让规则、补偿机制、强制执行机制。建议政府部门和主要的地下空间开发主体联合成立超大城市地下空间开发推进小组，加快地下空间管理体制创新，给予投资者与经营者在用地、税收、水电、通信等方面的政策优惠。如，实施容积率补偿机制，对于提供公共空间、休憩设施、街道绿化的投资经营商，给予相应的容积率回报或容积置换等优惠条件；对于参与城市更新的企业免征营业税、企业所得税、房产税和土地使用税等。

借鉴东京、香港等城市的发展经验可以看到，在包括地下空间开发的城市更新中，地铁开发主体发挥了不可替代的重要作用。地铁建设项目不仅仅是一个在地下空间中集规模大、周期长、投资大、系统复杂、质量要求高等一体的基础建设项目，而且是城市有机体中的重要"血管和脏器"，地铁系统建设不好城市发展就不会健康。然而我国在建设规模确定、设计等级以及各类设备引进上采用不同的技术标准和产品标准，这种缺少地铁专有的标准体系，将不能规范地铁的建设过程，并影响到地铁造价的有效控制。考虑到今后的发展，迫切需要制定一套地铁行业统一的管理法规和技术标准。

二、创建超大城市轨道交通高质量标准体系

一是加快符合区域一体化高质量发展的城市轨道交通运营管

理标准体系的建立。无论是长三角一体化、粤港澳大湾区、京津冀等区域一体化发展战略实施,都需要有协同一致的标准体系予以支撑。交通部可以参考铁路规章制度体系情况,组织力量开展轨道交通运营管理标准体系编制工作,允许上海、北京和广州等超大城市建立一套符合各自区域一体化高质量发展的运营管理实际操作需求、符合目前轨道交通网络化运营发展现状、符合高质量轨道交通具体特点的国家标准或行业标准体系。例如,在完成城市轨道交通运营管理标准体系框架制定的基础上,建议行业标准化组织机构参考铁路运营管理标准体系目录,综合目前超大城市轨道交通运营管理地方标准和企业标准,列出现阶段超大城市轨道交通运营管理标准体系目录。建议包含以下 11 条项目:

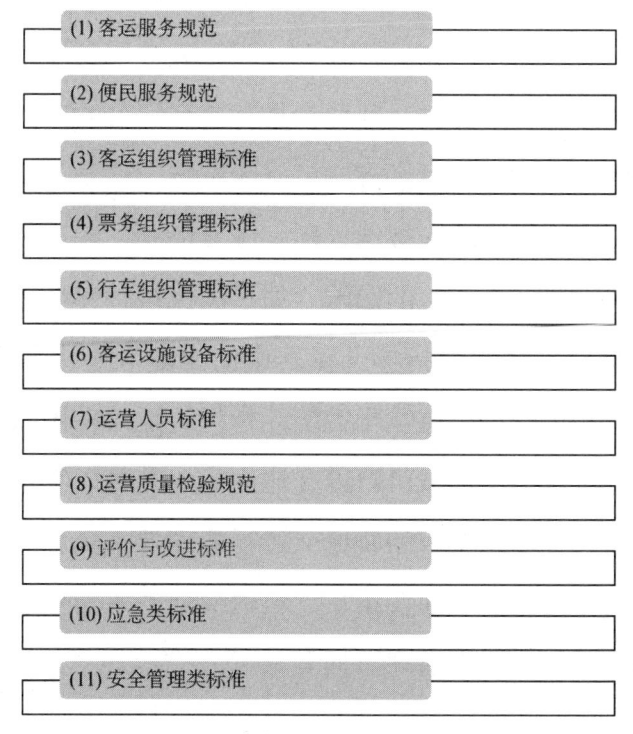

- (1) 客运服务规范
- (2) 便民服务规范
- (3) 客运组织管理标准
- (4) 票务组织管理标准
- (5) 行车组织管理标准
- (6) 客运设施设备标准
- (7) 运营人员标准
- (8) 运营质量检验规范
- (9) 评价与改进标准
- (10) 应急类标准
- (11) 安全管理类标准

图 10-1　建议超大城市轨道交通运营管理标准体系的 11 条项目

在目录编制当中，应主要考虑以下三个方面因素：要满足超大城市轨道交通运营管理标准体系构建需要；要符合目前超大城市轨道交通运营管理现状；要着眼于当前和未来超大城市轨道交通运行和发展面临的主要问题。

二是制定统一的城市轨道交通行业指标统计口径，并将城市轨道交通主要统计指标纳入国家统计序列。建议在现有基础上，结合我国城市轨道交通发展实际需求，尽快对城市轨道交通常用指标的具体统计口径和方法予以细化、完善和规范，进一步提高城市轨道交通运营管理质量与服务水平，夯实轨道交通行业指标统计基础管理。城市轨道交通目前主要使用的统计指标有基础信息指标，如运营里程、车站数、车辆数等；运营指标，如正点率、车千米、开行列次、客流量等；安全指标，如事故数、乘客伤亡数等；财务指标，如运营收入、职工人数等。城市轨道交通是国家基础设施中重要的一部分，具有典型的公共产品特征和显著的外部效益，对于国民经济产生巨大影响。但是目前城市轨道交通的主要统计指标均未被纳入国家统计序列，无法体现出城市轨道交通对国民经济产生的影响。如在国家统计年鉴中，没有城市轨道交通相关数据和指标，在其中的运输和邮电章节仅有铁路、公路、水运和民用航空相关统计指标。建议在国家统计序列运输和邮电章节中增加城市轨道交通内容，并将以下指标纳入国家统计序列：各地区城市的轨道交通行业就业人员数、轨道交通线路运营里程、轨道交通客运量、轨道交通换乘人数、轨道交通线路平均运距和轨道交通列车拥有量。

三、优化超大城市轨道交通发展财务平衡机制

为确保超大城市轨道交通的可持续发展,需要在总结近年来改革实践并借鉴国际经验的基础上,着力解决目前超大城市轨道交通财务方面的突出问题,实现轨道交通运营收支的基本平衡。

一是进一步理顺超大城市政府与轨道交通开发主体的关系。从实践经验看,项目法人制和资本金制度在促进城市轨道交通建设方面发挥了非常重要的作用,也成了轨道交通投融资体制改革的基本平台。一方面,这种以政府投资为主导、以项目公司为载体和以市场运作为导向的投融资方式,对于加快项目建设、强化项目管理以及拓宽投资渠道起了重要作用。另一方面,城市轨道交通带有公共服务性质,具有明显的公益属性和巨大的正外部性,不具备充足和稳定的投资回报率,决定了政府是提供服务义务的主体,而轨道交通企业(项目业主)只是执行主体。因此,结合近年来的改革实践,为确保轨道交通项目建设及有效运作,在明确政府是项目出资主体并承担项目债务责任的前提下,项目进入运营期后,特别是进入车辆设备大修、更新改造期,根据政府确定或批准的票价提供运营服务所获收入,不能实现收支平衡情况下,运营资金缺口应通过政府购买服务的方式加以解决。建议实际操作时,确定市区两级财政负担比例后,可按照地铁经过各区的站点数或线路长度分摊运营资金缺口。

二是在项目资本金出资方式上,尝试引入土地出资入股作为资本金投入的方式,探索"轨道+物业"的一体化投融资模式。政府以土地资源注入轨道交通企业,企业通过"土地—现金—资

本—投资"的资源资本化运作，解决项目资本金问题的同时取得土地增值收益，并通过开展 BT 等融资创新形式延展支付期，为物业开发赢取时间；以物业开发项目的预期效益为支持，进行市场化融资，进行 BT 工程款支付，解决建设资金的来源。这方面，深圳地铁提供了很好的实践经验。可以将站点与周边土地捆绑开发，扩展项目的经营范围和收益结构，在原有票务收入和广告、通信、商业等传统非票务收入之外，设计项目公司参与到地铁沿线土地的规划设计和物业开发的投资机制。建议扩大和明确地铁站点周边范围的土地交由地铁企业投资开发。如可将站点周边 800 米半径范围物业规划、设计和开发的主导权赋予轨道交通运营主体，开发收益反哺未来地铁运营开支，实现部分经济外部性效益内部化，完善轨道交通投资项目的回报机制，进一步增强轨道交通资产运营的盈利能力，从而提高整体基础设施资本形成的社会效益和经济效益。

三是构建合理的票价定价机制。建议在坚持"公益优先、兼顾效益"原则下，按照"谁受益、谁付费"基本思路，综合考虑市民承受能力和企业运营成本的前提下，以票务收入能够弥补运营成本作为确定票价水平的参照标准，将票价水平与一定时期（如 3—5 年）的物价上涨幅度（CPI 指数）、居民收入增长率等建立联动调整机制，由各超大城市的地方物价部门以 3—5 年为一个周期，按当地社会平均上涨水平计算确定票价并实施票价调整。

四是给予超大城市轨道交通企业税费扶持政策和项目贷款利率适当优惠。鉴于城市轨道交通的公益属性，不同于一般的经营性行业，建议国家财税主管部门对超大城市轨道交通行业统一出台税费扶持政策。如：比照《财政部国家税务总局关于明确免征房产税、城镇土地使用税的铁路运输企业范围及有关问题的通知》（财税〔2004〕36号）以及《财政部国家税务总局关于明确免征房产税、城镇土地使用税的铁路运输企业范围的补充通知》（财税〔2006〕17号）和《财政部国家税务总局关于对城市公交站场道路客运站场免征城镇土地使用税的通知》（财税〔2013〕20号）的有关政策，建议对城市轨道交通企业自用的房产免征房产税，对城市轨道交通站场运营用地免征城镇土地使用税；为支持轨道交通项目投融资平台的建设，建议对轨道交通企业获取和开发的土地免征契税和土地增值税；参照国家对铁路系统内部为本系统修理货车业务免征增值税的优惠，对轨道交通企业也给予相应优惠；对轨道交通企业所得税继续给予"两免三减半"的优惠等。建议修订车辆购置税使用管理办法，并类比支持水上交通方式，将支持轨道交通建设和运营也纳入车辆购置税支出范围。另外，鉴于城市轨道交通的经济属性、社会效益显著，公益性特征明显，但项目自身盈利回报能力低，建议国家央行将轨道交通行业列入拟重点发展的部门或行业，明确对城市轨道交通项目的贷款利率在基准利率的基础上统一下浮一定比例，或对其制订较低的商业银行贷款利率及再贴现率，以有效降低项目融资成本，减轻债务负担。

四、完善超大城市轨道交通建设运营管理体制机制

（一）推进轨道交通行业行政协议高效实施的立法和综合职能部门设立工作

从深圳地铁的高速发展实践来看，引入香港地铁不仅减轻了

融资压力，更重要的是导入成熟的"地产＋物业"的开发和运营经验。未来超大城市智慧地铁的高质量发展，势必需要更多的资金和更成熟的可持续运营模式，应该说，深圳这种PPP模式对超大城市轨道交通发展具有很大的借鉴意义。但是，必须看到的是，目前作为PPP项目的基础法律文件的政府采购法和招标投标法，其制定年限都较早，对PPP项目实施的特殊性欠考虑，更不能涵盖轨道交通行业PPP项目运行中实际涉及的问题。事实上，轨道交通投资量巨大，建设、运营和综合开发等工作非常复杂又自成体系，由于国家层面对城市轨道交通管理没有制定全国统一的法律和行政法规，只有行业主管部门出台的一些技术规范和部门规章，造成了我国城市轨道交通管理缺乏高效有力的制度规范，给轨道交通建设、运营、资源开发和投融资等具体工作的开展造成很大障碍。

建议针对赋予轨道交通运营主体资源综合开发特许经营权、允许土地使用权作价出资和计提土地出让金作为建设资金等重点领域，加快推进地方立法工作，从法律制度层面保障未来轨道交通行业行政协议的高效实施。另外，轨道交通建设涉及的要害部门非常多，一般跨部门的决策事项由几个分管领导协调。轨道交通由城市的主要领导分管和部门领导分管，在决策程序、决策效率和解决程度上效果截然不同，这种不同也必然反映在时间成本、资金成本和发展成本上。因此，建议在管理体制的具体运作上可融合新加坡和香港交通管理体制的特色，既突出陆运交通管理功能，又融合住房建设管理功能，实现纵向分割管理向一体化纵向整合管理转变。

（二）优化城市轨道交通运营线路车辆增购流程

我国对既有运营线路的车辆增购也采取了与新建线路基本相同的国家审批程序，再加上城市轨道交通车辆的采购招标、谈判、设计与制造周期本身就较长，使运营线路增购车辆的环节层次较多，整个增购周期较长，一般从报送审批到第一列车投入运营，至少需要两年半时间。这就意味着，一方面，运营线路运能短缺状况要得到改善需要长达两年以后；另一方面，在这两年半的时间里，随着线网的完善，客流量还会继续上升，形象地说，新车采购速度有时甚至比不上客流量上升的速度。建议在工程项目可行性研究报告中增加车辆增购篇章，将原先车辆增购可行性研究报告的内容纳入其中，明确车辆增购条件、运营方式、资金筹措等内容，将二次审批优化为一次审批，降低行政成本。

在需要城市轨道交通及时提高运输能力，改善运营服务水平，满足大众利益要求方面，城市轨道交通运营主体一直处于较为被动的局面，这与城市轨道交通运营主体作为公益服务型的定位是不相符的，也是与持续改进民生的时代要求有距离的。建议将车辆增购的条件从原先的每小时多少万人计量的高峰断面客流量调整为客流量和月均高峰断面客流增长率相结合，可从重点审核车辆增购可行性研究报告转为重点审核车辆增购流程启动的两个前提条件的客观性，从严把关，保障我国城市轨道交通的健康发展。

（三）推动城市轨道交通国产化工作从项目评审制转为产品准入制

产品准入制强化重点核心技术国产化的扶持，例如，关系到国内轨道交通产业核心竞争力的车辆牵引传动、控制制动技术，列车自动运行系统，通信系统的传输网络和数字集群设备，综合监控系统的服务器和系统软件等重点内容，通过核心技术的国产化，可以以点带面，促进国内轨道交通产业技术水平的进一步发展。建议超大城市政府组织相关委办局联合制定以产品准入为核心的国产化工作机制。通过完善轨道交通核心产品扶持目录，明确国产化的扶持重点和方向。关键是按照核心技术分类标准重新修改国产化定点目录，并增加总成制造类、系统总承包、技术总负责的国产化定点企业。根据国产化定点目录制定相应的进口税减免政策，强化国产化的政策激励效应。指导业主根据国产化定点目录组织招标，在项目中充分体现支持国产化。

建议加快推进国内轨道交通产业技术标准和认证体系建设。建立城市轨道交通技术装备认证机构。按照国际惯例和标准，在信号、通信、自动售检票、屏蔽门、电扶梯等一些关键设备和产品方面加快培育建立第三方的专业认证检测机构，降低业主采购国产设备的风险。完善轨道交通机电设备的技术标准体系。在现有的24项城轨交通国家标准和行业标准的基础上，加快信号、通信、自动售检票、屏蔽门、电扶梯等一些关键设备和产品上的技术标准建设。

（四）建立建设工程节能前置许可制度，推动节能管理由"粗放"向"精细"的转变

目前，建设工程节能内容主要体现在项目建议书和工可报告的节能篇，但在具体的推进过程中却没有得到政府、业主和设计施工单位的足够重视，管理方式比较粗放。建立建设工程项目的前置许可，有利于国家有关部门依据国家节能政策、法规和标准体系，评估项目的节能情况，优化项目节能设计，控制高能耗项目的发展。建设部已编制完成《建筑节能管理条例》，现已提请国务院审议，建议拓宽该条例的适用范围，使之覆盖到整个建设工程投资项目领域，并将前置许可条款也纳入条例范围，使前置许可有法可依，该条例可更名为《建设工程节能管理条例》。

建议国家发改委依据《国务院关于加强节能工作的决定》《节约能源法》《节能中长期专项规划》等政策法规编制《重点建设工程节能产品指导目录》，一方面实现低耗能高产出产品有序竞争，另一方面优化相关企业规范节能产品采购，实现建成项目的系统节能。健全节能技术支撑体系，逐步建立建设工程各产业、各产品单位能耗的基准指标体系和能耗计量统计指标体系，使节能评估考核有据可依。同时，完善节能检测手段，用先进的科学手段来评估建成项目的耗能指标和考核用能单位的能耗指标。

第十一章 超大城市轨道交通高质量发展核心指标体系

围绕重要发展战略目标和任务生成若干指标,通过指标的分解、落实、运行、反馈、再调整等一系列过程使战略任务得以完成,同时对指标的实施状况进行监督考核,将考核结果与管理层干部的任免升迁相挂钩,是我国一种既独特又常见的管理机制。多数指标并不是中国特有的,例如,用以衡量宏观经济发展或社会治理状况的指标有国民生产总值、国内生产净值、人类发展指数、可持续发展指数等,这些都是评估意义上的指标。当指标与治理任务的下压、分解和实行尤其是与管理层干部的考核结合时,它就变成了系统运转的驱动力、压力传导的载体、政策执行的保障,因而具有了系统治理机制的意涵。指标管理反映了人类社会组织试图克服含混、不规则、不可控性,追求条理化、确定性、理性化的一种努力。指标管理不仅在技术上对度量、统计提出了较高的要求,同时也对整个系统的运营协作的把控提出了更高的要求。

一般而言,按所反映系统总体数量特征和内容不同,指标可分为数量指标和质量指标。数量指标是反映系统总体规模大小、数量多少的统计指标。例如，企业总数、人口总数、商品销售额、工业总产值、国民总收入等。数量指标都用绝对数表示且有计量单位。在统计实践中这类指标通常以总量指标的形式出现。质量指标是反映系统总体内部数量对比关系和一般水平的指标，例如劳动生产率、单位产品成本、设备利用率、平均工资、人均国民收入等。质量指标通常以相对指标或平均指标的形式出现。

从企业管理指标的实际应用角度看，核心指标一般可分为四大维度，包括规模指标、速度指标、效率指标和效益指标。这四大维度指标构成了对企业经营成果的直接评价。其中，规模和速度两个维度反映的是企业成长相关指标，发展速度带来了企业的规模增长，而随着规模的增长，保持快速的发展越来越困难，速度会逐渐降低；效率和效益两个维度反映的是企业营利性指标，效率会在一定意义上提升企业的经营效益，没有效率肯定影响企业的赢利能力，而效率并不见得一定会产出效益，若走偏了方向，则效率越高，距离目标越远，甚至造成致命的影响，而效率的提升需要一定的投入，包括研发的投入、设备的投入以及优秀人才的招募，这些都需要企业效益来保障。

客观评价超大城市轨道交通高质量发展的成效，需要构建一整套核心指标体系，才能直观地反映，也能纵横向比较分析。超大城市轨道交通高质量发展核心指标体系的构成要以"三个转型"为中心，从完整性、针对性、适应性、先进性、获得性等多角度考量，形成包括定量指标和定性指标、体现发展成果和前瞻方向的指标体系。

第一节 核心指标体系的特征和意义

"三个转型"发展是引领超大城市轨道交通高质量发展实践的重要战略导向，同时是实践新时代"五大发展"理念的重大创新。构建"三个转型"发展核心指标体系，是从定量指标层面，有效把握其战略创新和实践创新特征的积极探索，对推动落实新发展理念指引下的"三个转型"战略具有重要意义。

一是把"三个转型"发展战略的思路创新具体化为可操作的定量发展目标，可以进一步突显"三个转型"发展的战略引领性。"三个转型"发展是在深刻总结国内外城市轨道交通发展经验，把握我国新时代的新发展理念指引下全面高质量发展趋势基础上形成的城市轨道交通发展的重大创新，反映了对经济社会发展规律认识的进一步深化，在发展动力转换、破解发展不平衡难题等方面，提出了城市轨道交通发展新的战略方向和目标。构建超大城市轨道交通高质量发展核心指标体系，把具有战略性、纲领性、引领性的"三个转型"发展理念创新和重点发展任务，转化为定量化可操作的具体发展目标，从定量指标层面，充分体现其系统整体性、战略针对性和具体可操作性，为在新时代新发展理念下实践城市轨道交通高质量发展提供了有效的战略指导。

二是在超大城市轨道交通高质量发展理念创新的基础上，积极探索比偏重财务评估的 KPI（关键绩效）指标更加全面的、系统的高质量发展核心指标体系创新。目前，对基于 KPI 指标绩效考核的局限性已经形成广泛共识，社会、生态、科创和文化的可持续高发展方面的定量指标已逐步成为功能型企业发展实践的重要指导。新发展理念从全面建成小康社会目标出发，根据"遵循经济规律的科学发展，遵循自然规律的可持续发展，遵循社会规律的包容性发展"导向，实现了从单纯经济发展目标到经济、社会、生态、科创和文化全面发展的发展理论重大创新，为企业发展突破偏重财务绩效评估的 KPI 发展指标的局限性，提供了重要的发展理念支撑。有效把握新时代新发展理念的系统整体性特征，科学构建符合新发展理念实践的"三个转型"高质量发展的指标体系，形成和确立反映超大城市"三个转型"核心内涵的发展指标，是在新发展理念创新基础上对功能性国有企业高质量发展指标创新的积极探索。

第二节　核心指标体系的构建思路

一是确保定量指标选择的可获得性和针对性。超大城市轨道交通高质量转型发展核心指标体系选择使用所有的定量数据，都应出自超大城市轨道交通运营主体的统计数据，保证数据指标的可获得性和针对性。在指标数据的获取过程中，有些指标数据可以直接获取，如票务收入、研究与试验发展经费支出和有责清客事件数等方面的指标等，有些数据指标需要将收集到的数据进行计算整理，比如全员生产率、营收多样性和互联互通实力指标等，这些数据指标的整理都运用了比较规范的计算方法，保证了数据指标计算整理的科学性。

二是定量方法确定各级指标权重的客观比较性。关于发展指标体系中各级指标权重的确定，一般有通过问卷调查、专家打分确定权重的主观赋权法，通过熵值法、变异系数法和主成分分析确定权重的客观赋权法，通过算术平均和几何平均确定权重的平均赋权法，以及主观赋权与客观赋权结合的综合赋权法。根据"三个转型"发展方向包含的核心内涵，特别是在超大网络服务高质量发展、价值链创新综合发展和财务可持续发展方面形成了与一般意义的理解所不同的内涵特征，需要选择大量的、多层面的定量数据指标，反映超大城市轨道交通高质量转型发展战略思想的核心内涵。由于专家选择范围的局限性，主观赋权法很难避免主观因素的影响，平均赋权虽然简单直接，但是忽略了不同指标间的差异性，所以，超大城市轨道交通高质量转型发展核心指标体系选择客观赋权法，具体运用了根据数据指标方差分布特征赋权的客观赋权方法，即熵值法赋权方法，与主观赋权和平均赋权相比，它是一种完全根据数据指标差异性确定权重的客观赋权法，既避免了评估过程中各种主观因素的影响，同时也避免了平均赋权法对各方面指标影响差异的忽视，更有利于超大城市轨道交通企业发展水平的比较评估，是一种更加强调客观性和相对比较性的权重确定方法。

三是突出"三个转型"发展方向互动关联特征的系统整体性。"三个转型"发展方向相互之间，以及每一个转型发展方向内部所包含的目标任务之间，都具有较强的互动关联特征，这是"三个转型"战略思想作为系统性、整体性发展理论创新的重要方面，体现了新时代的发展实践需要各个方面的协同与配合，超大城市轨道交通高质量转型发展核心指标体系，根据这种互动关联特征选择核心内涵指标和数据指标，有效处理各种指标之间的相互关系，突出和强调"三个转型"战略思想的系统整体性特征。

一、核心指标设计概要

核心指标体系是紧紧围绕超大城市轨道交通"三个转型"的重大发展目标而设计。"三个转型"的核心内容分别是超大网络高质量发展，价值链创新综合发展和财务可持续发展。所以，指标设计应该将三个转型的目标具体化、现实化，主要包括超大网络建设、超大网络运营、综合服务、综合实力和经营效益五个方面。

核心指标体系要反映出超大网络建设的高质量发展。一是反映出在安全发展理念下轨道交通新线建设的安全性。二是反映出在高质量发展理念下新线建设标准和工艺的先进性。三是反映出在信息化发展理念下新线建设整体系统的高效性。四是反映出在精细化管理理念下新线建设的经济性。核心指标体系要兼顾建设工程的数量、质量、效率、安全、技术进步和环保等方面的评估。

核心指标体系要反映出超大网络运营管理模式基本成熟定型。一是反映出在安全发展理念下超大轨道交通运营线网的安全度。二是反映出在高质量发展理念下超大网络运营的保障能力。三是反映出在精细化管理理念下超大网络运营服务的可靠度。核心指标体系要内含运能管理、运营安全管理和硬件服务管理等方面的评估。

核心指标体系要反映出轨道交通企业综合服务品质品牌的发展水平。在新时代交通强国的要求下，城市轨道交通要更加具备舒适性。舒适性不仅能够有效增强乘客出行的良好体验，而且能够为乘客未来更多选择轨道交通出行奠定基础，树立轨道交通综合服务品质品牌，既是轨道交通发展的大势，也是企业可持续发展的大事。一是反映出在高质量发展理念下服务内容多元化的完成度。二是反映出在数字化发展理念下在线服务平台内容的丰富性和便利性。三是反映出在精细化管理理念下乘客出行满意度的变化。乘客体验随着社会经济的不断发展，人们对出行有了更高的要求。第一，城市轨道交通要具有通达性。整个出行过程是否便利，高效快捷。第二，城市轨道交通要具有便捷性。便捷性直接决定了乘客是否会选择城市轨道交通。核心指标体系要包括"混业"发展、数字经济和服务满意度等方面的评估。

核心指标体系要反映出轨道交通企业的综合实力在轨道交通行业中的领先水平。所谓综合实力，就是通过轨道交通规划、设计、建设、运营和经营等全业务流程高质量发展后，新形成的竞争力。通常，加大在科技创新上的投入、尽早掌握核心技术、促进数字化转型、加快培养核心技术研发团队，是城市轨道交通提升综合实力的必由之路。一是反映出在区域一体化发展理念下推进多网融合的能力变化。二是反映出新的综合竞争力所带来的运营效率和品质的提升。三是反映在科技创新发展理念下加大科技创新体系建设投入的有效度。四是反映在以人为本发展理念下人才培育体制机制建设的完善度。核心指标体系要涵盖综合运营实力、枢纽站布局、网络通达性、科创赋能和人力资源开发等方面的评估。

核心指标体系要反映出轨道交通企业财务可持续发展水平，兼顾社会利益和经济利益的平衡度。在城市轨道交通发展过程中，运营主体肩负着更大的社会责任。要充分考虑到其整体的社会利益，充分认识到城市轨道交通企业发展对城市生活生产带来的影响。在新时代，就是要使轨道交通发挥更大的、更加综合的社会和经济利益，使轨道交通综合服务的导向更加明确，更加满足城市轨道交通运营的实际需求。在加强运营安全管理、运营绩效管理的同时，不断提升服务品质。一是反映出在高质量发展理念下城市轨道交通企业经营的营收能力。二是反映出在精细化管理理念下城市轨道交通企业总成本控制能力。三是反映出在大数据管理理念下城市轨道交通企业投融资盈利能力。四是反映出在绩效管理理念下劳动生产能力。核心指标体系要具备对营收能力、成本控制、投融资盈利、劳动生产率和信息化程度等方面的评估。

二、体系架构

核心指标体系包含四个层面：一个综合指数、5个发展方向指数、15个以上核心内涵三级指标、45个以上四级定量数据指标。

体现"三个转型"发展的目标层——"三个转型"综合（整体推进）指数。根据超大网络建设高质量发展指数、超大网络运营高质量发展指数、综合服务发展指数、综合实力发展指数、财务可持续发展指数，赋权加总形成"三个转型"综合指数。

突出系统整体性的五个二级指标——超大网络建设高质量发展指数、超大网络运营高质量发展指数、综合服务发展指数、综合实力发展指数、财务可持续发展指数。五个发展指数都围绕其核心内涵，把系统整体性的目标任务，转化成定量指标，定量数据指标赋权加总形成相应的发展指数。

针对核心内涵构建三级指标。在深入把握五个发展指数核心内涵的基础上，用三级指标来具体反映"三个转型"战略思想的创新性内涵特征。

四级定量数据指标。根据三级指标确定的核心内涵，选择未来城市轨道运营主体可以统计的数据指标作为核心内涵的数据支撑。每一个核心内涵指标包含一系列四级数据指标。

三、主要方法

一是定量指标的无量纲化处理，借鉴相关发展指数的构建方法，对不同类型的定量指标进行无量纲处理，每一个指标设定最大值和最小值，指标值＝（实际值－最小值）／（最大值－最小值）。

二是应用熵值法对各级指标赋权。熵值法的基本思想是根据某一指标数据之间的差异性来反映其重要性，如果被评价对象的某项指标数据差异较大，则反映该指标对评价系统所起的作用较大，对该项指标赋予较大的权重。熵值法在确定权重系数的过程中避免了人为因素的干扰，能够较为客观地反映各指标在整个评价体系中的重要性。

三是二级指标的加权平均。三级定量指标通过加权平均加总形成核心理念二级指标；核心理念二级指标通过加权平均得到"三个转型"综合指数。

四、具体算法

（一）无量纲化

在综合评价问题中，由于各测度指标间存在类型不一致、量纲不一致的情况，为消除这些差异对分析带来的影响，需要首先对评价指标进行无量纲化处理。本研究采用常用的线性无量纲化方法：极值处理法，具体公式见（1）和（2）。

越大越优型指标（正指标）无量纲化，如下式所示。

$$v_{ij} = \frac{x_{ij} - \min(x_j)}{\max(x_j) - \min(x_j)} (0 \leqslant v_{ij} \leqslant 1) \qquad (1)$$

越小越优型指标（逆指标）无量纲化，如下式所示。

$$v_{ij} = \frac{\max(x_j) - x_{ij}}{\max(x_j) - \min(x_j)} (0 < v_{ij} < 1) \qquad (2)$$

其中，v_{ij} 为 x_{ij} 标准化后的值，$\max(x_j)$ 和 $\min(x_j)$ 分别为第 j 个指标的最大值和最小值。

（二）确定权重系数——熵值法

熵值法的基本思想是根据某一指标的数据之间的差异性来反映其重要性，如果被评价对象的某项指标数据差异较大，则反映该指标对评价系统所起的作用较大。熵值法在确定权重系数的过程中避免了人为因素的干扰，能够较为客观地反映各指标在整个评价体系中的重要性。熵值法赋值的一般步骤为：

1. 形成决策矩阵

$$X = \begin{bmatrix} & D_1 & D_2 & \cdots & D_n \\ M_1 & x_{11} & x_{12} & \cdots & x_{1n} \\ M_2 & x_{21} & x_{22} & \cdots & x_{2n} \\ \vdots & \vdots & \vdots & \vdots & \vdots \\ M_m & x_{m1} & x_{m2} & \cdots & x_{mn} \end{bmatrix} \tag{3}$$

其中，$M=(M_1, M_2, \cdots, M_m)$ 为对象集，$D=(D_1, D_2, \cdots, D_n)$ 为指标集，$x_{ij}(i=1, 2, \cdots, m; j=1, 2, \cdots, n)$ 为对应的指标值。

2. 标准化决策矩阵

为了消除量纲不同对研究的影响，要对指标数据进行无量纲化处理，形成标准化矩阵 $V=(v_{ij})_{m\times n}$。具体公式见（1）和（2）。

3. 计算第 j 项指标下，第 i 个评价对象的特征比重 p_{ij}

$$p_{ij} = \frac{v_{ij}}{\sum_{i=1}^{m} v_{ij}} (0 \leqslant p_{ij} \leqslant 1) \tag{4}$$

4. 计算第 j 项指标的熵值 e_j

$$e_j = -\frac{1}{\ln(m)} \sum_{i=1}^{m} p_{ij} \ln(p_{ij}) \tag{5}$$

5. 计算第 j 项指标的差异性系数 d_j

$$d_j = 1 - e_j \tag{6}$$

6. 确定各指标的熵权 w_j

$$w_j = \frac{d_j}{\sum_{k=1}^{n} d_k} (j = 1, 2, \cdots, n) \quad (7)$$

(三) 确定综合指数——加权平均法

综合指数的测算采用加权算术平均法，公式如下式：

$$y_i = \sum_{j=1}^{m} w_j v_{ij} \quad (8)$$

第三节 "三个转型"发展核心指标体系构建

一、超大网络建设高质量发展指数

轨道交通基础设施建设是城市轨道交通运营主体各项业务发展的基础，任何时候都需要高度重视，并随着城市发展的需求要及时调整和完善。总体而言，轨道交通基础设施建设主要分为新建和改扩建两大类，考核指标应聚焦在工程的数量、质量、效率、安全、技术进步和对环境的影响等方面。

(一) 超大网络建设赋能指标

地铁建设作为重要的城市基础设施，建设质量的高低、好坏，对保证网络运营质量、保障城市出行、促进经济发展具有十分重要的基础性作用。例如，上海地铁在交通强国战略、长三角一体化国家战略和"五大新城"建设战略等相关指引下，建设进入了高质量发展阶段。除了新增或延伸城市轨道线路以外，还有大量的改扩建和升级改造的内容。从上海与国外城市对比来看，上海地铁在区域互联和站点加密等诸多方面还是有很多工作可以开展。每年城市轨道建设规模主要反映出上海在城市轨道交通基础设施上资本性投资的水平、新增设施的能级和更新改造扩建设施的能级。城市轨道交通超大网络建设，反映出城市轨道交通对城市空间构建的影响，也是上海申通地铁集团有限公司未来可持续发展的基础。研究表明，城市轨道交通的扩建使城市人口去中心化的趋势更为突出，并导致客流量的适度增长。城市轨道交通使城市人口的分布具有去中心化的特征，因此有利于城市空间布局的合理化，有利于提升居民的居住舒适度与幸福感，也有助于缓解城市中心的交通压力并保护城市的环境。超大网络建设赋能提升是"三个转型"核心内容之一。主要有三个方面：

第一，网络升级牵引能力（C1）。指新建成轨道交通里程，即当年进入竣工验收的轨道交通里程（千米），其反映了城市轨道交通每年总体的扩张能力和扩张水平，既是城市基础设施的"家底"，也是公共交通发展的新鲜"血液"，更是轨道交通辐射力、影响力的基础。

第二，网络势能转化能力（C2）。指改扩建车站数，线网上的新增里程无疑增大了城市轨道交通超大网络的势能，无论从提高运能的角度，还是提升服务水平的角度，对既有车站内设施更新改造是转化超大网络扩张势能的有效手段，包括对车站空间布局调整、重要设备添置、增加无障碍设施和应急设施等改扩建工程。该指标数值越大,表示网络势能转化能力越强。

第三,网络更新调控能力(C3)。指年度资本性投资或支出,包括新建项目投资、存量项目改扩建投资和大(中)修项目的投资等基础设施设备资本性投资或支出。资本性投资或支出,对集团的投融资、现金流和运营成本有重大影响,对上海城市轨道交通的高质量转型起到决定性作用,其根本取决于轨道交通投资运营主体乃至上海的财务承受能力。该指标数值越大,表示网络更新调控能力越强。

(二)超大网络建设管理指标

建设管理指标主要聚焦于工程质量、建设周期和成本控制。但是,对这些传统的要素要赋予新的内涵,反映出在精细化管理理念下新线建设的经济性和优质性。随着经济社会的整体发展、轨道交通施工技术的进步和城市环境质量的持续改善,对超大网络工程建设管理的要求也会越来越高。所以,建设管理指标也是转型发展的重要标志。

第一,建设质量管理能力(C4)。指优质工程比例,在100%确保建设质量达标率的基础上,获得国家级或省市级优质工程奖项数量和建设项目总数的比值。作为立志于引领我国超大城市轨道交通发展的主体,上海轨道交通的建设标准应该超过全国标准,并且在部分重点工程上制定更高水平的标准,这是上海城市轨道交通高质量发展的前提。获奖不仅仅说明了工程质量优,还反映了建设工程管理的总体水平高,是一个综合性的评价指标。该指标数值越大,建设质量管理能力越强。

第二，建设进度把控能力（C5）。指工程建设周期按计划完成率，即新建或改扩建工程开竣工周期按计划完成项目数（所有建设项目数－工程延期项目数）占所有建设项目数的比例。按计划完成工程建设周期间接反映了工程建设的组织管理水平。特别是项目前期与各方协调开工准备的能力与水平，项目建设中期衔接各施工单位的水平以及项目建成以后竣工决算水平。按计划完成率越高，越能体现建设组织能力。该指标数值越大，建设进度把控能力越强。

第三，建设成本控制能力（C6）。指单位建设劳动力投入量，即新建或改扩建项目的每单位投入劳动力人数，比如每千米线路投入劳动力人数或车站每平方米投入劳动力人数等。城市轨道交通要高质量发展和向经营转型，必须对建设成本高度敏感，除了物料和劳动力工资的价格因素之外，单位建设劳动力投入人数也是影响建设成本控制的主要因素之一。从长期发展的角度看，该指标数值越小，建设成本控制能力越强。

（三）超大网络建设安全指标

工程建设中的安全管理，不仅会影响工程建设的实际进度，还会影响参与施工建设人员的生命财产安全。对于城市轨道交通工程建设，其项目的设计非常复杂，而且需要使用的施工材料种类也非常多，这就提高了对施工技术水平的要求，尤其是对于一些工程施工中所使用到的大型设备，如果管理不好，经常会存在较大的风险隐患。因此，城市轨道交通工程建设中的安全管理是影响整个工程建设的重要因素，是建设管理的底线，需要格外重视。

在城市轨道交通工程的施工中，往往会受到多方面因素的影响，对其进行整合分析后，可以将其总结为三个方面：一是人员问题，城市轨道交通工程项目在施工过程中，很多安全事故的发生都是受人为因素的影响，因为施工人员是工程建设施工中的主要参与者；二是环境问题，城市轨道交通工程项目的施工空间有限、工程工期紧张，而且城市轨道交通工程基本上都是在城市的地下空间进行施工，这样一来就会对周围人们的正常生活或者是人们的生活环境造成一定的影响与破坏；三是管理问题，在城市轨道交通工程建设过程中，必然会存在一定的风险，但是有一部分施工单位因为缺乏安全意识，无法对风险进行有效的预防和管理。虽然施工水平在不断提升，但是却不具备完善的安全管理系统，导致城市轨道交通工程在实际的施工过程中无法进行规范性与标准性的操作，从而对工程项目的顺利开展造成影响。总之，城市轨道交通建设中的安全管理是上海申通地铁集团有限公司管理水平的综合体现。参考各方面文献，选择三项指标来表征地铁项目在建设过程中的安全管理能力。

第一，每百千米安全事故发生数（C7）。指每新增100千米轨道交通造成直接损失达10万元以上的安全事故的数量，这里包括有人员伤亡的安全事故和没有人员伤亡的设备设施安全事故（如爆炸、火灾等）。该指标数值越小，超大网络建设安全管理能力越强。

第二，每百亿投资项目死亡数（C8）。指每百亿投资建设项目中，发生安全事故导致人员死亡的数量。人员死亡数量决定了安全事故等级，这是表征建设生产安全最直观的指标。在高质量发展的要求下，该指标数值越小，超大网络建设安全管理能力越强。

第三，施工风险指数（C9）。通过综合集成的施工风险指数来衡量施工过程中风险控制的水平，是一种比较科学有效的方法。目前，上海地铁已经构建运用了施工风险指数，取得了较好的效果。在2003年，在上海沪崇隧道风险评估研究项目顺利完成后，施工风险指数作为上海地铁建设领域的风控指标得以长期完善和使用。按事故成因分类，事故成因可分为人的因素、机械因素、材料因素、制度因素以及环境因素。按事故类型分类，地铁施工事故可分为坍塌、触电、机械伤害、物体打击、高处坠落及其他伤害。按事故等级分类，地铁施工事故按严重程度分为特别重大事故、重大事故、较大事故和一般事故。经过对施工风险指数评估的长期完善，施工风险指数已经成为集团内部建设安全管控的重要指标。该指标数值越小，超大网络建设安全管理能力越强。

（四）建设环保绿色发展指标

碳达峰、碳中和是我国向世界做出的绿色发展承诺，我国轨道交通行业也必须顺应形势，为这一目标的实现发挥积极作用。我国城市化进程的迅速推进所带来的环境问题愈发严重，因城市轨道交通系统建设、运营等过程也直接或间接产生了一定量的碳排放。以北京市轨道交通系统为例：2018年耗电量约18.80亿度，根据华北区域电网单位电力碳排放系数折算的CO_2排放量达到234.25万吨。研究显示，我国地铁车站能耗在地铁系统总能耗中占比可达50%。由此可见，地铁车站作为城市轨道交通系统中的主要用能部分，其在生命周期内所造成的碳排放等环境影响也必将十分显著。所以，轨道交通建设领域向高质量转型必须从源头进一步做实低碳减排工作。

第一，低碳生产构建能力（C10）。指试点生态低碳车站数（获得相关绿色建筑认证，如LEED、BREEAM或绿色三星建筑等相关认证的车站）。按照高质量发展的要求下，逐步开展生态车站和低碳车站的试点，做到节约能源、节约用水、垃圾分类，并逐步在全系统推广，形成标准。从能源配置、节水设备、建材选择、空间等项目建设环节为生态低碳车站的试点和推广创造条件。该指标数值越大，低碳生产构建能力越强。

第二，循环经济推进能力（C11）。指绿色建材使用率，即根据国家绿色建筑技术的相关标准，估算投入绿色建材成本与轨道交通建设材料成本的比例。随着绿色技术的不断进步，该指标数值越大，循环经济推进能力越强。

第三，建筑节能执行能力（C12）。指单位建筑能耗量，即新建或改扩建项目的每单位投入能耗量，比如每千米线路投入能耗量或车站每平方米投入能耗量等。随着我国建筑能耗统计制度逐步完善，城市轨道交通应适时确立建筑能耗测算方法，统计城市轨道建筑节能基础数据，用于建筑节能方面的高质量发展评估。该指标数值越小，建筑节能执行能力越强。

（五）先进建设技术应用指标

目前，全国各大城市不仅基本都有城轨在运营，而且还在逐步扩大城轨建设规模。利用先进技术不仅能够提高城轨基础设施建设的标准和质量,还能够降低成本,加快建设进度,减少对环境的负面影响,反映出在高质量发展理念下新线建设标准和工艺的先进性。

第一,装配建造适应能力(C13)。指预制拼装构件占结构件的比重。预制拼装技术是建设领域发展的趋势。比如,在地铁施工的暗挖法中,大跨径预制块法是把盾构管片的安装技术和暗挖技术融合在一起的一项新技术。该指标考查预制拼装构件总价值占结构件总价值比例,比例越高,说明采用的预制拼装构件比重越大,有利于缩减建设周期,降低建设成本。该指标数值越大,装配建造适应力越强。

第二,超深空间开发能力(C14)。即埋深33米以上车站数。埋深33米以上车站建设需要用到超深地下连续墙施工技术、超深高压旋喷桩旋喷注浆施工技术、超深地下空间逆作法取土技术和超深盾构暗挖技术等各种相对先进的建设技术,该指标数值越多表示高水平城市轨道交通建设技术应用于城市地下空间开发的活力越大,城市轨道交通建设向高质量发展转型越明显。该指标数值越大,超深空间开发能力越强。

第三,数字建筑推进能力(C15)。指使用BIM等数字信息工程技术的项目覆盖率。数字化技术在工程建设中的应用越来越普遍,在实践中往往结合AR/VR、GIS和GPS等数字信息技术一起使用。未来参与智慧城市建设的相关方,都将面对建筑全过程、全要素、全参与方的数字化、在线化、智能化转型的过程。城市轨道交通行业的数字建筑平台将链接与此相关的各方资源,构建全新生态体系，无缝对接智慧城市建设。该指标是城市轨道交通建设向高质量发展转型的重要体现，其数值越大，数字建筑开发能力越强。

二、超大网络运营高质量发展指数

像北京、上海、广州、深圳等超大城市运营一个巨型、安全、舒适的高质量城市轨道网络是运营主体的核心任务。准时、安全和可靠是超大网络地铁运营质量的最直接的体现。随着城市经济社会不断发展和城市功能空间的不断调整，超大城市轨道交通网络向高质量运营转型，首先在运输服务保障能力方面要迈上一个新台阶，特别是在出行可靠度上有显著的提升，这是城市轨道交通运营管理水平进步的集中体现。

（一）运输保障能力指标

在城市轨道交通运营管理评价指标体系建设的过程中，要充分考虑到其整体的经济性、安全性，实现经济利益和社会责任两全的工作目标，并综合考虑到乘客体验、企业发展和社会利益，从而完善城市轨道交通运营管理等相应工作。其中，地铁的运营服务保障能力指标是综合体现乘客体验、企业发展能力和社会利益。城市轨道交通运营服务保障能力可以通过以下五个方面的指标来评价：

第一，基础运输保障能力（S1）。指整个城市轨道交通系统的运营车千米数。在城市轨道交通系统中，线路数和开行车数越多、总里程越长、代表了轨道交通在整个城市空间的基础运输保障能力越大。根据有关文献,目前,我国城市轨道网络分为三个大类:大规模高连通型、中等发展水平型、低度发育型。大规模高连通型网络分布于我国三大城市群的发达城市,城市轨道网络具有规模优势和连通性优势,已经发展成回路网络结构。有了超大规模高连通型的网络结构,已基本确定了城市轨道交通在超大城市公共交通出行结构的地位和保障作用和重塑城市空间的经济作用。

第二,实际运输保障能力(S2)。指在统计期内,整个城市轨道交通系统线网日运送乘客总量的平均值。线网日均客运量代表了整个城市轨道交通系统提供实际运输的保障能力,该指标是所有城市轨道交通体现能力的必选指标,也可以初步判断城市轨道交通运营主体的票务收益水平。随着地铁线网扩展和超大城市活动人流体量的增大,线网日均客运量还会有所增长,对城轨超大网络的实际运输保障能力的要求也会越来越高。

第三,潜在运输保障能力(S3)。指列车保有总数与运营车千米数的比值,该指标代表了城市轨道交通网络运输设备的保障能力,特别是在大运量高峰时段或突发紧急状况的时候调拨和投运车辆的保障能力。

第四,空间通达能力(S4)。指城市轨道交通的线网密度。该指标是对线网规模总量及覆盖深度的综合反映,线网密度越大,说明轨道交通线网对城市空间的覆盖范围越广,城市空间通达能力越强。

第五,可达便利性(S5)。指城市轨道交通的车站密度。车站的多少不仅反映了吸纳和疏散乘客的能力,车站密度更加反映了整个城市轨道交通在城市空间中提供运输服务实际可达的便捷性。

上述五个指标从网、线、站、客和车五个方面全面反映了整个城市轨道交通超大网络的骨架特征、现实需求和运营保障能力。

（二）运营安全管理指标

安全、快捷、舒适是城市轨道交通的主要特点，对于城市轨道交通运营的安全管理一直必须引起高度重视，随着城市轨道交通开通城市和客运量的增多，城市轨道交通运营过程中的突发事故数量不断增加，部分突发事故不仅带来了巨大的经济损失，而且严重影响了乘客的乘坐体验并对乘客的通勤造成了极大的影响。我国城市轨道交通建设和运营安全生产状况基本稳定，但形势不容乐观。2005年以来，全国地铁施工过程中共发生各类生产安全事故100起，死亡141人。例如：2008年杭州地铁重大坍塌事故，造成21人死亡、24人受伤；2021年9月成都地铁施工过程中发生坍塌，造成4人死亡、14人受伤。

人为因素、设备因素和运营管理机制都对城市轨道交通能否安全运营有着重要影响。地铁安全运营的影响因素包括：技术和设备、施工方法、人为和环境等多方面原因。所以，应该分别从事故频率、事故数、伤亡人数和安全管理投入等反映整个超大网络运营系统的安全运营管理能力和运营线路的安全度。

第一，安全底线保障能力（S6）。指一般以上运营事故率，即每年由企业承担责任的特别重大事故、重大事故、较大事故和一般事故发生数与百万车千米数之比。一般运营事故是指造成3人以下死亡，或造成10人以下重伤，或者造成直接经济损失50万元以上1000万元以下，或者连续中断行车2小时以上6小时以下的事故。这也是城市轨道交通运营安全的基本评价指标。该数值越小说明安全底线保障能力越高。

第二，运营风险管控能力（S7）。指危险性运营事故率，即每年危险性运营事故[①]发生数与百万车千米数之比，这个指标能够反映出对运营风险的综合管理水平，该指标数值越低代表运营风险管控能力越强。

第三，乘客安全保障能力（S8）。指客伤率，即统计期内，乘客因运营事故造成受伤人数与网络进站量之比。这个指标能够反映出城市轨道交通运营主体对乘客健康安全的重视程度，该指标数值越低说明城市轨道交通运营主体对乘客健康安全的重视程度越高，乘客安全保障能力越强。

第四，安全生产投入效率（S9）：安全生产投入强度是指安

---

① 包括一级险性事故：造成正线连续中断行车1小时（含）以上2小时以下；运营线列车冲突、脱轨、分离、溜逸或运行中重要部件脱落；运营中车站照明全部熄灭；电梯运行中发生冲顶或溜梯；运营线上发生明火；设备设施故障或人为操作失误造成非正常封站90分钟以上。二级险性事故：造成正线连续中断行车30分钟（含）以上60分钟以下；运营线路几何尺寸超限影响正常运营；运营中走行轨由轨头到轨底贯通断裂；轨道线路发生胀轨跑道影响运营；运营车站正常照明全部熄灭或侧式站台一侧正常照明全部熄灭；设备事件或人为操作失误造成运营线客流高峰时段车站被迫采取非正常封站30分钟以上；运营线应停列车全列越过显示进行信号的出站信号机；运营线列车擅自退行；运营线车辆或车辆载物超出车辆轮廓限界；运营线设备设施侵入列车运行限界；运营线设备设施运行过程中发生非正常冒烟；列车错开车门、夹人走车、开门走车或运行中开启车门。

全生产费用与上年度实际票务收入的比值,反映城市轨道交通运营收益中投入安全生产领域的资金强度。安全生产费用包括安检设施等硬件成本和安保工作人员工资等劳务成本。值得注意的是,安全生产投入的目的是预防和排除建设运营事故的发生。因此,所谓安全生产投入效率,本质上是指在一定的安全投入强度下,事故发生率越低效率越高。换而言之,在一定的事故发生率下,所投入的安全生产费用越少效率越高。所以,本研究使用安全生产投入强度与危险性运营事故率乘积的倒数来反映安全生产投入效率的变化,该指标的数值越大说明安全生产投入效率越高。

第五,安全理念培育能力(S10)。指年度内部安全培训覆盖率。这个指标反映每年对各级员工培训一系列安全理念的普及程度,该指标越高说明安全理念培育机制越完善,培育能力越强。

(三)服务可靠度指标

一般而言,便捷是乘客对交通运输服务最基本的要求。在乘客出行的过程中,便捷性直接决定了乘客是否会选择城市轨道交通,并最终影响乘客出行活动及乘客的办事效率。在很大程度上,城市轨道交通服务设备的可靠性能够直接影响乘客出行便捷性的体验感。因此,确保城市轨道交通服务设备高度可靠性,是城市轨道交通转型发展的重要内容。

第一,列车维修可靠度(S11)。指线网完好车率,即统计期内,线网完好列日数与线网运营列日数之比,反映线网配属列车的技术状况完好程度。只有通过日常的状态修、计划修和大修保养，才能确保列车良好的运行状态。该指标数值越高，说明列车维修可靠度越高。

第二，车辆系统可靠度（S12）。指车辆系统故障率的倒数，即统计期内，全部列车总行车里程与导致列车运行晚点2分钟及以上的车辆故障次数的比值。该指标数值越高，说明车辆系统可靠度越高。

第三，信号系统可靠度（S13）。指信号系统故障率的倒数，即统计期内，全部列车总行车里程与信号系统故障次数的比值。该指标数值越高，说明信号系统可靠度越高。

第四，供电系统可靠度（S14）。指供电系统故障率的倒数，即统计期内，全部列车总行车里程与供电系统故障次数的比值。该指标数值越高，说明供电系统可靠度越高。

第五，站台门可靠度（S15）。指站台门故障率的倒数，即统计期内，站台门动作次数与站台门故障次数的比值。该指标数值越高，说明站台门可靠度越高。

第六，机电设备[①]可靠度（S16）。指标统计期内，机电设备实际服务时间与计划服务时间的比值。该指标数值越高，说明机电设备可靠度越高。

三、综合服务发展指数

综合服务是城市轨道交通"三个转型"中，与人民城市和新时代发展最为密切的指标，也是城市轨道交通未来高质量发展的

---

① 机电设备含售票机、储值卡充值机、进出站闸机、自动扶梯、垂直电梯、车站乘客信息系统、列车乘客信息系统等。

核心内容。内容之一是与城市发展战略和城市空间布局调整紧密结合，通过服务内容多元化使城市轨道新空间的功能更丰富；内容之二是与数字经济发展紧密结合，通过数字化技术使城市轨道交通服务更便捷，分享数字经济发展带来的成果；内容之三是通过服务内容多元化和服务技术信息化的深入推进，提供更多令人民满意的增值服务，使人民对城轨出行的好感度越来越高。所以，综合服务指标也需要从这三个方面来解构：

（一）多元化服务发展指标

从国内外超大城市的轨道交通发展经验中，可以看到"地铁＋物业"一体化开发，广、通、商融合发展和设计、咨询业务市场化等业务多元化是超大城市轨道交通发展的主要方向和核心内容，"混业"发展不仅可以拉长城市轨道交通的价值链，与城市发展战略和城市空间布局调整紧密结合，大大增加城市轨道交通综合服务能力，还可以大幅提高经营效益，确保城市轨道交通公共服务功能高质量可持续发展。

第一，站域物业开发能力（G1）。指站域物业销售收入增长率。站域物业销售收入的增长速度，与开发主体的投融资能力、产业策划能力、建筑设计能力和产品销售能力等项目综合开发能力息息相关。该指标的数值越大，说明物业开发能力越强，对城市发展战略的影响越大。

第二，站域商业运营能力（G2）。指站域商业收入增长率。站域商业收入的增长速度，与运营主体的业态规划能力、招商运营能力和物业管理能力等站域商业空间综合运营能力直接关联。

该指标的数值越大，说明商业运营能力越强，对城市功能空间布局调整的影响越大。

第三，广告创意开发能力（G3）。指传媒广告收入实际增长率[①]。传媒广告收入的实际增长速度，与运营主体的资源开发能力、招商运营能力和物业管理能力等轨道交通多维空间的创意开发能力直接关联。该指标的数值越大，说明广告创意开发能力越强，对促进消费升级的影响越大。

第四，辅助业务拓展能力（G4）。指设计咨询收入增长率。设计咨询收入的增长速度，与设计咨询公司对集团业务的研究分析能力、对外市场销售能力和自身专业技术能力息息相关。该指标的数值越大，说明设计咨询业务拓展能力越强，对促进行业标准制定的影响越大。

（二）数字化服务发展指标

面向用户需求的数字化服务是未来轨道交通发展的重要内容之一。轨道交通服务的数字化要反映在信息化发展理念下超大网络运营的智慧度。主要指标包括：

第一，无感乘车支撑能力（G5）。指执行面部识别入闸车站数，即乘客出入闸机时，无须再掏出车票或手机停驻，也无需摘戴口罩，只要面向设备，待系统核验确认后直接过闸的车站数。当前，一些城市不同的线路或车站的自动售检票系统集成商不同。因此，实现面部识别入闸需要对于不同设备、系统快速完成

---

① 即名义增长率减去物价上涨率。

统一升级、改造、集成，这充分体现了城市轨道交通数字化服务的高质量发展。该指标的数值越大，说明无感乘车支撑能力越强，越有利于提升乘客出行便利性。

第二，智能结算支撑能力（G6）。指使用移动支付方式或面部识别自动支付功能结算总额的增长率。该结算额的增长速度，与开发主体的数字基础设施构建能力、数字商城开发能力和数字内容创意能力等数字经济引领能力息息相关，反映数字化服务内容的高品质发展和用户体验度的变化。该指标的数值越大，说明智能结算支撑能力越强。

第三，"城轨云"构建能力（G7）。指使用"城轨云"数字服务的活跃用户增长率，该活跃用户的增长速度，与开发主体的数字基础设施构建能力、数字信息系统集成能力和数据实时处理能力等信息化创新能力息息相关。未来乘客对智慧城轨数字化服务内容的需求必然是多样的，包括获取列车预计到起始站到达信息、列车到目的地站到达信息、轨道交通系统故障或停运信息、站内拥堵信息、换乘时间信息、出口通道信息、应急方案信息、站域周边资源导游信息，甚至于城轨创意服务产品的价格信息等多样化信息需求，这就需要有城轨交通系统即时信息集成平台功能的支撑，深化推进"城轨云"的数字内容服务是向综合服务高质量发展的必然趋势。该指标的数值越大，说明"城轨云"构建能力越强。

（三）服务满意度指标

新时代城市轨道交通需要为社会提供更多令人民满意的增值

服务。品质化增值服务包括：高品质的票务服务、导向服务、环境服务和生活服务。

第一，票务服务便利度（G8）。指枢纽站乘客平均购票时间，即统计期内，枢纽站乘客购票时间总数与购票乘客人数的比值。枢纽站上下车和换车的乘客多，各条线路的站点比较集中，乘客对购票和补票方式的需求也相对多样。该指标可以反映城市轨道交通运营主体提升票务服务便利性的效果，其数值越小，说明票务服务便利性越大。

第二，导向服务便利度（G9）。指车站域导向系统支出增长率，包括站内导向投入经费、站外导向投入经费，站内服务人员和后台咨询服务人员培训经费。优质的导向服务会大大提高轨道交通网络出行的便利性，不仅节省乘客的时间成本，礼貌的人工导向服务，还能提高乘客的体验感。该指标数值越大，说明导向功能越完善，导向服务便利性越高。

第三，环境服务舒适度（G10）。指线网综合环境支出增长率，包括车站、车厢保洁投入经费、空调候车室投入经费、卫生间改造维护经费和自动售卖机投入经费。加大对这些环境维护的支出，对轨道交通环境服务向高质量转型，起到至关重要的作用。该指标数值越大，说明环境服务舒适度越高。

第四，生活服务便利度（G11）。指与周边生活服务功能设施互联互通的车站数。这是轨道交通运输服务向综合服务转型的重要指标。事实上，轨道交通的出入口和通道不应该是单一链接乘客和列车的空间，还应该是链接人民与生活服务功能的空间。与周边生活服务功能设施互联互通的车站数越多，体现城市轨道交通超大网络空间的附加价值越高，令人民满意的生活服务便利度就越高。

四、综合实力发展指数

所谓综合实力，就是通过轨道交通规划、设计、建设、运营和经营等全业务流程高质量发展后，新形成的竞争力。"三个转型"核心指标体系要反映出城市轨道交通在综合实力上的变化情况。其中，提升超大网络通达能力和科技创新能力，促进核心技术国产化能力，促进数字化转型，加快培养核心技术研发团队，带动运营效率和品质的提升，确保在轨道交通行业中的领先水平，是城市轨道交通提升综合实力的必由之路。

（一）运营综合实力指标

运营实力指标反映了通过城市轨道交通全方位高质量发展，形成新的综合竞争力所带来的运营效率和品质的提升。

第一，城轨出行可靠度（P1）。指线网高峰正点率，即统计期内，高峰小时线网正点列车[①]次数与线网全部开行列车次数之比。城轨出行可靠度的保障，在于网络更新调控能力、线网运输保障能力、轨道交通服务设备可靠性和线网运行智能管理能力，是一个充分体现运营综合实力。该指标数值越大，城轨出行可靠度越高。

第二，运输组织灵活度（P2）。指高峰小时最大断面客运量

---

① 正点列车统计标准为：统计期内，执行列车运行图过程中，列车终点到站时间与运行图计划到站时间相比误差小于或等于2分钟（120秒）的列车。

与行车间隔、拥挤度的比值。一方面，高峰小时最大断面客运量越大，需要的高峰小时列车运能也越大，而行车间隔越小，高峰小时最大断面客运量越大。另一方面，如果高峰小时列车运能不提高的话，高峰小时最大断面客运量越大，拥挤度也会变大。该指标的数值越大，说明城市轨道交通的运输组织效率越高、越灵活。

第三，城轨通勤依存度（P3）。指高峰小时线网公交分担率，轨道交通系统的高峰小时客流量与全社会高峰小时客运需求总量的比值，该指标既能反映城市轨道交通线网运营综合实力的乘客认可度，也代表了乘客出行对轨道交通的依赖程度。该指标数值越大，说明城轨交通依存度越大，线网运营的综合实力越强。

（二）互联互通实力指标

互联互通实力反映出在区域一体化发展理念下推进多网融合的完成度。区域一体化发展背景之下，轨道交通系统的多网融合成为必然发展趋势。城市轨道交通与干线铁路、城际铁路、市郊铁路的多网融合，能够提高轨道交通运输系统的整体效率，实现资源共享，是当前及未来轨道交通发展的重要方向。它要求整个体系在资源共享的前提下，发挥各级轨道网络的技术优势，满足不同空间圈层多层次差异性出行需求，消除轨道交通服务区域空间的空白。同时基于合理的功能级配结构体系，实现功能互补、服务兼顾、互联互通、资源共享的一体化服务。

城市轨道交通企业的多网融合推进主要集中在区域、市域两个层面，区域层面上，强调对枢纽的轨道衔接，保证内外交通的一体化高效发展，着重对外围城际线的优化衔接，保证出行时效，提高轨道交通竞争力。市域层面上，加强对各个发展轴带的轨道覆盖，实现市区与城郊的统筹发展，强化对城市空间结构的支撑和引导，提升网络运行效率和服务品质。多网融合完成度的衡量指标设置为三项：快线并网扩张、地下综合体拓展、枢纽换乘布局。

第一，快线并网扩张能力（P4）。指可并入城市轨道交通超大网络的市域快线运营车千米数。15—40千米半径圈层内，围绕创新组群地区的网状快线可以解决市区长距离出行效率问题，考察城市轨道交通是否具有能够有效组织组群与核心区的功能分工与协作、实现各类创新要素快速流动的能力。该指标数值越大，说明快线并网扩张能力越强。

第二，地下综合体拓展能力（P5）。指地下综合体建设面积，即由轨道交通建设运营主体参与的地下综合体开发建设面积。目前，超大城市主城区的建设用地十分稀缺，土地成本会相对较高。主城区的轨道交通发展，如能发挥地下空间建设技术优势，向地下索要经济发展空间，积极打造与站相连的地下综合体，将充分体现未来向高质量转型发展的综合实力。该指标数值越大，说明地下综合体拓展能力越强。

第三，枢纽换乘布局能力（P6）。指线网换乘量增长率，枢纽换乘布局考察了城市中心枢纽层级和布局的合理性，及其是否可以充分发挥对城市功能空间衔接的引领作用。枢纽的合理布局可以通过多层级轨道枢纽的开发带动形成强中心，进而依靠强中心产生区域效应，带来线网换乘量的增长。该指标数值越大，说明枢纽换乘布局能力越强。

（三）科技创新发展指标

科技创新发展反映了在科技创新发展理念下企业加大科技创新体系建设投入的有效度。创新是引领发展的第一动力，随着数字化、网络化和智能化等新技术的迅速发展，城市轨道交通行业衍生出"互联网＋"新技术、新模式和新业态。能否成功完成自动化向智能化和智慧化的转型是城市轨道交通行业未来综合实力的关键评价标准。

结合 2020 年中国城市轨道交通协会发布的《中国城市轨道交通智慧城轨发展纲要》，对城市轨道交通企业的科技创新体系建设投入的水平和效率评价体系包括十个方向：提高乘客服务便捷化、舒适化和智能化水平；提升网络化运输组织智能化水平；研发应用绿色能源综合技术；研发智能列车全自动运行系统；研发智能技术装备；研发智能化管理平台；提升智能运维安全水平；研发智慧网络管理体系；研发大数据平台；搭建智慧城轨技术标准体系。综合以上评价体系，设置以下评价层级：研发投入、创新条件、产出与效益。

第一，研发投入能力（P7）。指企业研发经费支出额占主营业务收入比重与企业研发经费支出增长率的乘积。研发投入为企业的科技创新成果的研发提供基础支撑，内含当年整个集团在科技研发，软硬课题研究上的资金投入。总体而言，每年这方面的投入不得低于总收入的 1%，并且每年都要略有增长。该指标数值越大，说明研发投入能力越强。

第二，创新基础条件（P8）。指省级以上研发平台数、国家（国际组织）认证的实验室和检测机构数以及有效发明专利数三者的算术加总。创新基础条件体现了城市轨道交通企业现有的技术水平和研发支撑条件。该指标数值越大，说明创新基础条件越好。

第三，创新产出强度（P9）。指当年被受理的专利申请数与承担市级以上重点科研项目数算术加总与创新成果应用率的乘积，这一指标既衡量了科技研发产出的数量，也考虑了研发成果有多大比例可以转化到企业实际运营层面上。该数值越大，说明创新产出强度越高。

第四，创新产出质量（P10）。指主持和参与制定的国际国家和行业标准数、行业技术示范数、市级及以上科技进步奖三者的加权汇总，该指标可以体现上海城市轨道交通引领行业进步的话语权和影响力。

（四）人力资源发展指标

人力资源发展反映在"以人为本"发展理念下人才培育体制机制建设的完善度。与城市轨道交通快速发展的形势相比，行业人才的规模、结构、素质的提升却往往存在滞后性，不能及时根据形势的变化做出迅速调整。健全的人才培养机制是企业不断发展的根基和不竭动力，城市轨道交通企业近年来纷纷加强人力资源发展和人才培养机制，改善人才队伍结构，培养高技术人才，集约化用人，提高劳动生产率，以顺应城市轨道交通系统智能化、社会化和网络化的发展。成熟领先的轨道交通企业，对技术人员的数量和技能水平要求较高，更需要完善人才培育机制的评价体系。评价指标包括：人才结构、人才培育支撑条件、员工激励。

第一，人才结构优化能力（P11）。指企业内部员工大专以上学历、中高级职称以及高技能人才（高级工、技师及以上人才、市级领军人才）的占比。员工学历及技术职称结构，用以评价企业员工的整体素质。尤其是，高技能人才（高级工、技师及以上人才、上海市领军人才）的绝对数量和所占比重，用以衡量企业高端人才比例和结构是否合理。人才数量和人才质量均为轨道交通行业发展瓶颈，城市轨道交通的快速发展，不仅仅是信息化、智能化对人才素质提出更高要求，而且结构网络化、服务人性化、创新自主化、市场国际化等进程，也都从不同层面对人才素质提出了新的要求。这就需要企业员工中掌握前沿技术的人才比例不断提高。该指标数值越大，人才结构优化能力越强。

第二，人才培育支撑能力（P12）。指与高校、职业学校、实训基地签署的人才培训合作协议数量，以及每年资助补贴内部员工进修培训的人数。包括人才培育平台建设水平和企业容错文化和环境的评价，前者主要体现为企业与高校、职业学校、实训基地的对接与共建情况，是否已经形成了规范的体系化与规模化管理体制，后者体现了企业建立拓展员工创新空间的能力，尤其是轨道交通这类公共服务类企业，所有的生产环节、服务行为都有严格的执行标准，需要员工不断地提高专业性。该指标数值越大，人才培育支撑能力越强。

第三，高端人才活用能力（P13）。指研发人员和高级管理人员人均收入与企业年人均收入之比。反映企业对高端人才激励的重视程度。该指标数值越大，高端人才活用能力越强。

五、财务可持续发展指数

可持续发展水平，兼顾社会利益和经济利益的平衡度。与其他从事私人部门生产的企业不同，城市轨道交通企业致力于公共产品和服务的供给，这一属性决定了城市轨道交通运营服务的定价权不能完全由企业的经营成本决定，而是必须考虑到市民的支付意愿和支付能力，因此城市轨道交通服务价格通常较为低廉，即使地方政府给予企业一定的财政补贴与税收返还，城市轨道交通企业仍然会面临更为严格的财务约束和更高的财务风险。

在城市轨道交通发展过程中，运营主体需要肩负更大的社会责任，要充分考虑到其整体的社会利益，充分认识到城市轨道交通企业发展对城市生活带来的影响，在此基础之上，运营主体需要全面提高财务管理能级，更新财务风险管理理念。在新时代，就是要使轨道交通发挥更大作用，更加综合社会和经济利益，使轨道交通的综合服务的导向更加明确，以更加满足城市轨道交通运营的实际需求。通过建立经营效益指标，能够从一个侧面反映地铁运营水平情况，有针对性地提出改善建议，剖析运营亏损的形成原因，探寻效益提高的方法，从而促进企业进一步发展。主要从营收、成本、投融资、生产率和信息化程度五个方面的指标来反映。

（一）营收能力指标

营收能力反映出在高质量发展理念下城市轨道交通企业通过

经营获得经济收益的能力。营收能力是展现城市轨道交通企业基本面的重要指标，是决定城市轨道交通企业市场和服务基础经济实力的关键因素。以下通过三个方面的指标评估企业的营收能力：经济规模、营收效率与收入多样性。

第一，经济规模（F1）。指包括票务收入和非票务收入在内的总收入。经济规模反映了企业目前的总体收入与主营业务收入情况，包括以票务收入为主的主营业务收入和非主营业务收入。经济规模指标显示了企业的基本营收能力及其在区域中的政治经济地位，较大的经济规模使企业在运营管理方面具备更多的优势，如更多的员工数量、更为复杂的人事结构、更多的备用设备以应对服务中断，以及更为多样化的市场需求，这些都可以帮助企业在经济的周期波动中维持经营状况的稳定性。此外，规模经济可以通过扩张规模来降低运营成本、提高运营效率，也可以通过投资更多高效的技术、设备采购并选择供应商来降低相对成本，这些对于企业获取更多的社会支持、保持更灵活的财务能力均至关重要。该指标数值越大，经济规模越大。

第二，营收效率（F2）。指单位车千米收入，表示企业固定资产的经营效率。与经济规模衡量企业和市场的经济体量不同，营收效率主要衡量了轨道交通企业的单位平均收益，用以衡量轨道交通企业的固定资产运营效率以及市场服务的充分性和有效性。由于城市轨道交通的公共品属性，企业的定价权缺失，平均人次收入（该指标反映了当年票务收入与乘客人次的比值，代表了本市地铁的运营服务收益水平以及票价水平）难以体现企业的生产服务水平，因此单位车千米收入（该指标反映了当年票务收入与车运行千米的比值，代表了整个地铁网络的设施资产经营效率和水平）是衡量企业运营效率最为直接的指标。

第三，收入多样性（F3）。指非票务收入占总收入比重。非票务收入代表了当年总收入中除去票务收入以外的所有收入。由于地铁票价的刚性，该指标反映了地铁企业可持续经营的状况和潜力。多样化经营有助于企业分散经营风险、提高偿债能力和经营的可持续性，显示了企业挖掘经营潜力的能力。而过度依赖政府补贴则表明企业的财政自给水平较差，营收能力亟待提高。地铁运营前期投资巨大、建造周期较长，因此使用两年移动平均数据表示，以减少经营投资波动。

(二) 成本控制能力指标

在城市轨道交通行业迅速发展的同时，轨道交通的票价不仅受到政府管控，同时也受到城市居民经济状况的限制，地铁票价低于整体运营成本是各地区城市轨道交通企业面临的普遍境况。除了依靠政府补贴，城市轨道交通企业也需要在精细化管理理念指导下建立一体化成本管理模式，通过实行划小核算、定额管理等方式，达到降本增效，形成成本和补贴之间有机联系，实现企业与政府双赢。基于企业运营成本规制的相关性、合理性、重要性以及可持续性原则，衡量企业的成本管控能力，需要从两个维度进行：总量控制和多元化成本管控方法。

第一，总量控制（F4）。指运营成本、人工成本和折旧成本的加权指数。良好的总量控制能力要求企业落实一体化成本管理理念，明确不同层级的成本管理职责，提高成本控制执行力的能力和效率。城市轨道交通企业经营成本包括薪资、能耗、生产维护费用、企业经营费用和行政管理费用等,总量控制水平体现了企业统筹全局的成本管控能力,其衡量方式主要为平均车千米运营成本(该指标反映了总运营成本与总运营车千米之间的比值,与平均车千米运营收入相对应,也是代表了设施资产管理的水平)、平均人次运营成本(该指标反映了当年总运营成本与乘客总人次之间的比值,代表了地铁企业每服务一个乘客所花费的总运营成本,也代表了企业的运营管理质量和水平)、车千米人工成本(该指标反映了地铁设施与人员配置的情况,指地铁企业总的人工成本与车运营里程的比值,通过横向比较,该指标代表了人工配置和人工成本的合理性与效率)、车千米维修成本(维修成本指生产经营过程中为维护各项设备设施,使其正常运转所发生的各项成本,包括修理用物料消耗、委外维保费、科研技改费等,维修成本的高低很大程度上取决于维修技术的先进水平。该指标反映了当年总的维修成本与车运营总里程之间的比值,代表了地铁企业维修花费的合理性和维修效率水平)和能耗成本(能耗成本指为生产经营所耗用的各项能源成本,主要包括牵引用电、动力照明用电,是运营成本的重要组成部分。该指标反映了当年总的能耗成本与车运营总里程之间的比值,代表了地铁企业能耗花费的合理性和能效水平)几个指标,本课题不仅讨论单一指标的合理性,更从一体化角度测算指标之间的总量结构合理性和联动效果,用单位成本做指标,更加便于纵向和横向比较,清晰了解成本变化的趋势,便于剖析企业成本管理的问题所在。

第二,多元化成本管控(F5)。多元化成本管控体现了企业精细化成本管理的能力，企业各个部门根据所承担的责任与业务制定相应的成本控制要求，选取不同的成本管理方法，使用从定额化管理到具有业务特色的划小核算单元等方式，配合总额管控，实现成本标准化内控质量和水平的双提升。成本管控多元化的衡量标准主要由定额化管理水平和成本核算单元数量两个指标构成。定额化管理水平使用定额模块标准化、管理流程标准化和定额表单标准化三个维度，分别衡量委托运营成本管理、运营能耗成本管理和大修改造费用管理的分类管理水平，包括成本定额模块覆盖率、模块标准成本与实际成本差额、表单模板通用性三个指标进行衡量。成本核算单元数量体现了城市轨道交通企业成本管理的精细化程度，地铁行业适当的划小成本核算单元，有利于落实经济责任，调动员工的积极性，不断挖掘管理创新的原动力。

(三) 投融资盈利能力指标

债务和其他投融资工具是城市轨道交通企业获取足够现金流的关键能力指标，稳定的现金流可以在企业发生或有事项时帮助企业保持一定的资金灵活度，并在短期和长期的财务周期中顺利履行偿债义务。建立以净资产收益率为核心、适用于城市轨道交通企业的杜邦分析体系衡量企业的投融资盈利能力，其指标体系分为两类：财务比率和杠杆指标。

第一，财务比率（F6）。财务比率可以用于预测企业平衡财政预算、摆脱对现金储备的依赖、积极主动使用支出控制来平抑利润波动的能力和意愿，其核心指标为净债务与息税前利润比值和净利润率（3年移动平均）。净债务与息税前利润比值：净债务包括短期与长期债务、应付租金与资本租借成本，以及任何债务储备或偿债基金。这一指标一方面可以衡量资金杠杆的权重与资本投资弹性，也可以显示债务在未来几年的预算中所占比重，从而平衡由当年企业偿债政策变动而引起的数值波动。净利润率（3年移动平均）：净利润率是衡量企业平衡预算和获取充足现金流能力的又一重要指标，其计算方式为净利润与总收入（包含了营业收入及其他财务收入与政府补助等）的比值。同时，由于企业的融资工具与债务结构差异会降低企业间的可比性，使用净利润率这一指标可以有效规避这一问题。

第二，杠杆指标（F7）。杠杆指标可以衡量在不损害财务状况的前提下、企业未来投资与扩张规模的能力。其核心指标为利息支出与净利润比值（3年移动平均）、库存现金持有天数。利息支出与净利润比值（3年移动平均）：这一比值表示企业所需负担的债务利息，是衡量企业财务健康程度的重要指标。当企业遭遇行业的系统性风险或市场需求的突然下降时，保持较低的利息支出与净利润比值可以提高企业的偿债能力，帮助企业承受收入波动和重大意外支出等负面情况。库存现金持有天数：计算方式为无限制的现金与流动性投资总和乘以365再除以营业成本。现金作为城市轨道交通系统的最重要资源之一，拥有高现金流和现金等价物的企业可以更加灵活地应对紧急开支和头寸紧张等情况。

(四) 劳动生产能力指标

大数据时代对城市轨道交通企业的绩效管理提出了新的要

求，我国城市轨道交通企业以国有企业为主，员工管理方式较为传统，绩效管理也往往以考核为主，缺乏有效客观的定量分析和数据分析模型，缺乏员工行为和工作过程的评估，反馈周期较长，实施成本较高。因此，本指标主要衡量企业创新人力资源绩效管理能力，考察企业是否从多方位对员工进行评价考核，从而最终提升全员生产率。

全员生产率指标（F8）。主要指地铁企业员工的效率，包括员工配置的合理性和单个员工营收状况。每车千米配员数：该指标与每车千米员工成本相对应，指员工总数与车运营总里程的比值，反映地铁企业人员配置的合理程度。平均员工营业收入：指每年地铁企业总收入对员工总数的比值，反映整个企业单个员工平均的营收水平，这个指标可以综合反映企业的经营和效率状况。

（五）财务风控能力指标

与其他公共部门企业相比，城市轨道交通企业需要为市民提供可负担的公共交通服务，但又受限于政府对企业的转移支付体系与结构，所以在财务方面更容易受到公共财政的约束。政府的财政支持与补贴可以为企业提供各种资源，但是并没有因此强化企业面对各种突发公共事件的反应能力，由此可见，衡量城市轨道交通企业对于收入和支出的自主调整能力是十分重要的，财务弹性正是要评价企业的资金流动性和债务成本，衡量企业在成本上升或收入缩减的情况下有多大能力维持财务平衡。衡量企业的财务风险应对能力可使用两个方面的指标：企业的财务自给程度和财务弹性。

第一，财务自给程度（F9），核心指标为收入成本比。城市轨道交通系统中，收入成本比的概念是乘客支付的票务费用总量与各个部分运营成本总量之间的比值。收入成本比代表了城市轨道交通企业使用自营收入维持财务平衡的能力，这一比率在1以下，认为城市轨道交通系统不能靠自身的票务收入来维持运营，而需要依靠额外的资源开发收入和政府补贴来支付运营所需的成本。若这一数字连续几年小于0.3，表明现在的票务收入远远不能满足运营需求，需要政府的财政支持较大。

第二，预算弹性（F10），核心指标为固定成本占运营总成本比重（3年移动平均）。固定成本包括了外源融资成本、员工社保和年金等财务报表中现收现付的固定支出，不包括其他特殊的费用与损益，这一比率代表了在企业经营中受到长期合同的约束而不易削减的成本在预算支出中的比重，由于债务摊销政策因企业个体和年度而存在差别，使用了三年移动平均数据平抑潜在的债务波动性，保持债务横向和纵向对比的一致性。

图书在版编目（CIP）数据

"三个转型"发展战略：超大城市轨道交通高质量发展之路 / 俞光耀著. —上海：上海社会科学院出版社，2023

ISBN 978-7-5520-4136-1

Ⅰ.①三… Ⅱ.①俞… Ⅲ.①城市铁路—交通运输管理—研究—中国 Ⅳ.①U239.5

中国国家版本馆CIP数据核字（2023）第100231号

"三个转型"发展战略：超大城市轨道交通高质量发展之路

著　者：俞光耀
责任编辑：袁钰超
封面设计：梁业礼
出版发行：上海社会科学院出版社
　　　　　上海顺昌路622号　邮编200025
　　　　　电话总机 021-63315947　销售热线 021-53063735
　　　　　http://www.sassp.cn　E-mail: sassp@sassp.cn
照　　排：南京前锦排版服务有限公司
印　　刷：浙江天地海印刷有限公司
开　　本：710毫米×1010毫米　1/16
印　　张：21.25
字　　数：245千
版　　次：2023年9月第1版　2023年9月第1次印刷

ISBN 978-7-5520-4136-1/U·005　　　　定价：108.00元

版权所有　翻印必究